SOURIEZ, VOUS ÊTES CIBLÉS

Viviane Mahler

SOURIEZ, VOUS ÊTES CIBLÉS

La grande manipulation
des consommateurs

Albin Michel

Introduction

« Consommer, c'est ce par quoi on se sait vivre [1]. » Tel est le credo du marketing, qui souhaite nous enrôler d'un seul mouvement sous cette bannière mercantile. En serions-nous réduits à n'avoir plus pour horizon que les têtes de gondole des supermarchés ? « La fièvre acheteuse n'est pas une maladie honteuse », « N'attendez plus les soldes pour avoir envie d'acheter », serinent les publicités à ceux qui douteraient [2].

En contrepoint, les marques s'accordent de plus en plus à dire que le consommateur est le patron. Le PDG de Procter & Gamble, numéro un mondial des produits de grande consommation, a même décidé d'y consacrer un jour phare : le 23 avril, jour du consommateur patron (« *The consumer is the boss day* »), chaque salarié de l'entreprise doit spécialement se demander ce qu'il peut faire pour améliorer notre vie de consommateurs [3] ! Force est de constater que, de 0 à 99 ans, nous sommes tous happés par la grande mécanique du marketing...

L'offensive commence, simple et directe, avec les très jeunes enfants qui, avant même de savoir lire, sont tenus au courant de toutes leurs futures envies dès l'heure du petit déjeuner par la publicité télévisée. « Les enfants

7

zappent de plus en plus vite et se lassent de plus en plus vite ; les marques sont obligées de répondre à cet appétit[4] », justifient les marketeurs. Pour eux, l'enjeu consiste alors à anticiper les envies de nos chérubins, devenus « market' acteurs », comme l'exprime l'une des études établies pour cerner au plus près les 6-14 ans : « Tout conditionne les enfants à avoir la main : refus d'être assimilé à un "petit", sentiment de maîtriser le monde via les jeux virtuels. À cela se superpose le refus d'être mis sous pression. La réponse des marques consiste à rendre les enfants acteurs de la relation, partie prenante de la vie de la marque. [...] Le principe est de recréer du fantasme pour la marque en réinstallant de la frustration et de l'attente[5]. » Fort de ce constat, l'agroalimentaire vise dès le plus jeune âge ses « vrais » clients, concoctant spécialement pour eux des produits ludiques et séduisants. Les enfants sont considérés comme prescripteurs dès 2 à 3 ans pour les biscuits, la confiserie, le chocolat ou les petits-suisses ; le reste suit dès 5 à 7 ans. C'est ainsi qu'ont éclos Charal Kids, Ketchoupy ou P'tit Vittel ou des steaks en forme de tête de Mickey. Les marques de baskets, après avoir réussi à transformer de banales chaussures de sport en accessoires indispensables à la vie quotidienne de millions de jeunes, déclinent à présent des gammes pour les enfants et les bébés. Entreprise d'intérêt public, sans doute, puisque, selon les professionnels, les marques « rassurent les enfants ». Pour gérer au mieux cet énorme potentiel commercial, une filière spécifique d'enseignement supérieur s'est créée pour « former des professionnels capables de prendre en compte le comportement des enfants en matière de consommation et de développer des produits et des politiques marketing efficaces[6] ». Problème de taille : les enfants sont-ils armés pour réagir à ce marketing si accrocheur ? C'est au moment où ils passent par une phase que les psychologues qualifient de « toute-puissance », où ils pensent pouvoir décider de tout et commander à tout un chacun, que la publicité s'adresse de plus en plus directement à eux, rendant par contrecoup le rôle des parents beaucoup plus difficile. Comment lutter en permanence contre les demandes incessantes de ses enfants, entraînés par cette surenchère ?

Pas un seul d'entre nous n'est à l'abri de cette approche commerciale qui vise le moindre de nos points faibles. Selon les professionnels eux-mêmes, le marketing ne fait rien d'autre qu'« encourager par tous les moyens le narcissisme du consommateur, et les marques ne savent plus quoi faire pour dorloter son ego[7] ». Alors, de quoi se plaint-on ? Ne s'agit-il pas, au fond, de nous connaître au mieux pour répondre précisément au moindre de nos besoins ? De les *anticiper*, comme aiment à nous dire les professionnels : « On lui donne même ce qu'il ne demande pas ! » Dans cette société de l'hyperchoix, nous voici emportés dans la grande spirale du toujours plus : 18 200 références coexistent ainsi sur les linéaires des hypermarchés[8] ! Car rien n'est trop beau pour susciter chez nous de nouvelles envies.

Jusqu'où peut-on suivre cette démarche « consommatoire[9] » censée nous fournir les repères qui nous manquent, comme l'explique le philosophe Gilles Lipovetsky ? « À la différence de la mondialisation, qui institue une dépossession de la personne (on subit les délocalisations, le chômage, la crise), la consommation, au contraire, reste un espace d'appropriation de soi : je choisis, je m'informe, j'arbitre les éléments de mon existence. La consommation, c'est un domaine à soi, qui donne le sentiment d'être soi[10]. » Ce n'est hélas pas aussi simple...

Le choix est en effet pléthorique, les sollicitations sont

devenues incessantes et toute une panoplie très subtile, alliant pub et marketing, nous rend aimable n'importe quel produit et toute marque incontournable. Les méthodes marketing se diversifient et s'affinent de plus en plus, et nous nous retrouvons pris sous les feux croisés d'actions promo-publicitaires démultipliées. Les spots de pub à la télévision sont relayés par des jeux-concours sur l'internet, des messages sur téléphone portable, des conseils de marque ou la caution de spécialistes. Les actions de promotion sortent des supermarchés pour se répandre dans les rues, les salles de concert, les stades, les aires d'autoroute ou aux portes des lycées. Et tous les moments de la journée sont quadrillés : chez soi, au boulot, à l'école, dans la rue, jusque dans les files d'attente. Télémarketing, influential marketing, buzz marketing, street marketing ou marketing furtif, mallettes pédagogiques scolaires, concept store, mailings spécialisés, environnement polysensoriel ou musique dynamisante s'associent pour s'imposer à nous. « Entre la publicité classique, les spams sur l'internet et le marketing téléphonique, le stimulus publicitaire a été multiplié par deux cents », confirme le sociologue Gérard Mermet[11]. En bons professionnels de l'innovation permanente, les marketeurs ont déjà pensé à dépasser ces approches « purement mécaniques et comportementales du consommateur » pour développer l'aspect « affectif et émotionnel dans la construction d'une relation durable avec le client ». Marqueter l'émotion et transformer le consommateur en acteur sont leurs dernières trouvailles. La politique même se met au diapason, s'inspirant des techniques de marketing. Plusieurs années avant les élections présidentielles, le candidat de l'UMP annonçait déjà vouloir créer la « marque Sarkozy[12] ».

« Les consommateurs sont libres de choisir », prétendent

les gens de marketing, tout en promettant aux marques
« un ciblage efficace des individus à qui transmettre le bon
message au bon moment et à transformer en véritables
ambassadeurs de votre marque ». Champion du double
discours, le marketing voudrait-il faire de nous de doux
schizophrènes, à la fois assurés d'être libres et « vendus »
aux marques ? La situation est pour le moins contradictoire, s'en félicitait un bureau de tendances très tendance,
annonçant pour l'été 2006 : « Du masculin féminisé, une
femme funky-fatale... C'est la *cool schizophrenia* où tout est
factice, faux-semblant, illusion [13]. » Mais est-ce vraiment la
vie dont on avait rêvé ?

1

Auscultés de pied en cap

Les consommateurs sont devenus, dit-on, critiques, résistants, exigeants, impatients, insaisissables... Les qualificatifs fleurissent pour montrer que le marketing ne sait plus où donner de la tête, bien à la peine pour s'adresser à eux. Pourtant, très inventif, il multiplie les moyens pour circonscrire ces clients volages : des études de plus en plus fines pour les cerner à tous moments de la journée, des outils de plus en plus subtils pour les découper en tranches, des technologies de plus en plus élaborées pour les suivre à la trace et tenter même, pourquoi pas, d'entrer dans les recoins de leurs cerveaux.

Cernés par les études

Puisque le client est roi et qu'il a pris le pouvoir sur sa consommation, aux dires des spécialistes en marketing, on veut plus l'impliquer et tout connaître de ses attentes. Pour son plus grand bien, comme l'affirme le PDG de Procter & Gamble [1], soulignant sa « volonté d'être plus que jamais les meilleurs dans la satisfaction du consommateur ». De

0 à 99 ans, nous sommes donc tous généreusement pris en charge par le processus percutant des études.

Plutôt quanti ou quali ?

Qui n'a pas, un jour ou l'autre, fait l'objet d'une enquête, au détour d'une rue, ou d'un questionnaire téléphonique, à peine rentré au domicile ? C'est en général au moment où nous ne savons plus où donner de la tête, entre les préparatifs du repas, le bain du petit dernier et le coup d'œil aux devoirs du plus grand, que notre avis devient absolument indispensable. Et bien souvent, pressés par une voix persuasive, nous nous laissons aller à répondre à une kyrielle de questions sur une pâte à mâcher, un pesticide ou le dernier candidat déclaré aux élections. Et si pour une fois « on » souhaitait tenir compte de notre opinion ! La réalité est beaucoup moins exaltante. Nous ne sommes qu'un numéro parmi beaucoup d'autres, sollicités pour répondre à des questionnaires quanti, diminutif de « quantitatifs », par opposition aux études préalables, quali ou qualitatives. Ces questionnaires sont censés vérifier par le nombre les résultats d'enquêtes plus approfondies, réalisées, elles, plus longuement avec de petits groupes de personnes représentatives de la cible envisagée.

On pourrait imaginer que les enquêtes en profondeur sont les plus nombreuses, plutôt que les questionnaires quanti opérés à la chaîne, le plus souvent par téléphone. Pourtant, les démarches quantitatives sont toujours largement majoritaires, en France comme un peu partout sur la planète d'ailleurs : 88 % des enquêtes engagées en France (et 83 % dans le monde) sont quantitatives, contre un petit 12 % pour les enquêtes qualitatives.

Mais si nous sommes sollicités par du quali et du quanti, ce type de démarches est de plus en plus remis en cause par les consommateurs qui rechignent beaucoup plus qu'avant à se plier à des questionnaires rébarbatifs, dans lesquels ils se retrouvent bien peu. Et par les marques qui découvrent, étonnées, des consommateurs devenus « blasés et pros ».

On ne fait plus parler, on observe

Confrontés aux réactions de méfiance des sujets qu'ils observent, marques et instituts d'études ne veulent plus se contenter de « déclaratif ». Ce que les interviewés répondent – plus ou moins spontanément il est vrai – ne leur suffit plus. Place au « psy » : à l'étude de nos comportements, à grand renfort de sémiologie, psychologie, sociologie, ethnographie..., à la notion de caractère, même : « À comportement égal, quelle est la contribution du caractère de l'individu ? » s'interroge une responsable de TNS[2]. Chacun rivalise d'imagination pour concocter de nouvelles formules d'analyse et revendique son approche originale et innovante. Qui connaît la sémiométrie par exemple ? Cette méthode mise sur pied par TNS Sofres doit permettre, grâce à 210 mots clés, d'établir le baromètre des valeurs des Français. Le procédé des scorings permet quant à lui d'affirmer que 60 % d'entre nous montrent la voie dans au moins une catégorie de produits, mais seulement 16 % dans plus de quatre catégories[3]. Dans cette recherche tous azimuts, le web est un lieu privilégié d'observation. Depuis plusieurs années, tout ce qui s'échange dans les forums, les chats, les blogs ou les sites d'information en ligne fait l'objet de suivis attentifs, et des agences se sont spécialisées pour en faire la collecte, au profit de leurs marques clientes. Car c'est une véritable mine de réactions pragmatiques, frappées au coin du bon sens et ne lésinant pas sur les critiques. Téléphones mobiles, voitures, voyages ou produits de beauté, tout y passe. Cette écoute permet parfois de rattraper des erreurs de conception de certains produits. Afin de ratisser les informations pertinentes pour leurs clients, quelques agences procèdent à une écoute humaine sélective, mais la plupart d'entre elles ont recours à des logiciels de balayage qui trient et sélectionnent les messages grâce à des mots clés.

Tous dans un panel ?

Les instituts spécialisés proposent aussi aux marques des outils en continu, comme ces panels de consommateurs, censés mieux nous représenter : AC Nielsen et son shopper (acheteurs), ou TNS Sofres et Ipsos et leur observatoire de shoppers mis sur pied pour pister nos conduites en magasin. « Nous cherchons à mesurer à la fois les comportements, les modes de vie et les valeurs des individus. À les observer sous toutes ces facettes[4]. » La course au panel semble d'ailleurs être l'un des enjeux du moment. Les deux leaders mondiaux de la discipline, AC Nielsen et TNS, n'ont de cesse de proposer le panel le plus large, persuadés que cela constitue un argument commercial imparable pour atteindre leurs nouveaux clients. Fin 2005, le premier est passé de 8 500 à 14 000 foyers. Un an après, le second s'agrandissait de 12 000 à 20 000 foyers, aussitôt battu par un challenger, Marketing Scan – propriété du numéro cinq mondial –, passé d'un coup à la vitesse supérieure en annonçant 600 000 consommateurs. L'ère du mégapanel aurait-elle sonné ? On s'imagine chacun panélisé, amené à figurer dans un de ces groupes que scrutent en permanence les gens de marketing. L'astuce de ce mégapanel d'un nouveau genre repose en effet sur les 600 000 détenteurs de la carte de fidélité des supermarchés Auchan et doit très vite s'agrandir aux clients d'un autre distributeur. D'ores et déjà, la technologie permet aux grandes surfaces de proposer, au verso du ticket de caisse, telle réduction pour un futur achat, adaptée aux produits qu'on vient d'acquérir.

Autre direction plus étonnante encore, la simulation de conflits, tels ceux organisés par Krisis. De petits groupes de neuf personnes sont poussés à s'affronter par arguments interposés. « Quand les gens s'engueulent, ils dévoilent enfin la clé de leurs motivations », justifie Yves Bardon, de l'institut Ipsos[5]. Et cela nourrirait la réflexion des marques pour mettre au point de nouveaux produits ou leurs campagnes pour nous les vendre.

Joindre chacun partout et à tout moment

Si de nombreux consommateurs échappent à la sagacité des études, c'est que les méthodes utilisées n'ont pas assez pris en compte les nouveaux modes de communication de ce siècle. La plupart des sociétés d'études, qui ont beaucoup investi dans des centres d'appels, interrogent essentiellement les gens par téléphone fixe. Elles ne tiennent donc pas compte des personnes sur liste rouge, ni de celles qui ne possèdent plus de ligne fixe, si ce n'est pour un usage ADSL pour l'internet, ni du nombre grandissant de ceux qui refusent de répondre ou filtrent leurs appels avec leur répondeur, ni même des 15 % de la population adulte qui ne possède plus qu'une ligne de téléphone portable[6].

19

On peut donc de plus en plus mettre en doute leurs résultats, qu'il s'agisse d'enquêtes commerciales ou de sondages politiques.

« Internet et le téléphone mobile sont en passe de révolutionner le recueil des données dans le secteur des études et des sondages », affirme un responsable d'Ipsos[7]. Il en serait donc bientôt fini des appels sur nos téléphones fixes, soir et week-end, en quête de nos avis sur le chocolat en poudre, le ski d'été ou l'accueil dans les magasins de bricolage. Mais nous serons sollicités autrement. Et il n'est pas sûr que nous gagnions au change. Grâce à la mobilité, les marques vont pouvoir nous joindre à tout moment directement là où nous sommes.

Les Anglo-Saxons utilisent déjà le téléphone portable pour faire des enquêtes par sms (en limitant le nombre de questions à deux ou trois, pour ne pas se faire raccrocher au nez). Et Médiamétrie, qui panélise tous nos goûts télévisuels, vient de mettre sur le marché un panel de 2 500 mobinautes représentatifs pour étudier leurs comportements et l'audience des sites internet mobile.

Quant à l'internet, moyen très souple, réactif et beaucoup moins cher qu'un centre d'appels téléphoniques, il figure déjà dans les moyens utilisés par les marques pour suivre l'évolution de leur clientèle. Les questionnaires en ligne fleurissent sur la grande majorité des sites de marques qui cherchent à établir des rapports privilégiés avec une partie de leurs acheteurs. Quitte, si elles veulent poser de nombreuses questions, à offrir des récompenses en contrepartie. Pour aller plus loin, certains organismes proposent aux entreprises des études de tendances pour « comprendre, mieux connaître et créer une relation avec [leurs] visiteurs et clients[8] ». Vamp (*Virtual anthropology* sur micropanel) de son côté se veut être un minipanel, animé par un chargé d'études qui favorise le développement de relations directes entre les internautes.

D'autres agences se sont spécialisées dans les études exclusivement en ligne, comme Qualiquanti, dont le site principal, testconso.fr, réunit plus de 100 000 personnes inscrites et accueille près de 5 000 nouveaux testeurs chaque mois.

Les études : avant tout un business

« Nous vivons dans une société qui dépense chaque année, sur l'ensemble de la planète, 1 000 milliards de dollars pour vendre des produits, des services, des idées. L'enjeu de notre métier, c'est d'étudier les consommateurs, les clients, les citoyens pour maîtriser au mieux la dépense de ces 1 000 milliards », explique Didier Truchot, fondateur du groupe Ipsos, numéro cinq mondial des sociétés d'études[9]. Aux côtés de cette entreprise, 300 sociétés se partagent le marché français des études, facturant globalement aux marques 2,2 milliards de dollars par an pour tenter de connaître ce qu'ont dans la tête leurs clients potentiels. Les entreprises françaises apprécient, semble-t-il, ce genre d'exercice puisqu'elles émargent au quatrième rang mondial des utilisateurs.

L'ensemble de la planète, pour sa part, dépense 23 milliards de dollars pour se faire ausculter sous toutes les coutures[10]. Porté par le climat de perpétuelle concurrence des entreprises, le marché des études ne connaît que la croissance. Et, avec des sujets d'études plus versatiles et moins fidèles aux marques que jamais, la grande famille des enquêtes, tests et sondages en tous genres a de beaux jours devant elle.

21

Découpés en tranches

Dès avant que nous voyions le jour, des instituts attentionnés se penchent sur nos besoins, par mère interposée. Notre premier cri à peine poussé, nous sommes disséqués et ensuite escortés pas à pas tout au long de notre vie, découpés en rondelles, segmentés en multiples groupes et sous-groupes que les agences auscultatrices se plaisent à nommer des « tribus » : à chacun sa case et gare à celle ou celui qui ne se reconnaîtrait dans aucune. Il doit obligatoirement y avoir au moins une « niche » qui lui corresponde. Mère chrono-active ou lolita montée en graine, trentenaire métro-sexuel ou célibattante, adulescent ou kidulte, senior trekker ou ado skateur, nous sommes tous suivis à la trace, nos envies régulièrement épluchées. Pas une tranche d'âge, pas un passe-temps n'y échappe. Les chiens eux-mêmes – et leur maître ou maîtresse par la même occasion – sont répartis en chiots, vieux chiens, chiens actifs, chiens en surpoids et chiens friands du light.

Vous par exemple, quand vous mangez, êtes-vous plutôt obsédé de la balance, innovant, inquiet pressé, bon vivant, traditionnel, bon élève, classique, décontracté ou désinvesti[11] ? Attention, une seule réponse est possible. Et dans votre vie à deux, vous sentez-vous cocon, bastion, association, compagnonnage ou parallèle[12] ? Faites-vous vos achats en curieux, vigilant, flâneur, pressé, chasseur de prix ou fidèle aux marques[13] ? En cas d'emplettes avec une carte, êtes-vous cartofroid, cartopeu, cartochaud ou cartofan[14] ? Ou, champions toutes catégories, figurez-vous parmi ces unlimited, filon pour les marques, qui achètent sans compter et sans prêter attention aux prix ?

Nos goûts comme nos travers sont décortiqués : la place qu'occupent le bricolage ou la religion dans notre vie, le côté

22

duquel on dort dans le lit conjugal ou comment on embrasse, l'usage de la table familiale ou la vitesse de décision lors d'achats vestimentaires, âge réel et âge subjectif, typologie des voyageurs sur l'internet ou des amateurs de soupe. Même la vie de bureau est passée au crible, entre cancans préférés, degré de tolérance des collègues ou chasse aux tire-au-flanc [15].

Quel type d'acheteuse êtes-vous ?

Si vous faites vos courses alimentaires 64,5 fois par an et dépensez 32,40 euros en moyenne à chaque visite, si vous consacrez 214,60 euros à l'achat de vêtements et dépensez 62 % d'entre eux chez des spécialistes, si vos achats de produits hygiène-beauté s'élèvent à 201,40 euros, dont 27 % en produits de soin, vous êtes une fan des magasins spécialisés et devez avoir entre 20 et 25 ans.

Si vous faites vos achats alimentaires 76 fois par an avec des dépenses moyennes de 36,40 euros, consacrez 284,90 euros en vêtements dont 54 % chez des spécialistes, et 213,50 euros aux produits de beauté dont 37 % aux produits de toilette, c'est que vous avez des enfants et avez plutôt 30 à 35 ans.

Si vous vous déplacez 94,7 fois par an pour vos courses alimentaires et dépensez 34,40 euros chaque fois, si vous consacrez 275,80 euros à l'achat de vêtements, dont 56 % dans des enseignes spécialisées, et qu'enfin vous dépensez 291,90 euros en hygiène-beauté dont 24 % en produits de soin, vous êtes sans doute sans la tranche d'âge des 40 à 45 ans [16].

Tout cela est caricatural, il faut l'admettre, mais c'est à l'image du fonctionnement de ces sociétés d'études qui veulent à tout prix obtenir des classements de consommateurs types et faire entrer chacun dans une catégorie.

Si tous ces découpages existent, c'est que notre société est devenue de plus en plus complexe et difficile à cerner. « Auparavant, il existait toujours une tendance dominante, explique le pape des socio-styles français, Bernard Cathelat. Aujourd'hui, il existe cinq logiques divergentes et ces différences vont s'accentuer avec les années[17]. » Après l'épanouissement personnel des années 1970, la « tendance jouisseuse » de la décennie 1980 et la morosité des années 1990, l'heure est à la divergence des comportements.

Des jeunes érigés en modèles

Les jeunes de 15 à 25 ans sont considérés par le marketing comme des « leaders de tendances » qui « servent de modèles à leurs aînés et préfigurent le futur[18] ». Dépositaires d'une telle mission, ils sont l'objet, on l'imagine, d'observations attentives et constantes pour mieux s'adresser à eux. Des agences spécialisées en socio-styles se livrent à des études pour tenter de cerner leurs goûts et les répartir en tribus selon leurs centres d'intérêt. Avec une attention particulière portée sur les qualificatifs choisis : hertziens, ermites, lolitas, babs, épicuriens, skates, gothiks, shalalas, raincis, hip-hop, lascars ou lascarettes, sans oublier les dandys et émos des beaux quartiers... La liste se renouvelle sans cesse, faisant les délices de tous les magazines.

Les goûts et envies des jeunes sont devenus une source non négligeable de revenus pour les instituts d'études qui vendent régulièrement une sorte d'état des lieux aux marques, à la recherche d'informations sur ce public zappeur et changeant : le *Marketing Book Junior* de Secodip/Sofres « trace le portrait des jeunes de moins de 20 ans en France », le Baromètre jeunes de Médiamétrie « étudie depuis 1998

24

les comportements et les préoccupations des 11-20 ans »,
comme le Jeunes Attitudes d'Ipsos, l'Observatoire Youth
du cabinet eXperts, le Baromètre des adolescentes du CSA
ou le Consojunior, produit tous les deux ans par TNS
Media Intelligence, avec une composante spécifique Pris-
matic'girls qui met en avant « cinq cibles émergentes » chez
les filles de 8 à 19 ans : la lolipop, la fantaisie, l'allure, la
nature et l'anticonformiste. Le choix est vaste.

Les radios « jeunes » elles-mêmes, revendiquant leur spé-
cificité, ont suivi le mouvement et mettent en avant des
outils d'étude de leur public. Depuis 2005, chaque année
NRJ vend aux marques un « cahier de tendances », Youthology, concocté par son NRJ Lab. Chaque jour, plusieurs centaines d'auditeurs de 11 à 25 ans sont interrogés
par téléphone ou par questionnaire web sur les morceaux
de musique qu'ils préfèrent, mais aussi sur leurs attentes
dans de nombreux domaines. NRJ Lab associe à ces résultats ce qu'il appelle de l'« ethnologie de terrain », c'est-à-
dire des micro-trottoirs, des photos de rue ainsi que des
interviews d'experts « en contact rapproché avec la cible et
auxquels on demande de livrer leurs intuitions » et une
« observation de type anthropologique par le biais d'éléments récoltés sur la toile ». La deuxième mouture de cette
étude, Youthology V2, présentée en juin 2006, mettait en
scène trois types de comportement vis-à-vis des marques :
la « camouflage attitude » qui recherche une marque réconciliation, « Me, Myself and I », qui a besoin d'une marque
coach, et la « conso-providence », qui souhaite une marque
engagée dans certaines causes. Les jeunes sont différents
mais toujours, selon eux, accros aux marques.

De son côté, Skyrock, « l'espace de conversation
numéro un de la nouvelle génération », a créé un Sky
Baromètre à partir de tous les commentaires formulés par

les 11-25 ans sur les marques. Le groupe exploite en particulier 1,2 million d'échanges effectués chaque jour sur les 6 millions de blogs de Skyblog, première plateforme de blogs d'Europe, et 3,2 millions de connexions qui s'établissent sur les chats. Tous ces échanges entre les skynautes sur l'ensemble des sites du groupe lui permettent d'établir un hit-parade du plus haut intérêt pour les marques.

Et voilà nos adolescents auscultés, leurs goûts inventoriés. En quoi ce découpage au scalpel intéresse-t-il les marques ? C'est un outil indispensable, disent-elles, pour cerner leurs demandes et répondre aux moindres de leurs besoins. Des marques aux petits soins pour nos enfants, qui pourrait le regretter ? Reste à savoir s'il s'agit de répondre à des besoins, nettement repérés, ou de créer de nouvelles envies.

Ces nouvelles méthodes pour tout connaître de nos goûts et de nos comportements

Les grandes marques ne se contentent plus de connaître nos achats. Elles veulent aussi en savoir le plus possible sur nous et nos comportements. Ce que nous faisons de nos emplettes, comment nous les consommons et, pourquoi pas, comment nous en parlons. Une des méthodes consiste à nous observer dans les magasins que nous fréquentons, et même jusque sous notre toit. Ou bien à constituer des bases de données sur nos habitudes et nos centres d'intérêt.

In vivo en magasin

Comment choisit-on un produit en magasin ? C'est ce qui préoccupe nombre de marques et de distributeurs.

Pour le savoir, plusieurs magasins expérimentaux ont vu le jour afin de faire des tests « en réel ». Le jeu consiste à demander à une personne de faire ses courses dans un de ces magasins, dans lequel une caméra est dirigée vers le rayon du produit qu'on souhaite étudier. On peut ainsi suivre tout à loisir la « stratégie de décision » de la personne, comment son œil balaye le rayon et le produit concernés – c'est la technique de l'eye tracking –, puis comment elle lit les différentes mentions du packaging. Film à l'appui, la personne est ensuite invitée à commenter sa démarche. Le tout contre un petit cadeau.

En magasin aussi, les moyens se multiplient pour essayer de suivre les déambulations des consommateurs dans les linéaires. Certains organismes confient des ordinateurs Palm à des panels de clients pour enregistrer précisément les achats qu'ils effectuent semaine après semaine. Charge à eux de scanner scrupuleusement tous les codes barres, en échange là aussi d'un cadeau.

De nouvelles techniques, plus sophistiquées, permettent de repérer l'attention qu'on porte à un produit ou à un message présenté sur un écran en magasin. Des systèmes de capteurs électroniques détectent en temps réel la présence de personnes, si elles s'arrêtent et combien de temps elles consacrent au message. Et des données concernant leur nombre, leur sexe et leur fourchette d'âge sont enregistrées.

Le premier moment de vérité

Le FMOT *(First Moment of Truth)*, c'est l'instant – déterminant pour une marque – où nous décidons de choisir un produit plutôt qu'un autre, sur un rayon de

27

supermarché. Le géant Procter & Gamble, qui détient des marques aussi diverses que Pampers, Gillette, Mr. Propre, Bounty, Ariel ou Duracell, a fait de cet instant un objectif crucial de sa démarche marketing. Une équipe de quatre-vingts personnes, intervenant tout autour de la planète, a mis sur pied une large batterie de tests pour présenter chacun de ses produits de façon optimale en linéaires. Des données sur les clients en magasin sont récoltées et passées au crible d'équipes pluridisciplinaires, spécialisées par profil de clients – célibataires, couples, familles, etc. – afin que, durant les deux à six secondes décisives, notre main se tende vers un produit Procter. Tout compte, jusqu'au degré de pente du présentoir utilisé. Sans que nous en ayons conscience, la démarche est d'une grande efficacité, puisque Procter est le leader mondial incontesté des produits de grande consommation et numéro un en France des lessives, couches pour bébés et produits d'hygiène féminine. Si l'on ajoute que, lorsqu'elle lance un nouveau produit, la marque n'hésite pas à investir près de 20 % du chiffre d'affaires attendu en marketing et promotion, on peut se demander si l'on peut encore avoir voix au chapitre...

Étudié jusque chez soi

L'heure ne semble plus à la confiance. Les instituts d'études ne se satisfont plus des réponses que peuvent faire les personnes qu'ils interviewent par téléphone ou en panel. Pour eux, la connaissance approfondie des clients potentiels passe désormais par l'étude en chambre du moindre de nos gestes. Par le consumer insight, pour parler marketing. Pratiqué par des cabinets de tendances, ce

28

nouveau type d'enquête beaucoup plus intrusif est largement relayé par tous les médias de l'Hexagone.

En mars 2005, par exemple, Findus a installé des caméras au domicile d'une dizaine de familles, en Île-de-France et à Lyon, à l'affût de leurs habitudes alimentaires. Durant une semaine, l'entreprise a scruté, par vidéo interposée, tous les gestes alimentaires quotidiens, matin, midi et soir, depuis les préparatifs culinaires jusqu'à la prise des repas, qu'ils soient sur le pouce et solitaires ou collectifs et plus conviviaux. « Il existe une fracture entre la vie que l'on mène et celle que l'on pense mener, explique un responsable marketing de la marque. Le consommateur n'est pas toujours capable d'expliquer ce qu'il va faire[19]. » En mai 2006, la marque récidivait avec une dizaine d'élèves de CM1 de Conflans-Sainte-Honorine, dont tous les repas ont été captés, durant dix jours, par l'œil d'une caméra, à la cantine et le soir à la maison. Les images ont été décryptées par les équipes marketing de la marque et par le nutritionniste Jean-Michel Cohen et le sociologue Pierre Rivard.

L'objectif de cette intrusion dans la vie de ces familles ? Certainement pas pédagogique, même si certaines personnes auscultées manquaient manifestement de connaissances diététiques. Le but était commercial : trouver des recettes de plats pour les repas en famille qui plaisent aux enfants et aux parents désireux de leur servir des repas équilibrés et faciles à préparer. Quatre mois plus tard, la marque mettait sur le marché des plats associant des légumes, moins prisés des enfants, à des pâtes ou des pommes de terre. Comme ce qui est servi bien souvent à la cantine.

Alors pourquoi filmer si longuement les enfants ? Les personnes qui préparent les repas comme celles qui les servent voient très bien ce qui remporte un franc succès et ce qui ne marche pas. Si certaines cantines associent ainsi légumes et féculents dans le même plat, c'est qu'elles ont constaté que c'est la seule façon de donner le goût des légumes aux enfants. Et le directeur marketing de Findus ne dit rien d'autre quand il commente : « Dans nos recettes, on a fait comme les gosses, on a planqué les légumes en les mélangeant à d'autres aliments afin qu'on ne les repère pas trop [20]. » Reste une belle opération publicitaire, ces deux expériences ayant été largement relayées par tous les médias. D'ailleurs, partie sur sa lancée médiatique, la marque prévoit d'organiser un stage de nutrition pour un groupe d'enfants de 8 à 12 ans, avec pour mission de transmettre la leçon aux parents. On voit déjà l'émission de téléréalité qui pourrait en découler.

Plus discrètement, Procter & Gamble a recours au même type d'études. Appliquant le programme « walk with me », les responsables marketing accompagnent de temps à autre des consommateurs durant leurs courses, pour voir « à travers leurs yeux ». D'autres, travaillant pour la marque Pampers, passent une nuit avec une famille dotée de bébés. Plusieurs entreprises, telles que Marie, Henkel, Fleury Michon ou Lipton, ont suivi le mouvement d'accompagnement des consommateurs du magasin à leur domicile, pour mieux « sentir » ce qui motive leurs choix. Et permettre à de nombreuses équipes marketing de comprendre les réactions de personnes souvent très différentes d'elles. Parties à la découverte des individus étranges que sont leurs clients, elles se plongent à présent dans l'« ethnomarketing » pour saisir le sens de leurs comportements.

Sur le même principe de vidéo-réalité, une autre tentative a consisté à suivre pas à pas des amateurs de café cappuccino, depuis l'ouverture du placard jusqu'à la sorte de tasse choisie, en passant par le dosage et le mode de dégustation. Ou encore à analyser comment on procède pour acheter et transporter jusqu'à domicile les packs encombrants de bouteilles d'eau. Plus inattendue encore, l'observation de consommateurs mis en état de semi-conscience qu'on invite à s'exprimer sur des marques de façon « émotionnelle » par le dessin ou le collage [21]...

Suivis à la trace

Tout savoir de ses clients, pouvoir les toucher à tout moment... Plus les technologies se développent, plus les logiciels deviennent sophistiqués et plus les marques sont attirées par cette idée. Cartes à puce intelligentes, traçage sur l'internet, géolocalisation, téléphone portable sont autant de moyens utilisés par le marketing pour y parvenir.

Des cartes à grande mémoire

Dans les supermarchés, la caisse est devenue intelligente. Non contente d'enregistrer tous nos achats, elle nous propose spontanément sur nos tickets de caisse des réductions sur des produits concurrents à ceux que nous venons d'acquérir. Quelle meilleure façon de nous faire revenir ? Et de chercher à mieux nous connaître ? Quant aux cartes de fidélité, dispensées par la plupart des hyper- et supermarchés, elles enregistrent aussi notre mode de consommation : type et quantité de produits, mais aussi marques achetées. Autant d'informations précieuses que les distributeurs peuvent exploiter pour relancer leurs clients, mais aussi revendre dans le cadre de banques de données qui

31

intéressent au plus haut point les marques cherchant à cibler des publics précis. Une marque ne peut qu'être intéressée par l'obtention de fichiers finement renseignés avec coordonnées et descriptifs des modes de consommation de personnes qu'elle considère dans sa cible. « L'avenir appartiendra aux entreprises qui sauront exploiter les bases de données liées aux cartes de fidélité », confirme Marc Vanuhuele, professeur à HEC[22].

À côté de ces cartes de supermarchés, combien de cartes, avec et sans puce, a-t-on dans son portefeuille ? Vêtements, beauté, bricolage, produits culturels, voyages, grands magasins..., toutes les grandes enseignes nous proposent des cartes de fidélité. Sésame de toutes nos emplettes, les unes offrent des points de fidélité à accumuler, les autres des remises pour un certain niveau de dépense, d'autres encore annoncent en avant-première leurs promotions par sms ou par courriel. Et toutes nous garantissent que, grâce à elles, nous faisons partie de clubs de privilégiés.

Mais la carte commerciale la plus riche de toutes en renseignements est sans conteste notre carte bancaire. Les banques savent tout de nos règlements et encaissements, leurs fréquences, leurs provenances et leurs destinataires, leurs répartitions et tous les postes de notre budget. Elles possèdent elles aussi des fichiers très élaborés pour définir les différents profils de leurs clients, en particulier ceux qu'elles considèrent comme de mauvais payeurs. La CNIL, chargée de la protection des libertés individuelles et de la vie privée, a d'ailleurs dû intervenir à plusieurs reprises pour modérer l'ardeur des banques en matière de fichiers. En mars 2007, elle s'est ainsi opposée à la création d'un fichier central de crédit, censé « permettre aux établissements de crédit intéressés de partager les renseignements dont ils disposent sur leurs clients et sur les crédits qu'ils leur ont octroyés », et a fermement souligné les risques de dérive vers une utilisation commerciale des données que cela pouvait entraîner[23].

Des achats sur empreinte

En Allemagne ou aux États-Unis, des magasins proposent à leurs clients d'abandonner le chèque ou la carte de crédit pour régler leurs achats. On peut régler d'un coup d'empreinte ! Chaque client dépose un RIB et une photocopie de carte d'identité et enregistre une fois pour toutes l'empreinte de son index. À chaque visite en magasin, un simple coup d'index sur le boîtier suffit en entrant et en passant à la caisse. Et le compte est débité d'autant.

Pour aller encore plus loin, un supermarché américain, Green Hills Market, combine l'usage de l'empreinte digitale et les pratiques d'analyse de données comme sur l'internet. Dès qu'il utilise une des bornes à capteur d'empreintes disposées à l'entrée du magasin, le client reçoit aussitôt une série de bons de réduction. Originalité : ces bons sont personnalisés et tiennent compte de l'ensemble de ses achats précédents. Lors de son passage en caisse, le client mémorise, d'un autre coup d'empreinte, les achats qu'il a réalisés, et alimente ainsi sa banque de données personnelles. Tout l'historique y est précieusement conservé par le supermarché et les offres s'ajustent au fur et à mesure. Un peu plus et la machine pourrait élaborer elle-même la liste des courses à effectuer ! Et manifestement ça marche puisque cette enseigne a vu un taux d'utilisation des bons de réduction passer de 1 % à environ 20 %[24].

Une variante tout aussi technologique vient d'être

33

expérimentée dans un magasin de fruits et primeurs de Villeneuve-d'Ascq, où 3 000 personnes se sont inscrites à un système de paiement par bracelet électronique. Chaque fois que le client sélectionne un produit, il présente son bras à un lecteur qui enregistre l'achat et le montant total des courses est directement débité de son compte[25].

Des étiquettes intelligentes... jusque chez soi

Certes, les étiquettes intelligentes, qui vont peu à peu se fixer sur tous nos produits les plus quotidiens, permettent de répondre aux exigences de traçabilité ou de gestion des risques sanitaires qui nous préoccupent tous. Cette technologie des puces RFID (*Radio Frequency Identification*), reposant sur l'identification à distance, instaure un suivi pas à pas des produits étiquetés, depuis le début de leur fabrication jusqu'à l'étal de nos magasins. Mais le jeu de piste ne s'arrête pas une fois les portes du commerce franchies, car la lecture à distance des informations associées à chaque puce peut se poursuivre durant toute la vie du produit. Et même être complétée au besoin. On voit aussi très bien la richesse d'utilisation que le marketing peut en retirer. Au passage en caisse, dès que l'acheteur paye avec une carte de fidélité ou une carte de crédit, on peut associer à chaque puce son identité, les conditions d'achat et tout l'historique que la carte contient. Puis, à distance, la puce peut informer de tous les usages du produit jusqu'à sa mise à la poubelle et sa fin de vie en déchetterie. Ce qui peut générer des relances commerciales adaptées, par courriel, par sms ou lors de la visite suivante en magasin. Toutes ces innovations sont considérées par le marketing comme une aide précieuse pour faciliter la vie du consommateur. D'un

34

autre point de vue, de nombreux utilisateurs rechignent déjà à être ainsi pistés sans le savoir. Ces puces minuscules – nanotechnologiques – sont invisibles à l'œil nu. Pourquoi alors ne pas envisager que chaque puce puisse être désactivée dès la sortie du magasin ?

Géolocaliser pour toucher

La Commission nationale de l'informatique et des libertés (CNIL) a interdit fin 2005 à une société d'assurances la géolocalisation des voitures de certains de ses assurés. La société souhaitait s'inspirer du système installé dans les voitures de location aux États-Unis pour surveiller les automobilistes et contrôler que les clients ne sortent pas de l'État où la voiture était louée. Grâce à ce moyen, la société d'assurances française voulait pouvoir savoir en temps réel où se trouvaient ses clients et à quelle vitesse ils roulaient et proposait en contrepartie une réduction de prime. La CNIL a heureusement considéré que cette mesure portait atteinte à la liberté d'aller et venir de façon anonyme. Et a voulu distinguer nettement le recours à la géolocalisation *voulue* par l'utilisateur et la géolocalisation *subie*, même acceptée par celui à qui on la propose. Autrement dit, rien à voir entre l'automobiliste qui trouve son itinéraire grâce à son GPS, un skieur ou un navigateur qui s'équipe de matériel pour pouvoir être secouru en cas d'accident et, d'un autre côté, un appareil de contrôle imposé.

Les promesses de la géolocalisation séduisent beaucoup le marketing. Car le géomarketing permet de toucher directement chaque personne et de lui transmettre un message personnalisé. Mini Cooper par exemple l'a tout de suite mis en application : à Los Angeles, de larges panneaux d'affichage placés le long d'autoroutes urbaines ont été équipés de récepteurs permettant de s'adresser aux propriétaires de voitures de la marque, grâce à une puce placée dans leur clé. Au passage près de l'un d'eux, le conducteur pouvait y lire un message personnalisé et exclusif : « Bonjour, Jack, belle journée pour votre cabriolet. » La puce avait permis d'identifier le propriétaire et sa voiture, parmi la banque de données des clients conservée par la marque. Séduit par l'attention ? Heureux d'être « reconnu » ? Ou importuné par l'irruption intempestive du message ? Chacun choisira. Reste à savoir si nous sommes prêts à être suivis à tout moment dans un but commercial.

Les moyens de pister les personnes grâce à la géolocalisation, le plus souvent à leur insu, prennent des formes de plus en plus diverses, au-delà du passeport biométrique : carte bancaire, badges d'accès aux autoroutes ou aux aéroports, pass de transport. Comme la carte Navigo qui permet d'entrer dans le réseau de la RATP et d'en sortir très rapidement. En contrepartie, cette carte garde en mémoire beaucoup plus d'informations que les anonymes tickets à composter. Au-delà des noms, âge et qualité du détenteur que conserve le transporteur, elle permet de le suivre à la trace à tout moment, de savoir quand et où il a circulé dans l'ensemble du réseau, métro et autobus confondus. Rappelée à l'ordre par la CNIL, la RATP s'est engagée à réduire à deux jours la durée de conservation des données concernant les déplacements des porteurs de Navigo.

Pour s'en tenir au seul plan commercial, des cartes munies de puces de géolocalisation de ce type permettent d'affiner les campagnes de publicité et de s'adresser plus spécifiquement aux personnes que l'on cible.

Pistés par le mobile

Le téléphone portable, dont sont équipés aujourd'hui 74 % des Français[26], permet lui aussi si besoin à notre opérateur téléphonique de nous suivre à la trace, grâce au signal que l'appareil émet dès qu'il est mis en marche. Il n'est qu'à s'approcher d'une frontière pour s'en rendre compte : un sms nous informe de l'opérateur étranger qui prendra le relais si nous quittons notre pays. Cette technologie, un peu moins précise que le GPS, permet quand même de repérer le porteur de mobile avec une précision de 150 à 200 mètres. Et déjà Texas Instrument lance fin 2007 la fabrication de puces GPS à faible prix[27], permettant d'équiper les portables les moins sophistiqués.

De nombreuses utilisations complémentaires du téléphone portable sont en cours de tests. On va bientôt nous proposer, comme au Japon ou en Corée, de payer nos achats avec notre portable. Une expérience grandeur nature a été menée à Caen en 2006 sur 300 personnes par France Telecom et Clear Channel. Le Crédit mutuel et NRJ travaillent sur des tests. Et les trois principaux opérateurs de téléphonie étudient avec la SNCF et la RATP la possibilité de régler et d'utiliser nos billets de transport de la même façon. Le métro envisage même une mise en place pour fin 2008. Un simple geste et tout ce qui nous concerne s'enregistre régulièrement, associant nos achats, nos goûts et nos allées et venues. Certains observateurs évoquent déjà la future disparition de nos cartes de crédit. Tout ce qui s'enregistre chaque mois sur ces cartes et bénéficie encore du secret bancaire pourrait alors sans problème être croisé avec les données enregistrées par nos autres

37

SOURIEZ, VOUS ÊTES CIBLÉS

utilisations du téléphone portable : combien de fois par mois nous allons chez le coiffeur ou au restaurant, le montant de nos assurances, de nos impôts ou de nos remboursements de frais de santé, quels commerces nous fréquentons et à quel rythme nous passons des péages d'autoroute, si nos enfants sont inscrits dans une école privée... Chacun peut compléter la liste.

Des fournisseurs d'accès très renseignés

Lorsque nous surfons sur le net, nous ne sommes pas, là non plus, à l'abri de toute tentative d'investigation. Car cet extraordinaire outil permet de constituer facilement des banques de données sur l'ensemble de ses usagers. Les fournisseurs d'accès à l'internet connaissent bien sûr notre identité et les données personnelles et sociodémographiques que chacun fournit au moment de son abonnement, mais ils suivent aussi toutes nos pérégrinations et détiennent l'historique de toutes nos recherches : quand nous nous connectons, combien de temps, quelles pages nous visitons, quels mots clés nous utilisons et, pour ceux qui ont des abonnements « triple play », quels programmes ils regardent ou comment et quand ils téléphonent. Nous sommes simplement suivis à la trace. D'où le joli terme de tracking qui sévit sur l'internet quand il s'agit de pister un visiteur sur un site. Car on peut, en temps réel ou a posteriori, connaître l'itinéraire exact de ses visites, avec durée et date de « séjour » sur chaque page.

On peut d'ailleurs procéder de la même façon pour tracker une personne et observer ses réactions à la réception d'un e-mail. Ou encore se livrer à du eye tracking, le suivi du regard, et étudier en laboratoire comment

38

l'œil de l'internaute aborde une page du web et comment il y circule. Une technologie assez sophistiquée d'une société suédoise avec lumières infrarouges et cellules photosensibles permet ainsi de suivre le cheminement du regard, sans que le cobaye ne s'en rende compte. Cela a permis à différents experts en marketing de déduire de ces études ce qu'ils appellent l'« utilisabilité » d'un site commercial et de répertorier tout ce qui peut le rendre plus efficace.

Anonyme ? Pas vraiment !

Sur son site, www.cnil.fr, la Commission nationale de l'informatique et des libertés démontre que nos visites n'ont rien d'anonyme sur l'internet. Avec un petit itinéraire à l'appui, que chacun peut tester[28]. Il suffit de cliquer sur la rubrique « Démonstration » pour découvrir toutes les traces que l'on laisse sans s'en rendre compte sur n'importe quel site visité : la configuration de l'ordinateur que l'on utilise, les pages qu'on consulte, la fréquence des visites et surtout la façon dont un serveur peut utiliser les cookies qu'il dépose sur l'ordinateur visiteur. « Un cookie, explique la CNIL, est un enregistrement d'informations par le serveur dans un fichier texte situé sur l'ordinateur client (le vôtre), informations que ce même serveur (et lui seul) peut aller relire et modifier ultérieurement. [...] Seul un serveur web peut en envoyer. » De votre côté, ce fichier texte déposé, « vous pouvez le lire, le détruire, le copier, le modifier à la main si vous le souhaitez. Il ne peut pas contenir de virus ni être exécuté, il n'est pas actif ». Impossible, après ce petit tour de piste sur le site de la CNIL, de se croire encore invisible en naviguant sur le net...

Toutes ces données qui s'accumulent sur le net constituent une manne très tentante pour le marketing. Grâce au datamining, « le procédé logiciel qui permet d'extraire des informations commerciales pertinentes à partir d'une grande masse d'informations [29] », en suivant sur un ou plusieurs sites le parcours de diverses personnes, on peut en déduire tout ou partie de leurs centres d'intérêt et analyser leur comportement. Et en croisant ces éléments avec une base de données comprenant des profils types renseignées et actualisées en permanence, on peut proposer aux marques des informations ou des offres commerciales personnalisées. Pour le marketing, il ne s'agit pas de « fliquer » qui que ce soit mais de cibler plus finement ses futurs clients.

Google champion hors catégorie

Le champion hors catégorie est sans aucun doute Google, qui a réalisé au premier trimestre 2007 un bénéfice net de 1 milliard de dollars, avec une hausse faramineuse de 69 % par rapport au même trimestre de 2006, dont 99 % proviennent de la publicité. La réussite du moteur de recherche est exclusivement fondée sur l'accumulation et l'exploitation d'informations qu'il collecte sur les utilisateurs de ses différents outils de recherche [30] : comment s'effectuent les recherches, avec quel ordinateur, quels produits ont été achetés, quelles cartes géographiques nous intéressent, quelles images on sélectionne, quels articles on consulte... Google stocke tout. Il détient la moitié du marché des recherches sur l'internet et traite plus de 3 milliards de recherches par mois sur 8 milliards de sites [31]. On peut y ajouter les 20 millions de visites du site de partage de vidéos YouTube, leader incontesté de la vidéo en ligne, racheté par l'entreprise fin 2006. Une preuve, s'il en fallait, du suivi permanent exercé par Google : le dernier outil qu'il vient de mettre à disposition des internautes – du moins ceux qui sont à la recherche de nouveaux sites à visiter. Le moteur de recherche leur propose d'ajouter un bouton « Recommandation » sur leur barre d'outils pour recevoir des propositions de visites, mais pas n'importe lesquelles. Les offres sont faites par Google à partir de l'analyse de leurs recherches précédentes.

Très critiqué pour cette accumulation de données, stockées depuis 1998, sur tout un chacun voyageant sur le net, Google a annoncé en mars 2007 qu'il décidait de « modifier [sa] politique de conservation des données de connexion des utilisateurs » (les logs de connexion incluant l'adresse IP, la date et l'heure de connexion, les mots recherchés, les cookies). Ces données « seront rendues anonymes au bout de dix-huit mois, vingt-quatre mois au plus tard [32] ». Mais la méthode d'« anonymisation » pour laquelle Google a opté est controversée. « Cela prouve la bonne volonté de Google, mais techniquement cela ne sert pas à grand-chose », explique Luc Bouganim, directeur de recherches à l'Inria [33]. En bref, la méthode consiste à supprimer un octet de l'adresse IP des internautes, réduisant à 1 sur 256 le risque d'être reconnu. Insuffisant, disent les spécialistes, dont certains recommandent une méthode plus aboutie de « hachage » qu'on pourrait apparenter à la bonne vieille broyeuse de documents. D'autres mettent en avant le mélange de deux techniques mêlant volontairement les données avant la destruction des fichiers. Insuffisance de recherche sur la protection des données personnelles ou décision délibérée... Google n'aurait-il fait qu'une annonce de complaisance ? L'avenir le dira.

L'entreprise décidera-t-elle de procéder de même pour les informations dont elle dispose sur le plan publicitaire ? En effet, le géant du web ne s'en tient pas uniquement au recensement des allées et venues de ses visiteurs. Certains de ses outils publicitaires permettent de cibler les publicités de ses annonceurs clients en fonction des réactions des internautes utilisateurs. Son service de messagerie Gmail, qui est arrivé en Europe en février 2007, vend des liens sponsorisés contextuels adaptés au contenu des e-mails. Une démarche « utile » selon Google, comme l'explique son site[34] : « Gmail n'affiche pas de fenêtres pop-up ni de bannières publicitaires non ciblées, mais uniquement de petits textes publicitaires. Les annonces et les informations présentées sont en rapport direct avec le contenu de vos messages. Par conséquent, bien loin d'être gênantes, elles peuvent se révéler très utiles. » Reste que le choix de ces « petits textes publicitaires » est fait automatiquement par un logiciel robot (le moteur publicitaire AdSense) qui parcourt le contenu de tous les mails des utilisateurs. On est loin semble-t-il du principe de confidentialité du courrier privé, même si Google argumente qu'il ne lit pas les messages mais analyse seulement leurs textes, et même s'il affirme qu'il « ne partage pas le contenu des messages ou les informations personnelles de ses utilisateurs avec des tiers et ne les divulgue jamais ». L'entreprise envisage d'ailleurs de proposer le même système de messagerie pour les mobiles. Quant à Google Analytics, un « outil d'analyse web » commercial mis en place fin 2005, il « tracke » les visiteurs de ses sites clients et leur précise « comment ils ont trouvé [leur] site et décrit leur activité sur celui-ci ».

Autre piste empruntée par Google pour tracer en continu des internautes : le Wifi. L'entreprise propose

42

cette connexion sans fil gratuitement à tous les citoyens de San Francisco, à condition qu'ils acceptent d'être suivis en permanence. Ainsi, Google peut leur envoyer tout au long de la journée des publicités très ciblées en fonction des lieux qu'ils fréquentent. Depuis la mi-avril 2007, Google s'est adjoint une des sources de tracking les plus importantes du web en rachetant pour une fortune la société DoubleClick, l'un des tout premiers acteurs de la publicité en ligne[35]. Un rachat qui n'a rien d'anodin en matière de données, puisque l'outil utilisé par cette société permet de collecter et de vendre à ses clients annonceurs des informations sociodémographiques ou comportementales sur les utilisateurs de leurs sites.

Quand Google affirme que sa mission autoproclamée consiste à « organiser les informations du monde et les rendre accessibles et utilisables par tous », il est donc loin de tenir parole puisque toutes les informations qu'il collecte sur nous ne nous sont pas accessibles mais sont revendues à des entreprises à des fins commerciales.

D'autres sociétés d'envergure, comme Yahoo et Microsoft, ont développé leurs méthodes d'investigation pour vendre les usages de ses abonnés sur le web et le mobile. Microsoft reconnaît exploiter la base de données constituée par les informations qu'il possède sur les millions d'abonnés de Hotmail ou de MSN : leurs sexe, âge, activité ou localisation, mais aussi leurs centres d'intérêt, tels qu'ils sont exprimés dans leurs échanges. IBM a de son côté mis au point une technologie d'analyse des textes du web capable de les lire et de comprendre de manière statistique ce qu'ils signifient. « Du Google sous stéroïde, explique son directeur de la recherche. On peut l'utiliser pour étudier la valeur des marques ou, dans le cas d'une campagne marketing, pour en étudier l'impact sur la marque[36]. » Quant à Yahoo, il devrait marcher sur les brisées de Google et proposer aussi un outil d'analyse d'audience, Yahoo Analytics, d'ici fin 2007.

Guettés par le Big Brother du XXIe siècle ?

Prise séparément, chacune des techniques commerciales qui se développent pour cerner au mieux les consommateurs peut nous sembler sinon totalement anodine, du moins ne pas prêter à graves conséquences. Mais l'accumulation de ces moyens, la discrétion des procédés et leurs innombrables possibilités de combinaisons posent question. D'autant que leur très haut niveau technologique dépasse souvent largement nos capacités d'entendement.

Saisis dans des faisceaux croisés

Autant le savoir, les nouvelles technologies permettent de tout savoir sur chacun d'entre nous et de le localiser à tout moment. « Des informations sont déjà et vont être de plus en plus collectées partout : dans les avions, les banques, les supermarchés, sur internet », souligne le politologue Thierry Balzacq [37]. Puces RFID, caméras, empreintes électroniques vont susciter des collectes d'informations tous azimuts. D'ores et déjà, pour rester sur le seul plan commercial, sont recensées les informations que l'on donne par téléphone ou par l'internet, les pages que l'on visite sur le web, les chaînes et programmes que l'on regarde en format numérique, les images produites lorsqu'on est filmé par une caméra de surveillance, tous les paiements par carte bancaire ou carte de fidélité, les débits, crédits et virements de nos comptes ou les appels télépho-niques.

« D'ici peu, ajoute un spécialiste de l'Institute for the Future de Palo Alto, tout ce qu'on emportera avec soi sera localisable[38]. » GPS, ordinateurs, téléphones portables, PDA (ordinateurs de poche), baladeurs, consoles de jeux..., 500 millions de puces RFID sont déjà en circulation en Europe et, d'ici 2016, on devrait passer à 8 ou 9 milliards, selon la commissaire européenne des médias et de la société de l'information, Viviane Reding[39]. Même si la plupart de ces objets ne sont pas conçus en premier lieu pour pister chaque utilisateur, ils en offrent la possibilité et les risques de profilage existent.

Suivre à la trace les individus ne relève plus de la science-fiction. Chaque jour, les technologies innovent et accroissent les possibilités dans ce domaine. Sans en faire un panorama complet, quelques pistes permettent de saisir l'ampleur et la pertinence des moyens disponibles. Ainsi, un logiciel américain, Skyhook Wireless, diffusé gratuite-ment pour les PC connectés en Wifi, permet de transmet-tre à tout utilisateur des informations sur le restaurant ou le cinéma le plus proche de l'endroit où il se trouve. Un service très utile mais, en contrepartie, ce logiciel autorise, par un système de triangulation de bornes Wifi, la localisa-tion constante de chaque internaute à quelques dizaines de mètres près. Plus ces bornes vont se développer, plus le repérage sera précis. Rien n'empêche d'envoyer par ce biais des publicités ou des offres promotionnelles pour le maga-sin d'à côté. Voire d'exercer une surveillance continuelle si un pouvoir politique le décidait. Or ce type de logiciel va être très vite adapté aux téléphones portables et autres futurs gadgets mobiles équipés Wifi.

Une autre société propose de repérer tout individu

équipé d'une puce spécifique, par l'intermédiaire de signaux de télévision diffusés par ondes hertziennes[40], qui sont quasiment partout aujourd'hui. Quant aux objets aussi anodins que les consoles de jeux, ils vont à leur tour, à l'exemple de la PSP de Sony vidéo, être équipés d'une fonction GPS. Vraiment indispensable pour jouer? La question n'est pas là. Peu à peu, tous ces gadgets électroniques vont être « pucés ». Et tous les objets porteurs de puces seront connectés à l'internet, constituant une nouvelle toile et de gigantesques bases de données sur la vie de ces objets... et de leurs utilisateurs. Certes, des exploitations pourront faciliter la vie quotidienne : traçabilité des produits alimentaires, suivi des risques sanitaires, on l'a dit, mais aussi amélioration du service après vente, disponibilité des dossiers médicaux... Mais ne peut-on craindre que la multiplication de tous ces vecteurs d'informations et le maillage qui risque de se développer dans un but essentiellement commercial fassent de ces formidables innovations des « *small brothers* » à l'affût de nos moindres gestes, comme le souligne Michel Alberganti[41] ?

Conserver un ordinateur en bon état de marche est déjà un exploit pour la grande majorité d'entre nous. Alors comment savoir repérer et maîtriser toutes ces techniques de collecte d'informations et de localisation qui nous dépassent ? Un premier pas pourrait consister à informer clairement chaque porteur de puce de sa présence afin qu'il puisse personnellement la désactiver quand il le souhaite.

Des puces sous la peau

Une façon très efficace de pouvoir suivre quelqu'un à tout moment consiste à lui implanter directement la tech-

46

nologie sous la peau. Simple, invisible et léger : juste une puce RFID de la taille d'un grain de riz, voire d'un cheveu pour les puces dernier cri, insérée sur soi jour et nuit. Et plus besoin de papiers, de pass, de porte-monnaie ou de gadget mobile d'identification.

Des expériences de ce type se développent un peu partout. Une discothèque de Barcelone, le Baja Beach Club, offre un statut de VIP à ceux qui décident de se faire implanter une puce de crédit sous la peau. Deux conditions pour y accéder : une piqûre pour glisser la puce et un règlement de 1 000 euros – pour la technologie ou le statut de VIP ? Ensuite, la puce enregistre toutes les entrées et règle les consommations, à condition que les comptes soient approvisionnés. La puce implantée, qui contient un numéro d'identification à seize chiffres, est mise en relation par scan avec un ordinateur central qui contient toutes les informations sur chaque client.

Le même procédé VeriChip de puce RFID est utilisé pour les applications les plus variées. Dans l'entreprise américaine de vidéosurveillance Citywatcher, des employés ont accepté de se faire poser une puce identique sous la peau, pour tester ce nouveau mode de filtrage d'accès à certains espaces sécurisés. Si le test est concluant, l'objectif de la société est bien entendu de vendre ce système de pass d'un nouveau genre à d'autres entreprises et institutions. Depuis que les autorités sanitaires américaines ont autorisé l'utilisation d'une telle puce dans un cadre médical, plusieurs hôpitaux testent ce système. Tout son pedigree médical conservé en sous-cutané et régulièrement enrichi permettrait de faire gagner un temps précieux en cas d'arrivée en urgence ou de perte de connaissance d'un patient, mais pas plus qu'un dossier enregistré sur une carte de son portefeuille...

L'usage de la puce RFID sous-cutanée peut aussi entraîner

des dérives, de fichage collectif centralisé par exemple, autorisant tous les contrôles invisibles à une entreprise malintentionnée. Accepterons-nous d'être « pucés » parce que cela nous offrirait des avantages ou des facilités d'accès ? Autre risque, le piratage, puisque, comme l'ont montré certaines expériences en laboratoire[42], un hacker aguerri pourrait sans trop de difficultés entrer dans ce type de technologie, capter le numéro d'identification d'une puce et l'utiliser pour son propre compte, en usurpant une identité. Puce portée sur un objet en bandoulière ou puce sous-cutanée, les mêmes risques de traçage incognito des individus existent. Faudrait-il alors en arriver à utiliser des moyens de brouillage de puces RFID ?

Des identités multiples

Plusieurs acteurs critiques de l'internet parlent aujourd'hui de l'« ADN numérique » de chaque visiteur du net. Un ADN qu'il appartiendrait à chacun d'entre nous de mieux cerner. « Nous allons progressivement devoir acquérir une vision à 360° de toutes les traces que nous laissons au quotidien de manière à maîtriser l'image que l'on donne de nous-mêmes », souligne Fred Cavazza, qui a cherché à définir une cartographie des différentes facettes de notre identité numérique[43], selon ce qu'on fait sur l'internet : pour s'exprimer, pour effectuer un achat, pour dialoguer, pour chercher une information, pour partager des connaissances, pour donner son avis, pour jouer, pour travailler, etc. Autant de traces indélébiles qui forgent notre identité numérique, mais qui nous échappent, alors qu'elles sont conservées pour longtemps par les pourvoyeurs du net. En arriverait-on à des identités virtuelles prenant le pas sur notre identité réelle ? L'Union internationale des télécommunications, qui regroupe les principaux acteurs des technologies de l'information et de la communication (TIC), s'est saisie de cette question fondamentale, pour tenter d'harmoniser la gestion de l'identité à l'échelle mondiale, avec un principe d'interopérabilité des procédés de gestion. Avantage pour l'utilisateur, selon l'organisme : « Confiance accrue dans les services en ligne, cybersécurité, réduction du spam et mobilité "itinérante" totale d'un service à l'autre dans le monde entier. » Ambitieux programme qu'on ne peut que souhaiter voir aboutir.

Que sommes-nous prêts à accepter ?

Les entreprises vont avoir de plus en plus de moyens pour recenser des informations sur nos goûts et nos comportements. Mais jusqu'où est-on prêt à aller ? Pour essayer de préciser ces limites et voir de quelle façon celles-ci peuvent évoluer avec le temps, l'agence de marketing ETO a créé le Baromètre de l'intrusion, dont la première édition a été publiée en avril 2007. À travers une enquête menée en ligne par une dizaine d'annonceurs, plus de 30 000 avis ont été collectés[44].

Par cette méthode d'inventaire spontané et parcellaire, l'enquête n'est sans doute pas représentative mais elle reflète certaines tendances. Ainsi, bien que 83,6 % se disent satisfaits de la façon dont les marques communiquent avec eux, 66,1 % trouvent qu'ils ne sont pas assez informés de l'utilisation qui est faite de leurs données. Et 77,4 % n'apprécient pas que des informations les concernant soient enregistrées dans des fichiers. Quant au niveau d'intrusion des marques, 35 % l'estiment élevé, 32 % moyen et 33 % faible.

Entrer dans les esprits ?

Réponses aléatoires, tests insatisfaisants... Aucune technique utilisée pour tenter de cerner les consommateurs ne satisfait pleinement le marketing. Et si on pouvait franchir une étape de plus et entrer dans leurs cerveaux ? Repérer ainsi les mécanismes subtils qui déclenchent les décisions d'achat ? Sans doute pourrait-on alors comprendre ces consommateurs de plus en plus inconstants et les amener vers le produit à vendre. C'est avec cette idée qu'est né le neuromarketing. Cette discipline fondée sur les procédés d'imagerie par résonance magnétique fonctionnelle (IRMf) ne laisse pas d'intriguer. Plusieurs universités travaillent sur le sujet et de grandes entreprises américaines tentent discrètement des expériences[45] ; à part Coca-Cola et DaimlerChrysler, aucune ne s'en vante. Il faut dire que l'entreprise est pour le moins déroutante. « L'idée est de saisir les mécanismes de prise de décision, explique Olivier Oullier, chercheur en neurosciences. Comment le cerveau fonctionne lorsque l'on a des choix à faire. [...] On s'aperçoit que l'aspect émotionnel prend souvent le pas sur la raison. Peut-être qu'en étudiant le cerveau à ce moment-là on pourra avoir accès à l'émotion[46]. »

Première tentative en juin 2002 : une agence américaine de neuromarketing se lance dans des études d'un tout nouveau genre à Atlanta, avec l'objectif ambitieux de mieux connaître les réactions du cerveau humain dans le domaine commercial. « Il est demandé à un échantillon représentatif de consommateurs volontaires de répondre à un questionnaire permettant d'identifier leurs préférences sur des produits ou sur des marques spécifiques », explique le cher-

50

cheur, qui souligne en même temps les doutes de la communauté scientifique[47]. Car les technologies et les connaissances sont limitées et les coûts très élevés. Un test, qui peut durer six à douze mois, coûte en moyenne 1 000 dollars par personne, et le matériel très sophistiqué n'est pas facilement disponible. Dernière limite d'importance : les interrogations d'ordre éthique. Comment interpréter cette volonté d'intrusion commerciale dans le cerveau humain ?

Des agences françaises commencent aussi à faire des offres de services en neuromarketing. « Il arrive que la prestation proposée ne s'appuie pas sur des expériences scientifiques et n'ait de neuro que le nom », souligne encore Olivier Oullier. Une agence propose ainsi sur son site[48] un programme pour évaluer des spots de pub ou des sites internet en les confrontant aux « lois du fonctionnement cérébral » établies par les chercheurs en neurosciences et des « tests d'imagerie cérébrale fonctionnelle permettant de voir à l'intérieur du cerveau des consommateurs l'image d'une marque ». Une autre agence offre ses services en « neuromarketing opérationnel » en promettant que son usage « augmente automatiquement l'attractivité des produits » et « délivre aux clients des messages percutants qui atteignent leurs neurones décideurs[49] ».

En avril 2007, deux agences plus importantes ont rendu publiques leurs premières études effectuées en France. PHP, agence d'Omnicom, leader mondial de la publicité, a analysé en laboratoire seize adultes et en a dégagé « six grands types de stratégie de communication qui correspondent aux zones du cerveau stimulées[50] ». Et Impact Mémoire a observé pour Lagardère Active Publicité les réactions cérébrales de 264 personnes regardant diverses publicités sur plusieurs médias. L'objectif de cette

démarche menée avec le laboratoire d'étude des mécanismes cognitifs de l'université Lyon-II : cerner ce que la
« mémoire explicite », la mémoire consciente, retient mais
aussi ce que la « mémoire implicite » enregistre sans que
l'on s'en rende compte. Tout ça pour optimiser la mémorisation de campagnes publicitaires. Pour nous rassurer sans
doute, les chercheurs en neurosciences affirment qu'il n'y
a pas de « bouton achat » dans le cerveau. Mais la question
est-elle là ? Ne réside-t-elle pas plutôt dans la limite que
chacun souhaite opposer à l'intrusion de qui que ce soit,
entreprises ou institutions, à l'intérieur de sa propre personne physique ou psychique ? Comment accepter que des
entreprises puissent analyser et exploiter des réactions qui
nous sont propres et dont nous n'avons pour partie même
pas conscience ?

Entrer sous la peau ou dans la tête des individus pour
améliorer ses ventes semble être la dernière tentation du
marketing. Et quel sera le pas suivant ? « Les nouvelles
technologies – biométrie, vidéosurveillance, géolocalisation, systèmes de puces, nanotechnologies – permettent de
suivre les personnes à la trace, avertit le président de la
CNIL, Alex Türk. [...] Les gens disent que cela leur est
égal de devoir présenter une empreinte pour entrer dans
un local. Mais si on leur annonce demain qu'elle va être
prélevée à distance et utilisée à d'autres fins ? »
Carte électronique de règlement, pass à radiofréquence,
badge informatique, empreinte sésame, puce RFID, téléphone portable ou internet..., les moyens s'intensifient
pour assurer une collecte d'informations très fournie et une
traçabilité constante de chacun d'entre nous. « Big Brother
se rapproche », affirmaient en 2004 dans une tribune

commune quatre défenseurs des droits et des libertés, réclamant un encadrement strict des interconnexions de fichiers sous le contrôle de la CNIL et le refus de toute réutilisation des données personnelles à d'autres fins que celles pour lesquelles elles ont été collectées[51]. Le risque est que, peu à peu, une technologie chassant l'autre, nous prenions l'habitude de cette traçabilité permanente. Jusqu'à l'intégrer au plus profond de nous-mêmes. À l'image de ce panopticon inventé par Jeremy Bentham, philosophe utilitariste du XVIIIe siècle, dont le concept inspire depuis toutes les réflexions concernant la surveillance et le traçage des individus. Panopticon, du grec, *pan*, « tout », et *opticon*, « observer ». Voir sans être vu, tel était le principe de base du système panoptique, inventé pour le milieu carcéral et qui permettait une surveillance permanente de tous les prisonniers par une seule personne, ceux-ci ne pouvant se soustraire à cette surveillance et ne sachant jamais à quel moment ils étaient épiés et à quel moment ils ne l'étaient pas. C'est l'« illusion d'une surveillance constante », une méthode efficace, selon le concepteur, pour intérioriser les règlements, une « nouvelle façon d'asseoir son pouvoir sur les esprits, à un niveau sans exemple jusqu'ici ».

Censé être généralisé ensuite à l'ensemble de la société, lieux de travail, écoles ou hôpitaux, le panopticon n'a jamais vu le jour, mais son concept d'intériorisation du pouvoir subsiste. Voir sans être vu, une façon très contemporaine d'entrer dans les esprits. Et d'y rester, si l'on n'y prend pas garde.

2

Les ados en première ligne

Cible privilégiée des marques, les adolescents sont en première ligne quand il s'agit de lancer un nouveau produit ou une nouvelle mode. Ils représentent d'abord un fort pouvoir d'achat : les jeunes entre 14 et 15 ans disposent de 30 euros d'argent de poche par mois en moyenne et les 15-17 ans de 40 euros[1], ce qui représenterait près de 3 milliards par an pour l'ensemble des 11-17 ans. Sans compter tous les à-côtés, que certaines agences d'études évaluent jusqu'à 18 milliards d'euros[2]. Des chiffres imposants impossibles à vraiment vérifier. Entre argent de poche, petits jobs, étrennes et autres coups de cœur auxquels les parents succombent, les instruments de mesure manquent. Ce qui est sûr, en revanche, c'est que ce public est très curieux, s'intéresse à tout et aime particulièrement essayer les nouveautés : huit jeunes sur dix se disent attirés par tout ce qui est nouveau. La consommation serait d'ailleurs le sujet qui les passionne le plus et suscite la plus forte implication, selon NRJ Lab, la cellule d'étude de tendances de la radio NRJ, comme l'explique son directeur marketing. « Cette soif de consommation est revendiquée, affichée et sans complexe. C'est un repère stable de la jeunesse. Les entreprises sont d'ailleurs connotées plutôt positivement car elles symbolisent pour eux l'espoir d'un monde meilleur. Ils en attendent même une certaine vision[3]. » Des jeunes hyperconsommateurs donc, une aubaine pour les gens de marketing qui affirment volontiers qu'il est urgent de « les habituer à dépenser le plus tôt possible pour en faire vite de bons consommateurs[4] ».

« Courtisés par l'économie marchande », comme les décrit judicieusement la sociologue Monique Dagnaud[5], les ados le sont aussi pour tout ce qui concerne les achats de leur famille. Attentifs à leur plaire, la plupart des parents ont pris l'habitude de tenir compte de leur avis pour les achats de la maisonnée. Dépenses alimentaires, de loisirs ou d'équipement, jusqu'à la voiture, rien ne leur échappe. Investis d'un rôle de prescripteurs, les ados sont la cible de campagnes publicitaires pour des produits pourtant nettement adultes. Il en est ainsi des marques de voitures : Volvo dit s'adresser aux 15-25 ans et Nissan, visant lycéens et étudiants, présente dans sa dernière campagne, en vidéo comme sur affiche, les pieds agiles d'un jeune géant faisant du skate avec la voiture[6].

Plus important encore, les ados ont un indéniable effet d'entraînement sur leur entourage – leurs copains et leur tribu bien sûr, mais aussi leurs proches. Dès qu'ils ont adopté un produit ou une mode, les pré-ados et les adultes se précipitent pour suivre le mouvement. Ils sont « épiés et copiés par la société », souligne une responsable marketing[7]. Par les frères et sœurs plus jeunes, qui ont hâte de faire comme les grands. Et par nombre d'adultes qui, portés par le jeunisme ambiant, se rêvent toujours à l'âge de leurs 16 ans, à l'instar de ces mères qui veulent copier leurs filles en leur empruntant leurs jeans ou leurs gloss.

Déduction logique pour les spécialistes du marketing, « la conquête de clientèle jeune est aujourd'hui un objectif central pour tout annonceur, compte tenu [...] des perspectives d'avenir offertes par cette cible une fois fidélisée[8] ». Pour atteindre cette cible prioritaire, qui ne s'en laisse pas conter facilement, une large panoplie de moyens, des plus simples aux plus sophistiqués, est peaufinée en permanence, combinant les médias que le jeune apprécie et les lieux qu'il fréquente. Dès le matin, au réveil avec la radio, puis au petit déjeuner grâce à la télévision, dans la rue avec le « guerilla marketing », à l'école à travers des opérations dites « pédagogiques », dans les magasins par le truchement d'animations, au retour de l'école quand il surfe sur l'internet ou feuillette ses magazines, au cinéma grâce aux placements de produits dans les films ou les jeux vidéo, le week-end encore, en boîte, au spectacle ou au cours d'événements sportifs par les opérations de promotion, et du matin au soir avec l'incontournable téléphone portable[9]..., l'ado est sollicité en permanence et cent fois plus que les adultes.

Des marques inévitables ?

Les jeunes ont besoin pour se construire de se démarquer de leurs parents, de se forger leur propre apparence, de créer leurs codes vestimentaires, loin des habitudes des adultes. Et de chercher des modes qui dérangent ou bousculent les usages. Tout le monde est passé par là. Qui n'a pas retrouvé avec un sourire attendri tel pantalon « pattes d'éph », telle minijupe, son blouson de cuir ou le keffieh de ses 16 ans ? Mais aujourd'hui, il existe une différence de taille. Les marques ont su s'insérer dans le processus de construction d'identité des jeunes et se rendre incontournables. Comment échapper aux Nike, Reebok, Puma,

Converse et autres Adidas, pour ne parler que de ce qui se porte aux pieds ? Les marques feraient désormais office de coaches ou de « partenaires de la construction des jeunes », si l'on en croit les agences spécialisées comme NRJ Lab ou Junium [10]. L'une parle de « marque réconciliation », quand l'autre propose aux entreprises de devenir « génératrices de complicité afin de laisser une vraie trace et d'initier une relation durable ». Agences et marques sont unanimes pour revendiquer leur rôle indispensable auprès des jeunes, se qualifiant de « passeport social des ados » ou de « marqueurs de l'égalité sociale ». Les marques, nouvel uniforme adolescent !

« Les marques constituent plus de repères que les politiques », surenchérit Catherine Lott-Vernet, PDG de l'agence Junium. Elles sont « au cœur de leur vie, insiste Joël Brée, professeur à l'ESC Rouen. C'est à la fois le totem des groupes auxquels ils appartiennent et un élément de structuration identitaire [11] ». Et, comme justifie Maurice Lévy, PDG de Publicis, « dans un monde qui perd ses repères, la marque reste un élément de référence solide, une garantie et en même temps un lien [12] ». Après les marques de vêtements ou de téléphones portables, très prisées des adolescents, c'est au tour des marques alimentaires d'entrer dans la danse, du moins si l'on en croit cette spécialiste des modes de consommation alimentaire qui affirme : « Le produit alimentaire est un moyen de communiquer. Il permet de dire qui on est et d'être identifié par les autres [13]. » Hamburger et soda-cola pour définir son identité... il fallait y penser ! Coca-Cola ou McDo l'ont fait.

Voici donc les marques commerciales auto-investies d'un rôle d'éducateurs de jeunes. Dans ces conditions, pourquoi ne pas sauter un pas de plus en leur assignant une responsabilité dont se départiraient certains parents ? Jolanta Bak, présidente d'Intuition, une agence de conseil en gestion de marques, n'hésite pas à le faire : « Certaines marques apparaissent comme plus fiables que certains parents. Nivea, Adidas, Nike... portent des valeurs qu'elles ont à peu près su respecter. Alors que les parents font le grand écart entre leur comportement et les valeurs qu'ils préconisent. » Les parents apprécieront.

La culture de la transgression

Pour attirer l'attention des ados, rien de tel qu'un parfum de transgression. Comme le préconise une responsable marketing[14], il faut « détourner, déchirer, salir la communication » pour les faire venir dans l'univers d'une marque. Tout passe d'abord par le vocabulaire, comme le sait Eastpak, la marque préférée des jeunes en matière de sacs à dos scolaires. Selon les modèles, ils sont dénommés Rebel, Radical, Protester, Activist, Delirium pink, Disaster ou Rioter[15] et classés dans les catégories Chaos, Résistance, Breakaway anarchy, Campus ou Underground, tous noms déposés et protégés commercialement. Quand la marque fait de la promotion, la tournée musicale qu'elle sponsorise se nomme Eastpak Antidote Tour et la compétition de BMX Eastpak Rebel Jam.

Pour l'anniversaire de ses 30 ans en 2005, Nike a ressorti ses modèles Terminator ou Vandal. Dans le même esprit, quand les alcooliers concoctent des boissons « jeunes », elles s'appellent Boomerang, Desperado, Delirium Tremens, Demon, Fruit Défendu, Malheur, Belzebuth ou Voodoo. Les cigarettes deviennent Black Devil, le chewing-gum se fait X-Cite et l'ultra-gloss de Dior Addict.

Un délicieux parfum d'interdit

« Une marque jeune dans son discours doit manipuler sans cesse ce paradoxe, partager avec les jeunes un système de valeurs, de modèles de référence conforme aux traditions et adopter un langage, des signes en rupture, débarrassés des conventions et des habitudes en cours. » Voilà ce qu'explique l'institut Ipsos à ses annonceurs[16]. Autrement dit, conformisme de valeurs mais anticonformisme de comportement et de langage. Certaines marques pratiquent ainsi la « trash attitude » en utilisant des visuels morbides, violents, voire cyniques. Cette tendance se développe, selon le Bureau de vérification de la publicité (BVP), « en résonance avec une certaine culture cinématographique et télévisée qu'affectionnent tout particulièrement les ados et jeunes adultes ». Et bien sûr ça marche. Un petit tour sur le site internet[17] d'Eastpak nous livre l'image d'une marque « *built to resist* » (créée pour résister), rebelle en diable, présentant des morts vivants, qu'on retrouve aussi en grand format dans les campagnes d'affichage. Une autre marque, Dolce & Gabbana, s'est autorisée à mettre en scène, dans sa dernière campagne de publicité, des situations extrêmement violentes, simulant des viols et des meurtres. Rappelée à l'ordre par le BVP, et dans plusieurs pays européens, la marque a décidé de retirer de sa campagne les scènes les plus répréhensibles.

Le cannabis inspire aussi : Canna'Bull met en vente une limonade chanvrée, à un taux de THC (tétrahydrocannabinol) inférieur à 0,2 % conforme à la législation, qu'elle conseille de boire avec de la bière, chanvrée également (Al'Aven) ou du gin ou de la vodka. Quant à Rossignol, il a lancé des skis THC... soit *Triple Hybrid Core*. Coïncidence ? Le BVP le reconnaît : depuis plusieurs années, les annonceurs ont tendance à recourir à des « références directes ou suggérées à des substances illicites » dans le but de « toucher une cible jeune particulièrement réceptive qui connaît bien les codes et le vocabulaire de cette sphère ». Aux États-Unis, une entreprise de Las Vegas a mis en vente fin 2006 une boisson énergisante baptisée Cocaïne à base de caféine, de guarana et de taurin pour « stimuler le cerveau » ; la pub vante les effets « trois cent cinquante fois plus puissants » que le Red Bull, autre produit énergisant, assez fort pour avoir été interdit à la vente en France par l'Afssa[18]. Et bien sûr ce produit, sans cocaïne, est recommandé... pour les adultes.

Les marques de tabac, elles aussi, savent jouer habilement sur l'interdit pour se faire apprécier des adolescents. Unanimes à dire que les cigarettes ne sont pas conseillées pour les jeunes, certaines développent néanmoins en catimini toute une panoplie pour les inciter à commencer. Et des scénarios de la rébellion très séduisants pour ceux qu'elles visent. Comme l'explique Brice Auckenthaler, directeur d'une agence d'études : « "Je suis jeune et, quand je fume, je suis un rebelle, je transgresse l'ordre établi, je me mets en danger, je me singularise. Ma marque de cigarettes est comme moi, elle ne peut paraître au grand jour, elle se cache. Je tague, je fume. Le paquet de ma marque de cigarettes fait partie de mes accessoires de vie, au même titre que mon mobile. J'ai ma petite consommation de marginalité qui fait de moi un être à part." En développant des stratégies de contournement, les marques de tabac ont paradoxalement répondu, collé aux attentes de ces mêmes jeunes dans leur rapport aux marques auxquelles ils sont les plus sensibles, et même les ont renforcées[19]. »

Entre violence et incivilité

Les publicités jouent aussi beaucoup avec l'incivilité voire la violence pour séduire les adolescents. Le BVP a mené une vérification intéressante sur le sujet. Chargé de filtrer tous les spots télévisés avant diffusion, mais avec un simple pouvoir de recommandation, il a analysé a posteriori une année de spots effectivement diffusés sur le petit écran[20]. Sur 14 176 spots visionnés, 29 représentaient des scènes ou des propos violents ou incivils : une mère « explosant » son fils parce qu'il a « explosé » son forfait, un duel au pistolet, des scènes de bagarre de rue, des personnes balançant des objets par la fenêtre, des élèves faisant une mauvaise blague à leur professeur, etc. Certes, toutes ces publicités se réclament toujours du deuxième degré, mais entre humour et blagues de potache, les images d'incivilité laissent aussi des traces.

Des produits qui ciblent d'abord les jeunes

Les jeunes ne sont pas dupes de cette mécanique marketing bien huilée. Ils en parlent de façon très lucide et décortiquent aisément les campagnes créées pour les faire consommer. « Ils disent que la publicité est là pour créer des besoins avec des stimulus. Elle doit inciter à acheter, elle manipule les cerveaux et les symboles », souligne la directrice d'un institut d'études[21]. Ils pensent en conséquence être capables de maîtriser les publicités et les modes. La réalité n'est pas aussi simple. Les méthodes marketing, de plus en plus subtiles, ne sont pas toujours évidentes à repérer. « Les maisons prévoient des plans médias à 360° pour les encercler », reconnaît le responsable d'un autre institut [22]. Et ils ont bien souvent du mal à résister à la surenchère de produits créés par les marques spécialement pour eux, avec un succès particulier dans les quatre domaines qui les concernent spécialement : l'apparence, les nouvelles technologies, l'alimentation plaisir et les drogues licites. Autrement dit, baskets, soda, portable, alcool et clopes, les cinq emblèmes de la panoplie du jeune d'aujourd'hui.

La frénésie du tout-sucré

Impossible d'échapper à la grande offensive du tout-sucré. On avale en moyenne 35 kilos de sucre par an, accroissant la dose de 700 grammes chaque année. Le bébé, dès la naissance, aime spontanément manger sucré. On trouve du sucre partout, pas tant en poudre ou en morceaux [23] que dans les confiseries, les sodas et la quasi-totalité des plats cuisinés. Placé depuis peu sous haute surveillance nutritionnelle, il a appris à se glisser là où on ne l'attend pas, dans les cigarettes, les boissons alcoolisées et même les produits de beauté pour ados. Ombre à paupières à la fraise, gloss sucre d'orge, gel douche chocolat-orange, mousse nettoyante chantilly, shampooing au miel, parfums fraise, barbe à papa ou pomme d'amour..., la cosmétique jeune joue la carte du plaisir gourmand, avec des promesses de « baisers sucrés et parfumés », de « bouche bonbon glossy et pétillante » ou de gamme « dessert à lécher » entièrement comestible. Les stylos-bille à leur tour se mettent aux parfums de fruits ! Jusqu'à la saucisse sèche qui tente un produit sucré-salé, associant figue et noix au produit charcutier. Difficile, dans ces conditions, de résister au sucre, qui à l'occasion panse le vague à l'âme et distille un bonheur factice en sirop.

Vive la fun food

La fun food, c'est ce qui marche chez les jeunes : produits aux emballages fluo, faciles à transporter, qui mélangent les goûts, les sensations, les apparences et les couleurs et favorisent le grignotage. Billes qui explosent en bouche, carambars gélifiés flexibles, bonbons-dragées mélangeant le craquant et le fondant, chewing-gums en boîte, glaces en minibilles ou shakers glacés aux goûts mêlés, minigourdes au chocolat... Pratiques, ludiques, nomades et si agréables pour les papilles ! Le succès est garanti : il s'est vendu en 2005 pour plus de 1 milliard d'euros de bonbons, chewing-gums et petite confiserie de poche en hyper- et supermarchés. Quant aux barres-snackings qui se grignotent à tout moment de la journée, leurs ventes ont explosé en 2006, avec une hausse de 20 %[24]. C'est simple, plus de 40 % des produits alimentaires qui s'offrent à nous sont des « produits plaisir », à base de sucre[25].

Innover, c'est le leitmotiv. Démultiplier, devrait-on dire, quand on découvre par exemple qu'Haribo a concocté quarante nouvelles sortes de bonbons en 2005, ou qu'Unilever a présenté trente sortes de nouveautés glacées pour l'été 2007[26]. Cela n'empêche pas certains produits vénérables de se maintenir avec un succès insolent. Comme Nutella, qui vient de célébrer son quarantième anniversaire : il a doublé ses ventes en huit ans et reste incontournable en matière de pâte à tartiner, malgré ses 530 kilocalories pour 100 grammes. Nutella, ou l'exception qui confirme la règle. Car dans l'ensemble c'est le nouveau qui a la cote : 2 000 à 3 000 produits inédits s'invitent dans nos supermarchés chaque année, à grand renfort de publicité et de promotion. Il faut aller vite et viser juste : dans cette grande spirale du toujours

66

plus, quatre produits sur cinq auront disparu trois ans après leur arrivée. Pour tenir à tout prix, des budgets promo-publicitaires considérables viennent renforcer les lance-ments. Coca-Cola, la marque la plus cotée au monde, dépense à elle seule chaque année 1,7 milliard de dollars pour faire connaître ses boissons dans plus de 200 pays du globe[27]. En France, les grands groupes comme Nestlé ou Danone disposent de 300 à 400 millions d'euros par an. Et les fabricants de sodas et jus de fruits ont investi en 2005 plus de 73 millions d'euros en publicité télévisée, dont plus de la moitié sur TF1[28]. À leurs côtés, l'Aprifel fait figure de microbe avec son budget promotionnel de 6 millions d'euros pour nous faire découvrir les bienfaits des fruits et légumes[29] !

Résultat de ces investissements massifs, les jeunes (mais ils ne sont pas les seuls) mangent beaucoup trop de pro-duits sucrés : leur consommation quotidienne de sucre, qui devrait s'équilibrer autour de 50 grammes, s'élève en moyenne à 96 grammes pour les filles et 101 grammes pour les garçons. Deux fois trop !

Combien de morceaux de sucre ?

1 morceau de sucre pèse 5 g et apporte 20 kcal
1 yaourt aux fruits = 3 sucres
1 canette de soda de 33 cl = 6 à 7 sucres
1 pain au chocolat = 7 sucres
1 barre chocolatée = 5 sucres
1 l de boisson aromatisée = 7 à 15 sucres, selon les marques
1 l de soda = 16 à 19 sucres, selon les marques.

Source : *Que choisir* et *60 millions de consommateurs*.

Le goût de bonbon pour faire fumer

Les cigarettes aromatisées sont la dernière invention de l'industrie du tabac pour inviter les adolescents à s'essayer au tabac. Ils raffolent de ce qui est sucré ? Alors il suffit de concocter pour eux de nouvelles formules de tabac aromatisé aux goûts de chocolat, caramel, vanille ou fraise qui vont attirer les plus jeunes dès 11 ans.

Premières arrivées en France, les beedies aromatisées, ces cigarettes indiennes composées de tabac roulé dans une feuille d'eucalyptus, ont tout de suite trouvé preneur. Il est même possible de se les procurer sur internet [30] : un assortiment d'essai de 60 beedies pour... 1 euro plus 11 euros de frais de port ou un « pack découverte » de 500 beedies aux goûts variés de vanille, chocolat, menthe, cannelle ou ananas pour 19,90 euros plus 10,90 euros de frais de port, soit 1,20 euro par paquet de 20. Largement moins élevé que les 5 euros d'un paquet traditionnel !

Une société néerlandaise a pris le relais en toute légalité dès mi-2005, avec des « cigarettes bonbons ». Aromatisées, elles aussi, à la cerise, vanille, menthe, mandarine, au citron, jasmin ou chocolat, elles sont vendues dans de nombreux débits de tabac dans des paquets très « fun » et colorés. Pour les filles, les Pink Éléphant sont parées de papier cigarette rose, les Black Devil, plutôt garçon, optent pour le noir. Ces cigarettes sont en général vendues moins cher que les cigarettes classiques. « Cet ajout intentionnel d'agents de saveur favorise ainsi indéniablement la consommation de cigarettes chez les jeunes, s'alarme l'INPES [31], d'autant que le bouche à oreille est remarquablement efficace dans cette tranche de la population toujours prête à instaurer et à suivre de nouvelles modes même si elles vont à l'encontre de la santé. »

Dans ces cigarettes bonbons, vendues 50 centimes moins cher que les autres, l'ajout de saveurs ne s'est pas fait au détriment du tabac ou des goudrons. Au contraire, elles sont d'autant plus dangereuses que le goût sucré masque l'âpreté du tabac et que cela permet aux jeunes et notamment aux filles de s'habituer encore plus vite à fumer.

Pour éviter ce type de critiques, les grands cigarettiers, qui s'étaient lancés sur ce marché aux États-Unis, ont décidé de jeter l'éponge. Ne se sont-ils pas toujours déclarés opposés à toute consommation de tabac par les mineurs ? Officiellement du moins. R.J. Reynolds a retiré ses cigarettes au goût de fruits ou de whisky en octobre 2006. En solution de rechange, il s'est lancé, comme son grand concurrent, le leader mondial Philip Morris, dans le « tabac sans fumée », nom plus attractif pour parler du tabac à mâcher. 14 millions d'Américains s'y sont déjà mis... dont un tiers ont moins de 21 ans.

Le narguilé est une autre forme de consommation du tabac qui attire les jeunes. La pipe à eau, par sa pratique très conviviale, est devenue un phénomène de mode et les bars à narguilé se multiplient : on en dénombrait 160 à Paris fin 2006. Là aussi, le succès provient pour une bonne part du goût sucré apporté par les tabacs aromatisés utilisés : pomme-orange, raisin, melon, noix de coco, miel... Mais « le passage de la fumée dans l'eau n'élimine pas les composants toxiques », avertit l'INPES et « une séance de narguilé d'une heure correspond à l'inhalation de cent à deux cents fois le volume de fumée inhalée par cigarette[32] ».

69

Alcopops : pour faire venir les ados à l'alcool

Le sucre, encore lui, a permis aussi à l'industrie des boissons alcoolisées de séduire un nouveau public. Depuis plusieurs années, les jeunes montraient ostensiblement leur peu d'intérêt pour le vin. Rejet de la boisson préférée de leurs parents ou évolution des goûts ? Peu importe, l'attitude devenait intolérable pour les alcooliers, alors que les adultes eux-mêmes diminuaient régulièrement leur consommation[33]. Alors comment ramener cette nouvelle génération dans leur giron ? Par le sucre bien sûr. Les alcooliers ont ainsi concocté, à la fin des années 1990, des cocktails à leur manière, associant sodas très sucrés et alcool fort, de 5 à 8°. Ces premix, mélanges tout prêts de whisky-Coca ou de gin-fizz, vendus dans tous les supermarchés à côté des canettes de sodas, ont connu, à peine surgis, un succès fulgurant dans toute l'Europe. Mais la réussite fut tuée dans l'œuf en France par l'intervention du législateur, qui imposa à deux reprises de fortes taxations.

Battue mais pas vaincue, l'industrie des produits alcoolisés est revenue à l'attaque en 2002, avec des produits « prêts à boire », alcopops ou malternatives : des boissons alcoolisées (de 6 à 12°), préconditionnées, sucrées, colorées et agréables à boire, avec un côté faussement transgressif qui là encore plaît aux jeunes. Dans toutes ces boissons le sucre joue un rôle clé. Il accélère le passage de l'alcool dans le sang et conduit plus vite à l'ivresse. Il éclipse le goût de l'alcool, rend le mélange faussement anodin et incite à des consommations précoces, y compris par ceux – surtout celles – qui n'aiment pas le goût de l'alcool. Ces boissons cultivent aussi l'habitude du prêt-à-boire et n'aident pas

70

les jeunes à doser ce qu'ils ingurgitent. Deuxième tentative, deuxième succès... et deuxième mesure de taxation décidée par le Parlement, pour tenter d'en stopper le développement. Mais cette fois, les alcooliers ont tenu bon en adaptant très vite leurs produits, abaissant la quantité de sucre ou le degré d'alcool. Boomerang, mélange de malt et d'arôme de citron à 5,9°, passe de plus de 50 grammes de sucre par litre à 31,5 grammes. Heineken se recentre sur des bières aromatisées aux fruits et à l'alcool autour de 3° [34]. Et Smirnoff Ice, la star des alcopops, évolue légèrement pour éviter le surcoût de taxes.

Pour parfaire l'attractivité de ces boissons, les alcooliers misent aussi sur un emballage très élaboré, un « fun packaging » coloré et flashy et sur des noms au parfum d'interdit. Ou encore sur des apparences délibérément sexuées, des couleurs rose bonbon ou lumineuses comme du brillant à lèvres quand ils visent les filles [35], gris, argent ou noir quand ils s'adressent aux garçons. Et ils démultiplient les conditionnements : maxi-canettes de 50 centilitres, bouteilles « individuelles » de 65 centilitres ou maxi-packs allant jusqu'à vingt unités.

Pour participer aussi à la danse, les marques de whiskys, de rhums ou d'alcools anisés se sont mises à l'aromatisé, avec des promotions incitant à faire ses mélanges soi-même. Champion toutes catégories chez les adolescents, la vodka a connu en 2006 et 2007 des croissances de vente en supermarchés de 21 % et 16 %, avec des variétés « mixées », de 15 à 20°, au citron, cranberry ou rasperry ou accompagnées de dosettes de sirop. « La vodka a un goût relativement neutre et se mélange avec tout, ce qui convient bien aux jeunes générations habituées à des goûts très sucrés », explique la responsable marketing d'une marque [36].

Résultat, malgré la hausse des taxes appliquée

début 2005, la consommation d'alcool augmente sensiblement chez les jeunes, en particulier les garçons, qui prennent
le pli de plus en plus tôt. De nombreux adolescents prennent
l'habitude de se retrouver en fin de semaine pour des soirées
entre copains et se livrent au *binge drinking*, cet usage venu
d'Angleterre qui consiste à boire plusieurs verres d'alcool
fort d'affilée pour atteindre l'ivresse le plus vite possible. Dès
15-16 ans, ils n'ont alors qu'un seul but : la « défonce », certains n'hésitant pas à venir déjà « chargés » d'alcool pour
atteindre cet état plus rapidement. Autre mode très prisée,
le « TGV », association de tequila, gin et vodka.

À 17 ans, près d'un jeune sur deux (49 %) reconnaît
avoir été ivre durant l'année écoulée. Et que boivent-ils ?
Bières aromatisées, vodka, alcools forts et alcopops pour
les garçons, alcopops, champagne et bières pour les filles.
Ils trouvent toutes ces boissons en rangs serrés dans les
linéaires de supermarchés, souvent ordonnés en « pôle
jeune adulte », avec en vis-à-vis les bières aromatisées, les
spiritueux modernes comme la vodka et les alcools prêts à
boire. Pour ceux qui n'aimeraient pas *boire*, il existe de la
vodka en tube, Go Wodka en gel, parfumée à la fraise ou
au citron, ou encore des sucettes aromatisées à la vodka
ou à la tequila. Et que dire des glaces alcoolisées Chiller
aromatisées aux fruits, à 4,8 % pour 100 millilitres ? L'entreprise belge qui les commercialise en supermarchés
depuis 2006 a beau souligner qu'elle recommande à ses
détaillants de « ne pas en vendre aux jeunes âgés de moins
de 16 ans », les parfums vodka-citron ou rhum-orange et
la présentation en tubes cartonnés indiquent que le public
visé en priorité est bien celui des jeunes. En glaces, en gel
ou en sucettes, au-delà de l'effet de mode, toutes ces nouvelles présentations permettent d'échapper à la réglementation très stricte des boissons alcoolisées. Pourtant, selon

une ONG britannique[37], une boîte de six bâtonnets de ces glaces alcoolisées suffit à soûler un enfant de 14 ans, et d'autant plus facilement que le goût de l'alcool est atténué.

Le marketing de l'apparence

Quel parent n'a pas eu à se plaindre de la dictature des marques en matière vestimentaire, à l'adolescence, et même bien avant ? Considérées par la plupart des jeunes comme un moyen de s'intégrer au groupe de son choix et de se démarquer des adultes, les marques de baskets ou de jeans rivalisent pour figurer dans leur « uniforme ». La clientèle de Quicksilver a pour les trois quarts moins de 20 ans. Et Eastpak est la marque préférée de sacs à dos scolaires de sept collégiens sur dix. Les garçons sont d'ailleurs plus nombreux à suivre le mouvement que les filles. Pour six sur dix d'entre eux, la marque est le premier critère de choix d'un vêtement, avant l'originalité ou la mode, alors que quatre filles seulement partagent cet avis[38]. Et près d'un jeune de 15 à 19 ans sur deux (46 %), fille ou garçon, dit « craquer » de temps en temps pour un article d'une marque dépassant ses moyens financiers[39].

Reste que la mode est le premier poste de dépense des filles et le deuxième pour les garçons[40]. Cette mode, que de nombreux jeunes pensent être choisie par leurs semblables en toute liberté, est prédéfinie par des spécialistes de tendances que les marques écoutent avec attention pour lancer leurs nouveautés. Ainsi, Carlin International édite dix-sept cahiers de tendances par saison et « anticipe et décode les phénomènes émergents pour mieux conseiller » ses clients afin d'« interpréter les saisons futures à dix-huit mois ou deux ans » et cerner les « nouveaux imaginaires de

73

consommation dans une perspective de trois à cinq ans ». Dezineo « propose un véritable décryptage des nouvelles attentes et désirs des consommateurs ».

De Von Dutch à AVRW

Comment lancer une marque de vêtements en six mois ? Premier ingrédient indispensable : le celebrity wear. Pas d'affichage ni de pub télévisée mais des accords avec des people. Ainsi, pour sortir de l'anonymat total en 2004, Von Dutch choisit Britney Spears et Justin Timberlake aux États-Unis, et Johnny Hallyday, Thierry Henry, Michaël Youn et Lorie en France, qui endossèrent systématiquement la marque lors de toutes leurs apparitions en public ou à la télévision.

Deuxième ingrédient : une répartition très sélective des produits, diffusés en séries limitées dans les 600 magasins sélectionnés pour les vendre. L'idée : créer de la rareté pour inciter à acheter rapidement le vêtement avant qu'il disparaisse des étals. Le résultat est au-delà des attentes. Tee-shirt à 65 euros, casquette à 50 euros, jean à 240 euros..., les prix très élevés n'empêchent pas les modèles de s'arracher très vite. Mais la marque ne vivra pas beaucoup plus qu'un été. Les ados en particulier, lassés d'être imités, l'ont assez vite délaissée.

Deux ans après, le responsable de la diffusion de Von Dutch en France revient à l'attaque avec une nouvelle marque : AVRW, Authentic Vintage Rock Wear. Après avoir fait ressortir le beatnik mécanicien inventeur de Von Dutch, il fait resurgir les grands de la musique rock, Jimi Hendrix, John Lennon ou Janis Joplin. Et il recourt à nouveau aux people pour lancer la marque : les Enfoirés ont porté les tee-shirts durant tout un concert diffusé en mars 2007 sur TF1.

Les marques de luxe elles aussi visent les ados, dès 12-13 ans : « Elles font partie de notre cible, reconnaît-on chez Dior. On cherche à fidéliser les jeunes filles qui accompagnent leur mère pour qu'elles reviennent seules quand elles en auront les moyens[41]. » Compte tenu des dépenses qu'ils représentent, il faut porter ces objets de luxe en étendard, quitte à les associer avec du H&M ou de la fripe, nettement moins chers, pour concocter son propre mélange « chic et cheap ». Mais toujours avec des marques. Catherine Balet, qui a photographié près de 400 jeunes entre 13 et 19 ans à la sortie des lycées et collèges de plusieurs capitales d'Europe, y a repéré, malgré quelques nuances locales, une grande uniformisation, avec le sentiment qu'en matière de look, « on est au paroxysme du signe, du logo[42] ». Logo de luxe aussi pour les sacs, chic et chers, que les filles des beaux quartiers préfèrent au sac à dos, dès 12 ou 13 ans. Vuitton, Dior ou Gérard Darel font des émules très tôt. Le modèle Charlotte vanté sur les pubs par Charlotte Gainsbourg a vite été porté par des célébrités, comme Cameron Diaz ou Halle Berry, le tout relayé par les magazines people. « Grâce à cette image plus rock'n'roll, on a attiré des clientes beaucoup plus jeunes », reconnaît le PDG de la marque, Gérard Darel. Malgré les 250 euros du prix de vente, aussi.

Basket quand tu nous tiens

S'ils ne peuvent s'offrir qu'un seul vêtement siglé, tous les jeunes optent pour les baskets. Neuf garçons sur dix et sept filles sur dix entre 11 et 15 ans ne se voient pas survivre sans la marque de baskets prisée par le groupe auquel ils appartiennent. L'enjeu commercial est donc de taille. Comme les autres, Reebok reconnaît qu'elle « privilégie la cible des 12-25 ans passionnés de musique, de sport et de jeux vidéo[43] »... c'est-à-dire tous les jeunes. Chaque marque a donc son écurie de vedettes pour les accrocher, par identification : le people marketing marche à fond, car ce sont les stars qui lancent la machine[44]. Qui dit stars dit gros contrats, et toutes ces marques ont des budgets marketing records. Nike, le numéro un mondial, a dépensé à lui seul en 2004 plus de 1 milliard d'euros en publicité et marketing[45]. Adidas consacre 14 % de son chiffre d'affaires au marketing, et Puma grimpe jusqu'à 18 %[46].

Le prix élevé des baskets est-il une garantie de qualité ?

Voilà comment se répartissent les coûts d'une paire de baskets, fabriquée en Extrême-Orient et vendue 100 euros en Europe[47] :

Frais de fabrication	13,50 €
dont main-d'œuvre	0,50 €
matières premières	8,50 €
coûts de production	1,50 €
bénéfices de l'usine	3 €
Transport et taxes	5 €
Circuit de distribution et TVA	49,50 €
Marque	32 €
dont publicité et recherche	19 €
Bénéfices	13 €

76

Aux petits soins des teens

Les filles sont depuis longtemps des cibles appréciées par les secteurs mode et beauté, et elles le leur rendent bien. Dans cette étrange période de transformation où les repères se perdent, les adolescentes cherchent à se rassurer en expérimentant tout ce qui sort ou presque en matière de cosmétique et de parfum. Et ce n'est pas ce qui manque. Prenons les cheveux par exemple, comment résister à l'avalanche de produits miracles qui promettent d'un même élan d'échanger ses baguettes tristes et grasses contre une chevelure de star ? Soins ou sérums réparateurs, ampoules concentrées en actifs, lotions capillaires, crèmes traitantes, nourrissantes, revitalisantes, masques qui restructurent et hydratent en profondeur... Sans oublier les produits pour faire tenir ou faire briller, mousse coiffante et cire décoiffante, crème fixante ou voile de brillance, les après-shampooings. Et, pour le fun, la panoplie des produits pour colorer ou décolorer, les avant-shampooings pour fixer, les après pour raviver...

Les soins « pour peaux jeunes » ne sont pas en reste, avec les nouveautés de 2007, coussinets qui exfolient et nettoient ou kits de dermabrasion avec massage à pile. En maquillage comme en soin, toutes les marques ont aujourd'hui leurs lignes teen qui savent faire miroiter une transformation magique et la disparition de la moindre imperfection. Il n'y a qu'à faire confiance au stylo prodigieux qui fait la bouche « shiny & sexy », au mascara qui offre « regard glamour et effet bluffant » ou au gloss « effet 3D ou repulpant » qui garantit des lèvres aux « mensurations idéales »... Tout est ludique, scintillant, pailleté, aromatisé, sucré – tout se mange des yeux. Les marques de luxe, Dior, Chanel, Yves Saint Laurent, proposent quant à elles des séries limitées, très convoitées malgré leurs prix prohibitifs pour les budgets adolescents. Qu'importe, les jeunes filles, beaucoup plus audacieuses que leurs mères, se laissent facilement tenter. Pour les aider à succomber, les grands magasins spécialisés ont ouvert des ateliers avec des conseillères très disponibles, Sephora et son Studio, Le Printemps et son Make-Up Bar, etc.

Cet immense marché du cosmétique est mis en valeur par les magazines filles qui relayent avec ardeur tous les lancements de nouveaux produits. Les pages de conseils beauté y occupent une grande place et le tri n'est pas

Blonde au top

Est-ce la rareté qui a fait la suprématie des blondes sur toute la planète ? Car il n'y aurait qu'une blonde pour mille femmes brunes ou châtains[48]. En gros, 3 petits millions de blondes pour 6 milliards d'habitants, dont une bonne moitié de femmes. Mais pourquoi les Japonaises se décolorent-elles à l'eau oxygénée ? Pourquoi les Africaines se défrisent-elles ? Serait-ce pour tenter d'approcher les canons popularisés par la poupée Barbie ? Depuis cent ans, la décoloration en blonde est le must. Une mode tenace, qui dure en fait depuis l'apparition des premiers produits de décoloration lancés par L'Oréal en 1907. Alors, la blondeur garantirait-elle l'amour à coup sûr ? Curieusement, une grande majorité des femmes et des adolescentes (84 %) le pensent, persuadées que les hommes préfèrent les blondes. Pourtant, c'est loin d'être le cas puisque seulement 35 % d'entre eux les classent en tête de liste[49].

toujours aisé entre les pages rédactionnelles, les informations commerciales, les publi-rédactionnels et les publicités. Certaines pages publi-rédactionnelles adoptent exactement la même présentation que les articles de la rédaction : même typographie, mêmes lettres, même code couleurs, même type d'illustrations..., sans que les lectrices s'en rendent compte. Et parfois, le service publicité du magazine promet à la marque acheteuse d'une page publicitaire une petite information rédactionnelle en complément.

Quand la beauté vient aux garçons

Est-ce un effet du changement de millénaire ? En même temps qu'ils entraient dans le siècle, les jeunes tombaient dans le grand bain de la cosmétique. Adolescents, adulescents et jeunes adultes représentent une cible attaquée avec constance, bénéficiant du relais actif des magazines et émissions de téléréalité. Les premières gammes de cosmétique masculine apparaissent en 1999-2000, les premières émissions de téléréalité au printemps 2001, avec le *Loft 1*, suivi des *Bachelor, Opération séduction* et autres *Île de la tentation*, qui toutes mettent en scène de très jeunes hommes soucieux de leur apparence. On y voit en gros plan des participants attentifs à leur image, prenant grand soin de leur épiderme. « Les jeunes ont compris que la beauté et la séduction étaient des valeurs clés de notre société », justifie un responsable d'une marque de cosmétiques [50]. « Nous assistons à une formidable libération du narcissisme masculin », renchérit un sémiologue consultant [51].

79

Valeurs montantes donc de notre société commerciale, les gammes pour hommes se multiplient et les soins pour le visage dament le pion aux produits de rasage et aux déodorants. Sérums lissants, gels autobronzants, sérums hydratants anti-fatigue, gels bonne mine, relaxants, gels énergisants et abdo-tonifiants, sans omettre les produits de maquillage dit « passif », antirides, anticernes, et gels pour les cils et les sourcils..., la gent masculine n'a plus rien à envier aux femmes. Voici les hommes tenus de respecter sept gestes quotidiens dont ils ne soupçonnaient même pas l'existence il y a peu : hydrater, éventuellement avec autobronzant en prime, entretenir le poil de barbe avec gel avant et lotion après, tapoter son contour des yeux avec fluide à effet tenseur, ralentisseur de vieillissement, chouchouter l'épiderme avec sérum anti-fatigue et anti-âge, nourrir la peau avec crème riche de nuit, nettoyer avec lotion dermopeeling, et donner du volume aux cheveux avec un couple shampooing/après-shampooing.

Allant crescendo dans le développement des gammes, les gels autobronzants ont pris le relais, suivis des soins du corps, puis des soins relaxants ou revitalisants. Manquait encore le domaine plus délicat du maquillage, que Jean-Paul Gautier n'a pas hésité à occuper dès 2003 avec blush Terre de soleil et stylo khôl. Restaient les produits minceur pour assurer la parité avec les femmes : c'est chose faite depuis 2006. La disparité est cependant abyssale en termes de ventes et de chiffres d'affaires et les marques de cosmétiques comptent bien sur la nouvelle génération pour montrer l'exemple et combler cet énorme retard.

Des lieux qui cultivent la rareté ou l'éphémère

« Dans la consommation, les jeunes se sentent acteurs, alors que dans tous les autres domaines ils sont surtout

80

spectateurs », affirme la responsable de la société d'études de la radio NRJ[52]. En partant de ce constat a germé l'idée de créer des lieux pour cultiver des liens commerciaux privilégiés avec les adolescents, des magasins bien sûr, mais d'un nouveau genre, qui se veulent « lieux de vie » associant vêtements, bar et musique. Le Lafayette VO a ainsi ouvert ses portes sur 4 000 mètres carrés au sous-sol du magasin de Paris en septembre 2004. Les vêtements de marque y côtoient des espaces beauté, mangas, papeterie et confiserie. Sans oublier un café, un DJ le samedi, un kiosque pour réserver les places de concert et un site internet. Pour aider à fidéliser ces ados, le grand magasin propose à leurs parents de leur offrir dès 15 ans une carte d'achat, Mod'Pass, grâce à laquelle « c'est la liberté assurée que vous leur offrez ! »

Pour les filles se sont aussi multipliées, depuis une dizaine d'années, les enseignes cultivant l'éphémère. Les vêtements à petits prix sont renouvelés tous les dix à quinze jours, incitant à acheter dès la première visite et à revenir régulièrement. Car si l'on n'achète pas immédiatement, il y a peu de chances de retrouver l'objet de tous ses désirs la fois suivante. D'ailleurs, les professionnels le disent, « les nouveautés en magasins constituent un levier essentiel pour générer le désir des consommatrices[53] ». Renouvellement des modèles et multiplication des chaînes de magasins : après les champions H&M et Zara, suivis de Mango, Jennyfer, Naf-Naf ou Pimkie, la marque anglaise New Look vient de prendre ses quartiers dans plusieurs villes de la région parisienne et Etam annonce le lancement, à côté de Tammy, d'Undiz, une enseigne de lingerie plus jeune. Ces chaînes spécialisées captent presque le tiers des achats de vêtements, pour lesquels les jeunes de 15 à 24 ans dépensent en moyenne 607 euros

81

par an [54]. Dernier ingrédient pour attirer les adolescentes, le people : H&M a lancé une ligne avec Madonna et des tenues de plage avec Kylie Minogue, New Look s'est tourné vers Drew Barrymore et Lily Allen, et Mango s'offre les services de Milla Jovovich.

Pour les garçons, le mécanisme est différent, fondé sur la rareté. Il s'agit de sortir des séries limitées à des prix très élevés, poussant à faire partie des premiers acquéreurs. Les autres devront attendre plusieurs semaines pour suivre le mouvement, voire abandonner à tout jamais l'espoir de faire partie des early adopters du produit. C'est la politique très souvent suivie par certaines marques de jeans comme Diesel, Gas ou Levi's, ou de baskets comme Converse, Vans ou Puma, qui se sont associées à des créateurs pour sortir des collections estampillées très recherchées [55] et ont ouvert des magasins, comme Puma, boulevard Sébastopol à Paris, ou Levi's, qui donne dans le Revolution Store.

Culture de l'éphémère pour les filles ou de la rareté pour les garçons, les deux mécanismes de vente fonctionnent sur le même ressort : persuader qu'il faut acquérir sans attendre l'objet convoité. Vite, tout et tout de suite, sinon... sinon le vêtement vous échappera, et un peu de votre vie s'envolera peut-être avec lui.

Pour accompagner les visiteurs dans tous ces magasins dédiés aux jeunes, l'ambiance est particulièrement travaillée. C'est l'œuvre du marketing sensoriel, combinaison de musique et d'olfactif, d'ambiance et de jeux de lumières pour accueillir le client, le retenir et lui donner envie de revenir [56]. « Nous avons créé un univers joyeux, avec des codes de la vie festive, volontairement en décalage avec la morosité ambiante, un univers de plaisir et d'insouciance et surtout des magasins qui sont des lieux de vie », explique le directeur d'une de ces enseignes jeunes qui compte

82

260 magasins en France[57]. Comment résister à l'insouciance joyeuse, à deux pas de chez soi ?

L'intérêt des lieux commerciaux conviviaux n'a pas non plus échappé aux grandes marques de tabac ou d'alcool. Impressionnées par la réussite des Starbucks Coffee, certaines pratiquent déjà des tests grandeur nature. À Chicago, le cigarettier R.J. Reynolds a ouvert un bar, Marshall McGearty Tobacco Lounge, qu'il veut être le « temple des amateurs de cigarettes ». Il y offre gracieusement thé, café et accès à internet. Heineken, qui dit vouloir devenir le Starbucks de la bière, a lancé un premier bar à son sigle exclusif dans l'aéroport de Hong Kong, avec l'idée d'essaimer très vite. Et son bar-lounge-restaurant, Culture Bière, qui s'étend depuis 2005 sur 1 000 mètres carrés aux Champs-Élysées, se revendique le plus grand espace français et veut « faire redécouvrir la variété d'un produit de consommation courante » avec des bières relookées, mais aussi avec le sorbière, sorbet à base de bière, ou le café aromatisé à la bière. Quant à la marque de vodka Absolut, elle a lancé la mode, dans plusieurs capitales, y compris à Paris, des Icebars, ces bars glacés très branchés où l'on déguste sa vodka emmitouflé dans une polaire.

L'offensive du tout-mobile

Pour les jeunes, le portable est un symbole de liberté et fait à présent partie de leur incontournable panoplie. 70 % des 12-14 ans, 89 % des 15-17 ans[58] en sont équipés, et tous les milieux sont concernés. Avoir un portable est devenu une telle évidence pour eux que celui qui n'en possède pas, par choix ou par contrainte financière, est souvent incompris de ses pairs. Toujours à l'affût des innovations, ils font d'excellents clients pour ce domaine des technologies mobiles qui avance à toute vitesse. Ils sont l'objet de sollicitations tous azimuts, avec autant de variétés que sur l'internet, à une différence de taille : sur le mobile, tout est payant.

Cela commence avec la succession incessante de nouveaux modèles qui rendent dépassé n'importe quel appareil à peine acheté. Les téléphones portables sont prévus pour avoir une durée de vie très courte, d'environ deux ans, mais la mode va beaucoup plus vite encore. Extraplat, ultraléger ? Avec touches tactiles, appareil photo et MP3 ? On n'en est plus là. Les nouveautés vont vers l'écran grand format ou tournant pour télé mobile, le portable porte-monnaie, pour régler ses achats, le Wifi, ou le GPS pour se repérer partout, le modèle banane avec écran incurvé pour mieux visionner les vidéos, le clavier intégré ou l'écran déroulable[59], sans omettre les modèles griffés, Airness ou Levi's, qui marquent leur territoire... Toutes les raisons sont bonnes pour en changer. Et toutes les familles expérimentent aujourd'hui la valse des renouvellements d'abonnement de deux ans qui accompagne toute nouvelle acquisition de portable, si l'on ne tient pas à le payer au prix fort.

La valse des sms surtaxés

Les adolescents sont les plus nombreux et les plus rapides à utiliser leur portable pour autre chose que pour téléphoner : envoyer sms ou mms, user de sms surtaxés, photographier ou faire des mini-vidéos, télécharger musiques ou fonds d'écran, naviguer sur internet. Les possibilités sont immenses. Quoi de plus rapide en effet qu'un sms pour faire passer un message ? Si les adultes rechignent encore à y recourir, les jeunes sont passés maîtres : 98 % des 15-24 ans utilisateurs d'un mobile y ont recours et 89 % le font souvent. Le problème est que le rythme est élevé : 31 par semaine en moyenne, soit plus de 120 par mois ; or le prix des sms, même s'il a baissé, reste conséquent : entre 9 et 15 centimes d'euro[60], alors que le coût d'un sms pour l'opérateur est très faible. D'après une longue étude effectuée en 2002, l'association de consommateurs UFC Que choisir ? en a évalué le coût à 2,21 centimes. La marge reste confortable.

Un vrai couteau suisse

En plus de l'usage classique et des envois de sms et mms, les jeunes savent exploiter beaucoup plus que leurs parents toutes les ressources de leur portable. Selon une étude de TNS Sofres d'août 2006, les jeunes de 12 à 24 ans l'utilisent comme :
– montre, 95 %
– répertoire, 95 %
– réveil, 85 %
– appareil photo, 75 %
– calculette, 75 %
– support de jeux, 64 %
– mini-caméscope, 46 %
– agenda, 46 %.
Ils y ont aussi recours pour aller sur internet :
– envoyer des photos ou des vidéos, 54 %
– écouter de la musique, 44 %
– lire des mails, 20 %
– consulter un site, 17 %
– chater, 8 %.

Qui dit multiplicité d'options dit aussi grande variété d'offres commerciales. Car si l'on peut utiliser gratuitement le réveil ou l'appareil photo, les fonctions les plus attractives impliquent des téléchargements payants. Il est ainsi largement possible d'exploser son budget de téléphone en recourant à la multitude de sms surtaxés dont les offres foisonnent. Ce marché très prospère est évalué à 100 millions d'euros par trimestre. Et, les sociétés qui se sont fait une spécialité dans ce domaine le reconnaissent bien volontiers, elles ciblent à 95 % les moins de 25 ans. Au premier rang des tentations : les sonneries, logos animés, mini-vidéos et autres fonds d'écran pour personnaliser les portables. 49 % des jeunes de 12 à 17 ans – un sur deux pratiquement – téléchargent des jeux, des logos ou des sonneries sur leur portable, dans une proportion beaucoup plus importante que les autres générations : 23 % des 18 à 24 ans et 13 % seulement de tous les utilisateurs, adultes et adolescents confondus[61]. On comprend pourquoi la quasi-totalité de la publicité pour ces téléchargements est faite dans les médias jeunes, chaînes de télévision musicales, radios et journaux spécialisés. À tel point que les offres de téléchargement représentent une grosse part de leur publicité. Le magazine *60 millions de consommateurs* recensait trois écrans par heure sur la chaîne NT1 entre 17 heures et 19 heures, et près de sept messages par heure sur la radio NRJ, entre 21 heures et 23 heures, soit aux heures de grande écoute adolescente[62]. Le magazine *Girls* en contenait quatre pages dans son numéro d'avril 2007.

Tous ces sms surtaxés coûtent très cher. Les sonneries, les fonds d'écran ou les logos sont facturés de 1,50 euro à 3 euros. Et les jeux, qui se développent de plus en plus, coûtent de 3 euros à 5 euros, voire 7 euros. À ces prix d'achat, il faut ajouter le coût d'envoi du sms de commande (il en faut parfois un deuxième de confirmation) et le coût de connexion au service WAP de navigation sur l'internet mobile. En fait, tous ces tarifs varient selon le premier chiffre du numéro à composer pour les commander, de 0,05 euro à 3 euros[63]. Mais qui le sait vraiment ? Sûrement pas les premiers utilisateurs qui ne prêtent pas attention aux messages radio qui sont souvent rendus confus par le brouhaha musical, ni ne prennent le temps de déchiffrer les informations imprimées en tout petit au bas des pages de publicité des magazines. Et encore moins la mention accolée par les annonceurs pour se dédouaner : « Mineur ? Demande l'autorisation à tes parents avant de commander. » Que vaut ce type d'avertissement, quand ces pages sont publiées dans des magazines dédiés aux mineurs ?

Quant aux publicités télévisuelles, il a fallu que le CSA enjoigne aux chaînes en juillet 2006 de « veiller à ce que la mention du prix des services proposés soit exposée de façon clairement lisible et intelligible, et pendant un temps d'exposition permettant aux téléspectateurs de lire l'intégralité des informations présentées » et ajoute que « la publicité ne doit pas [...] inciter directement les mineurs à l'achat d'un produit ou d'un service en exploitant leur inexpérience ou leur crédulité ». Si aujourd'hui les prix des sms sont lisibles, il faut encore avoir une lecture particulièrement rapide pour déceler, sur un bandeau défilant à grande vitesse, que deux envois et deux sms surtaxés sont nécessaires pour obtenir ce qui est vanté sur l'écran. Le BVP a répertorié qu'en 2005, 136 spots de ce type étaient défaillants. Mais cet organisme professionnel n'a qu'un rôle de recommandation.

Plus subtils encore, certains achats par sms surtaxés fonctionnent à l'abonnement : deux sms surtaxés pour l'inscription, puis 1,50 euro par sms reçu tous les cinq jours, donnant droit à cinq crédits de téléchargement. Et il faut envoyer un sms spécifique pour en suspendre la production[64]. Encore une fois, les conditions de résiliation sont inscrites en petit, au bas de la page de publicité concernée. Par qui sont-elles lues ? L'abonnement lancé, qui pense ensuite à arrêter la machine ? À moins que les parents ne réagissent en voyant la facture s'alourdir de 9 euros par mois.

Les sociétés qui établissent leur fonds de commerce sur la vente de sms surtaxés débordent d'imagination pour décliner toutes sortes de propositions. Calendriers, blagues, extraits de films, tests de personnalité, conseils psy, horoscopes, prédictions de voyante ou « flirt analyzer » promettant de répondre à la terrible question : « Est-ce que ton prochain flirt sera un succès à tout niveau ? » On peut aussi recevoir régulièrement tous les potins sur sa star préférée, des formules de déclarations d'amour ou des mini-tests de connaissances pour préparer le bac. Et, pour ne pas perdre de temps, la société In Fusio, pionnière dans le domaine, fait des offres spécifiques de jeux sur portable pour les utilisateurs les plus jeunes : les enfants de 8 à 10 ans !

De grosses entreprises comme M6 ou TF1 ont vite pris conscience de l'enjeu économique que représente la vente de contenus pour téléphone portable. Elles se sont alignées dès 2005 sur le marché, avec des déclinaisons de leurs programmes télévisés à succès : sonneries, jeux, vidéos, infos, tout y passe, estampillés *Kaamelot*, *Magloire*, ou *Star Academy* selon l'engouement du moment. Et la vogue du people aidant, elles achètent des partenariats avec les grands clubs de foot, le cinéma ou des célébrités, pour proposer des mini-programmes siglés, sur l'OM, Brice de Nice ou le footballeur Djibril Cissé[65]. Tout ça pour qui ? Les ado-

lescents encore une fois, considérés comme la cible privilégiée.

Musique, radio, télé... tout sur mobile

L'offre ne s'arrête pas là. L'objectif commercial est de
pouvoir, à terme, être en relation continue avec les utilisateurs. Les unes après les autres, les marques déclinent ainsi
des versions spécifiques (WAP) de leurs sites web pour inciter à surfer directement depuis son portable. Si les conditions ne sont pas toujours très faciles (petit écran, long temps
de chargement, image de faible qualité...), les opérateurs
sont confiants dans l'évolution rapide des nouveaux appareils 3G et multiplient les offres. À commencer par la musique, l'un des domaines les plus prisés des jeunes.

Chacun veut sa sonnerie personnelle, qui se distingue
de celles des copains, et aime en changer souvent. Il s'en
vend ainsi pour plus de 200 millions d'euros[66] par an, au
grand bénéfice des professionnels du monde de la musique, échaudés par le désintérêt grandissant des jeunes pour
les CD. Pour eux, l'avenir de la musique est dans les téléphones portables. Les morceaux tronqués vendus d'abord
comme sonneries sont de plus en plus remplacés par des
créations à part entière de trente secondes. Avec l'arrivée
des mobiles compatibles MP3, les jeunes n'hésitent pas à
télécharger directement des morceaux sur leur portable.
Pour le seul mois de novembre 2006, 500 000 titres ont
été téléchargés sur le site de SFR, qui vise rapidement
1 million par mois. Cet engouement pour la musique a
fait fleurir d'autres offres, comme l'écoute de radio en
continu (en streaming). La SFR Radio DJ créée avec Sony,
par exemple, coûte 1,99 euro par jour ou 9,90 euros par

mois. Autre option, le pass mensuel de musique illimitée sur mobile pour 14,90 euros par mois. Un illimité restrictif tout de même, puisqu'il s'agit de location : si on suspend l'abonnement, on ne peut plus écouter aucun des titres répertoriés jusque-là. Autre piste musicale encore, la retransmission de concerts sur portable, à raison de 10 centimes la minute[67].

Les tentations pour le portable ne s'arrêtent pas à la musique. Tous les opérateurs souhaitent élaborer des messageries sur mobile, sur le même principe que celles d'internet. La radio Skyrock et Bouygues Telecom en ont mis une sur pied, Skyrock Messager, qui permet d'échanger des messages textes entre amis et de savoir, en temps réel, s'ils sont connectés ou non.

Également transposée d'internet, une sélection de vidéos de YouTube, l'un des sites les plus fréquentés par les jeunes, est proposée sur mobile par un opérateur aux États-Unis, pour un abonnement de 15 dollars par mois ou 3 dollars par jour[68]. Bien sûr, des versions sont en préparation pour la France, celle de YouTube, mais aussi de sociétés françaises, comme Dailymotion ou Wat, la filiale de TF1. Tandis que Nokia travaille à la création d'un monde virtuel propre au portable[69].

En ce qui concerne la télévision sur mobile, on expérimente à tout-va. Et, là encore, la cible prioritaire annoncée est celle des 15-25 ans. Les opérateurs diffusent en streaming, et la qualité n'est pas encore tout à fait au rendez-vous. L'accès en est quand même payant (entre 5 euros et 10 euros par mois plus le coût de la consommation). Pour leur mettre le pied à l'étrier, certains opérateurs jeunes comme M6 mobile proposent des périodes d'essai gratuites allant jusqu'à un an. Mais le véritable changement devrait survenir avec la TMP, la télévision personnelle sur mobile, par diffusion hertzienne, considérée comme le futur quatrième écran familial, après les deux télévisions et l'écran d'ordinateur présents dans de nombreux foyers. La promesse tente sûrement tous ceux qui ne peuvent plus se passer du petit écran : pouvoir regarder le programme de son choix, tranquille dans sa chambre, et surtout avoir un petit écran en permanence sur soi et en profiter à loisir dans les transports en commun. Mais les fans devront attendre, car le démarrage a été reporté à l'été 2008 pour cause de désaccord entre les chaînes de télévision et les opérateurs de téléphone : les uns veulent offrir un service gratuit payé par la publicité, à utiliser surtout en dehors du foyer, les autres veulent poursuivre le système de l'abonnement payant qu'ils pratiquent et offrir un service de télévision mobile jusque dans chaque pièce de la maison.

Quant aux insatiables curieux, ils peuvent se tourner vers le Japon, où le portable est omniprésent, pour voir ce qu'on pourrait encore leur proposer à consommer. Pour le moment, c'est la BD qui a la cote ; les jeunes ont pris l'habitude de lire des mangas sur leur portable. Ils dépensent environ 15 dollars par mois, à raison de 25 cents par épisode inédit de dix pages en noir et blanc et 1 dollar pour la couleur. Grâce à la technique, ils peuvent dynamiser certaines planches grâce à un système de déroulement automatique et les enrichir d'effets sonores[70]. Bientôt *Titeuf* sur les écrans de portables français ?

Un abonnement difficile à cerner

On voit déjà ce que toutes ces déclinaisons peuvent représenter en temps de téléchargement... et comme budget.

Pour un passionné de musique, de jeux, de chat ou de télévision, l'addition peut vite devenir salée. Pour ne rien arranger, il est de plus en plus complexe de s'y retrouver dans la jungle des abonnements, entre forfait voix, sms, mms, surf et téléchargement sur internet. Et, pour ajouter à la confusion, de nouveaux opérateurs, dits MVNO (*Mobile Virtual Network Operator*) ou opérateurs virtuels, ont fait irruption sur le marché pour s'adresser en priorité au public des jeunes, avec des offres spécifiquement pensées pour eux. Universal mobile, Virgin mobile ou NRJ mobile, qui sous-traitent en fait les services des opérateurs d'origine, disent officiellement viser les 12-25 ans. Leur arrivée a incité les opérateurs classiques à faire aussi des offres pour « moins de 25 ans » ou « moins de 18 ans ». Tous proposent des formules incluant des options surf sur l'internet, musique ou télévision sur mobile. Car l'internet mobile est en train de changer complètement la donne. De plus en plus d'adolescents sont équipés de portables 3G qui leur permettent de se connecter à tout moment. Et cette connexion a un prix qui n'a rien d'anodin. Un opérateur propose par exemple 6 euros par mois pour, au choix, le surf (avec mail et blog), la musique (avec vidéo-clips et titres à télécharger) ou 10 euros pour la télévision ; et 12 euros par mois pour le bouquet des trois (avec vingt chaînes de télévision). À cet abonnement, il faut bien sûr ajouter le prix de chaque connexion. Et, pour compliquer les comparaisons, certains opérateurs ont un tarif par connexion (de 0,24 euro à 0,30 euro) quand d'autres ont un tarif au « poids » de chargement.

Toutes ces options plus attirantes les unes que les autres ont la fâcheuse conséquence de faire grimper les budgets à toute allure. Pour éviter les mauvaises surprises, les opérateurs proposent des formules pour limiter l'accès de l'utilisateur du portable aux sites multimédias, voire pour certains l'accès aux chats de discussions. Certains offrent aussi la limitation d'options, qui empêche de souscrire des offres payantes ou de participer à des ventes privées. Et si les budgets mensuels s'emballent, la solution de tranquillité réside sans doute dans le forfait bloqué, auquel on peut ajouter exceptionnellement une recharge. Avec un bel esprit d'à-propos très commercial, l'un des opérateurs propose même un service Help, avec cinq sms gratuits pour alerter la personne de son choix... du besoin urgent de recharger son portable ! Le tout, pour la personne appelée, c'est alors de tenir bon, jusqu'à la fin du mois.

3

Contourner pour mieux toucher

À nouveau siècle, nouveau public et nouvelles méthodes de marketing plus subtiles et plus agressives. Moins réceptifs aux moyens classiques, nous serions devenus infidèles et capricieux, et les marques regrettent une dégradation de leur influence.

Place donc aux mélanges, au mix marketing, à la multiplicité des moyens, comme l'explique Alan Lafley, PDG du premier groupe et plus gros consommateur publicitaire de la planète, Procter & Gamble[1] : « Nous essayons de toucher le consommateur avec de la publicité en magasins, des relations publiques, internet, des événements musicaux ou sportifs... En changeant aussi notre façon de nous adresser à lui : avec plus d'empathie et d'émotion. » Pratique d'encerclement, avec main tendue, fleur au fusil et réussite garantie : hausse du chiffre d'affaires de 44,6 % et de la marge opérationnelle de 60 % en cinq ans[2].

Buzz, people marketing, marketing viral ou marketing furtif, street marketing, mobile marketing..., la liste s'allonge en permanence. Le flot est continu, les changements si rapides que les professionnels eux-mêmes ont du mal à suivre. Les conseils affluent, les conférences fleurissent, les sessions de formation se multiplient : comment convertir un visiteur de site en huit secondes, comment optimiser ses campagnes de liens sponsorisés, comment coordonner envoi postal et courrier par mail ? Avec toujours le même leitmotiv : optimiser les moyens pour faire venir le consommateur ciblé à l'achat.

C'est dire si nous sommes loin d'avoir les cartes en main pour percevoir vraiment l'arsenal déployé pour nous toucher en tous lieux et à tous moments. E-mail, blog, téléphone portable, tous les supports sont utilisés pour attaquer le consommateur sur tous les fronts. Les professionnels parlent même très sérieusement de « guerilla marketing ». C'est la guerre, mais y avons-nous pris garde ?

Les grands moyens du mix

Le marketing sur l'internet avance rarement tout seul, mais se combine avec plusieurs autres moyens plus classiques. Exemple avec le rentring. Qui a échappé à l'énorme campagne de novembre 2006 ? Très discrète sur sa signature, la marque initiatrice n'a pas lésiné sur les moyens. D'abord une phase masquée, avec des questions énigmatiques formulées sur des forums du net : « Qui connaît le rentring ? » Puis matraquage avec 11 000 panneaux d'affichage, 750 000 cartes publicitaires, des spots diffusés sur des sites vidéo, des publi-reportages dans la presse, et toujours le même type de messages aussi mystérieux. Une seule mention, lerentring.com. Une seule solution pour en savoir plus : se brancher sur le site. Et découvrir Orange derrière cette grosse opération de buzz et de mix marketing, cocktail du genre pour lancer son offre triple play, internet-télé-mobile. Grosse opération, gros moyens et l'illusion d'un club d'heureux élus adeptes d'un nouveau mode de vie. Mais un an après, le soufflé marketing s'est dégonflé et le rentring est tombé aux oubliettes.

Buzz, ou l'explosion du bouche à oreille

Le bouche à oreille est une pratique vieille comme le monde, et cela fait longtemps que certaines marques le cultivent. Tupperware ou Avon, pour ne parler que d'elles, ont construit leur fonds de commerce sur ce mode de promotion. À la base de leur succès, un mécanisme psychologique très simple : plus on voit de personnes proches et de confiance acheter et utiliser un produit, plus on est incité à les imiter. Le buzz marketing n'a rien fait d'autre que de reprendre ce principe. Mais le mode de fonctionnement propre à l'internet offre un potentiel incomparable pour le marketing.

Prenez des connexions qui s'établissent spontanément entre les personnes. Ajoutez des communautés facilement repérables, qui se créent au gré des centres d'intérêt, et qu'il est possible de cibler directement. Oubliez l'idée même d'intermédiaire. Vous obtenez les conditions qui font l'originalité de l'internet et le bonheur du buzz marketing. Ultime avantage, la toile est économe et fonctionne avec de faibles budgets. Mais le véritable atout marketing de ce nouveau média, ce sont ses ramifications en toile d'araignée qui permettent de démultiplier la propagation de n'importe quel message. Preuve en est l'un des plus gros succès du buzz, Burger King et son film gag interactif, diffusé en mai 2004 sur le site créé pour l'occasion, subservientchicken.com, le site du poulet soumis. Le héros, un poulet déjanté, pouvait – et peut toujours d'ailleurs – y exécuter sur commande tous les caprices des spectateurs. Envoyé à l'origine à dix personnes aux États-Unis, le film a touché 40 000 personnes au bout d'un mois et fait depuis le tour du monde, avec plus de 14 millions de visites[3]. À l'autre bout du prisme, le site communautaire MySpace a réussi à rassembler grâce au même bouche à oreille 100 millions d'adeptes en trois ans.

Fondé d'abord sur le buzz, le marketing sur l'internet a très vite joué au caméléon, s'adaptant à toutes les situations, se greffant sur toutes les expériences de ce lieu multiforme en incessante expansion. Il en est même sorti pour aller fréquenter avec avidité tous les lieux où des groupes se rencontrent et discutent, les cafés, les stades, les salles de concert, les lycées et collèges...

Les people à la rescousse

Marques de baskets, de téléphones portables, de boissons alcoolisées, de joaillerie ou de cosmétiques, toutes ont le même souci en tête : les people. Qu'ils appartiennent au monde du sport, du show-biz, du cinéma ou à celui, plus éphémère, de la téléréalité, peu importe, il suffit qu'ils soient sous les feux de l'actualité pour les considérer comme des vecteurs de prescription absolument incontournables. Dans la grande mécanique du marketing, les people constituent la plus haute marche de la pyramide. Ce sont les uppers, ceux dont les faits et gestes sont épiés, médiatisés et souvent copiés par leurs admirateurs fascinés. Donc les marques se les disputent, pour tenter de s'insérer dans ce processus d'identification qui fonctionne pour nombre d'entre nous, avec une acuité particulière chez les adolescents, dans cette période de doute où ils ont du mal à construire leur propre identité. Quand on admire une vedette, on aura tendance, plus ou moins consciemment, à aimer aussi ce qu'elle met en avant. La vedette est inaccessible mais pas les baskets qu'elle porte ou le portable qu'elle utilise. La marque « cultive l'envie en rendant accessibles des icônes », explique le responsable marketing d'Adidas[4]. Mais les égéries peuvent aussi jouer un autre rôle pour les marques, en « apportant leurs propres aspérités, comme l'explique Georges Lewi, observateur des marques. C'est Nike voulant démontrer qu'il est plus rebelle qu'Adidas en choisissant Agassi, alors qu'Adidas avait sous contrat Boris Becker, beaucoup plus lisse. Mais c'est aussi et surtout une solution de paresse : on se contente de casser son porte-monnaie, au lieu de trouver un positionnement spécifique, plus complexe à opérer[5] ». Bref, quelles qu'en soient les raisons profondes, toutes les marques ou presque font la chasse aux stars. Et les règles du jeu sont assez variées. La première piste consiste à organiser une grande soirée VIP pour lancer un produit, inaugurer un lieu, avec people triés sur le volet, vedettes confirmées et starlettes d'agrément. L'important est que la composition de l'affiche garantisse le relais photo des magazines, dans ces pages de potins lues avec assiduité, beaucoup plus efficaces – et beaucoup moins chères – que les pages de publicité classique. La plupart du temps, les participants reçoivent un exemplaire ou une caisse du produit promu, et ceux qui jouissent d'une grande notoriété ont droit à un traitement de faveur, avec aller-retour en limousine et versement d'émoluments conséquents. Les marques de boissons alcoolisées ou de portables, les organismes de voyages ou les agences de tourisme en sont coutumiers.

Les marques font aussi le choix d'investir sur les stars à plus long terme. Kellogg's a signé avec Tony Parker pour trois ans, Danone avec Zinedine Zidane pour onze ans. Le mariage comporte quelques servitudes : porter ou utiliser ostensiblement le produit concerné et participer régulièrement à sa promotion.

Loin des paillettes et près du cœur

Les équipementiers sportifs, autrement dit les marques de baskets, sont les champions de la discipline et se disputent à coups de millions toutes les vedettes du sport ou du show-biz. Ronaldo ou Ronaldinho ont pris la relève de Michael Jordan pour Nike. David Beckham a signé avec Adidas jusqu'en 2008, contre un chèque de 150 millions d'euros et le lancement d'une ligne de produits directement à son nom. Zidane et Djibril Cissé sont aussi des adeptes de la marque aux trois bandes. Converse, plus show-biz, a choisi Jenifer ou Smaïn qui les porte toujours sur scène et Puma a misé sur les acteurs Gwyneth Paltrow, Brad Pitt et les stars de la chanson Madonna ou Jennifer Lopez. Auxquels s'adjoignent version sport Serena Williams ou Nicolas Anelka. Reebok, qui a arraché à grands frais Thierry Henry à Nike à l'été 2006, a construit une grande partie de sa communication autour de lui. La marque a aussi dans son écurie le rappeur 50 Cent ou l'actrice Scarlett Johansson. Beaucoup trop novice pour jouer dans la cour des grands, Airness, créée en 1999 par Malamine Koné, a pourtant réussi à faire une percée remarquée en habillant les stars du sport en dehors des stades. Portée par Drogba, Cissé ou Wiltord, elle a vite séduit les jeunes de 12 à 25 ans qui raffolent de sa panthère noire déclinée sur les tee-shirts, lunettes, montres ou papeterie. Jusqu'au téléphone portable Air 99, lancé fin 2005.

Pour rester dans le domaine vestimentaire, Sloggi a convaincu Yannick Noah de parader dans ses caleçons,

Gérard Darel commence une deuxième vie avec Charlotte Gainsbourg, et Lancel misant sur Laure Manaudou a connu des ruptures de stock quand la championne a enchaîné les performances. Le domaine du luxe est très friand des égéries pour booster ses ventes. Nicole Kidman, mise en scène comme au cinéma pour un cachet de plus de 7 millions d'euros, a fait multiplier les ventes de Chanel N° 5 par dix-sept. Louis Vuitton a opté pour Scarlett Johansson, Chanel pour Vanessa Paradis, Lady Dior pour Monica Bellucci. Côté cosmétique, Biotherm a embauché le rugbyman Frédéric Michalak, Mességué a recours à Nicolas Brusque, un autre rugbyman, et Adidas, se lançant dans la crème pour hommes, a mis en avant Zidane pour sa gamme Active Skin Care.

Aucun domaine n'échappe à cette mode people. Optic 2000 met en scène Johnny Hallyday, UPS a choisi Jean Reno, les pâtes alimentaires Rana ont fait confiance à la verve de Jean-Pierre Coffe. Renault fait les yeux doux à Lætitia Casta pour sa nouvelle Twingo, quant à la Matmut, elle joue dans la case comique avec Chevallier et Laspalès.

Grâce au recours aux people, des marques interdites de pub parviennent à être médiatisées. Les alcooliers organisent régulièrement des soirées très relayées par la presse people. Aux États-Unis, des marques de cognac ont passé des accords avec des rappeurs pour composer des morceaux à la gloire de leur boisson favorite. Puff Daddy a fait un tube avec *Pass Courvoisier* et Snoop Dogg et Master P chantent *Henessy*.

Les sportifs, une valeur qui monte

« Ce qui intéresse un annonceur chez un athlète est la combinaison de trois facteurs : la performance, l'esthétique et le caractère. Si le personnage est trop lisse, cela ne prend pas », explique l'avocat de Laure Manaudou[6]. La jeune nageuse, entrée récemment dans la cour des très grands, a déjà signé avec Lancel, Arena, EDF, Lastminute.com et Sporever.

Défrayer la chronique dans les pages people des magazines, participer aux émissions non sportives est très apprécié des marques. Depuis une petite dizaine d'années, le sportif sort de son rôle classique pour devenir star à part entière. Et le héros-star, ça fait vendre. « Les sportifs parlent à tout le monde, justifie le directeur général de Havas Sports. Il y a un aspect *Star Ac'* mais avec des valeurs : le travail, la réussite, la souffrance[7]. » L'impact des sportifs devient tellement important dans la stratégie des marques que leur notoriété est mesurée avec beaucoup d'attention depuis trois ans grâce à une enquête menée auprès de 500 personnes représentatives des 15-34 ans, « public privilégié du sport et cible majeure des sponsors[8] ». On y évalue la notoriété spontanée, la notoriété assistée, l'image de chaque sportif. Et des hit-parades sont élaborés, listant les sportifs préférés des Français, ceux qui ont la plus grande notoriété, ceux qui sont le plus en vogue... ou ceux qui inspirent le plus le public en matière vestimentaire. Fin 2006, dans cette dernière catégorie, c'était encore Zidane qui tenait la tête du top 10, suivi de Djibril Cissé, David Beckham, Thierry Henry, Tony Parker, Yannick Noah, Laure Manaudou, Michael Schumacher, André Agassi et Michael Jordan.

Des vedettes transformées en marques

Certaines stars très sollicitées en viennent à gérer leur carrière comme une marque. David Beckham a montré le chemin en acceptant des contrats dans le monde entier et pour une multitude de marques. Nombre d'entre eux ont déposé leur nom à l'Institut national de la propriété industrielle (INPI). Par mesure de protection pour beaucoup. Mais ce peut être aussi pour développer une marque à son sigle. Ainsi, Zidane y a enregistré sa marque en novembre 2000, pour toutes les catégories de produits, sous toutes les formes et sous cinq sigles différents, déclinant Zidane, Zinedine Zidane ou ZZ à l'envi[9]. David Beckham bénéficie d'une inscription sous sept dénominations. La marque Laure Manaudou est déclarée pour la France et l'Europe, comme celles de Johnny Hallyday, Yannik Noah, Djibril Cissé, Lorie ou Catherine Deneuve. Quant à Cauet, si prisé par le public des jeunes, il a fait le cheminement inverse. Il a patiemment construit sa marque et, dès son arrivée sur TF1 en 2003, il a déposé à l'INPI sept formulations différentes autour de son nom et des émissions qu'il produit. L'animateur a eu d'abord l'idée de filmer ses émissions radio pour les vendre en DVD. Depuis, plus de 100 000 s'en écoulent chaque année. Puis il a décliné des produits dérivés à son nom. Il dit recevoir cinq appels de marques par jour et refuser la plupart des propositions. Mais pas toutes. Il a prêté son nom à la Dévé Cauet, une petite caméra numérique d'Aiptek, et a accepté en 2006 d'être cuisiné en Cauetburger pour la chaîne de restauration rapide Quick. La même année, il a activement œuvré pour le lancement de son magazine de presse écrite, *Guts* – qu'on peut traduire en termes choisis par « tripes » – qu'il revendique à son image : « Un magazine de divertissement, sexy, à l'humour parfois potache, attractif et proche des lecteurs. » Cauet doit aussi un de ses meilleurs coups au foot, avec son titre *Zidane y va marquer,* lors de la dernière Coupe du monde. Il a repris un titre connu, en a changé les paroles, les a dédiées à Zidane et a utilisé ses émissions de radio et de télévision pour lancer le tube. Le tour était joué. La notoriété acquise en qualité de bateleur de la Une, sa marque bien installée, il a fait ses premiers pas au cinéma. Huissier dans *Les Aristos*, le film de Charlotte de Turckheim sorti en 2006, il doit rebondir dans un film coécrit avec Luc Besson. Avec sans doute beaucoup de produits dérivés en perspective.

Quand le marketing avance masqué : le marketing viral

Personne n'est à l'abri des épidémies, redoutées depuis toujours dans le domaine sanitaire. Si on y associe le potentiel démultiplicateur de l'internet, on obtient le marketing viral, ou contagion sociale, dernier avatar venu d'outre-Atlantique. Le principe est simple : les idées, les messages, les comportements se diffusent, telle une épidémie, sur le mode des virus. Les adeptes de cette nouvelle contagion marketing ont déjà leur bible : *The Tipping Point*[10], *Le Point de bascule*, dont la vente dépasse le million d'exemplaires. L'auteur, Malcolm Gladwell, ex-journaliste américain, affirme que la propagation d'une tendance ou d'une nouveauté est très similaire au comportement des épidémies. La contamination initiale est le fait d'une minorité d'individus particulièrement énergiques ; une fois un nombre critique atteint – le tipping point –, la propagation devient exponentielle. Il reprend même à son compte la notion d'adhérence, utilisée en virologie pour souligner comment un agent infectieux mute et se renforce : comme le virus adhère à l'organisme, dans une épidémie commerciale le message doit coller à la mémoire

106

du public visé. Pour qu'une campagne virale fasse son office, il faut donc que le marketeur combine trois choses : bien veiller à la mise en place de la contagion, être attentif à la soudaineté du lancement et lui donner ensuite une certaine ampleur.

Qu'il s'agisse de la promotion d'un site web ou du lancement d'un nouveau produit, l'épidémie doit donc être brutale, prendre tout le monde de court ; le virus doit être inoculé à certaines personnes bien choisies, puis se répandre aussi vite que la peste. Touchés par la contagion, les visiteurs du site ou les destinataires de l'offre commerciale vont ensuite en recommander l'usage autour d'eux. Les moyens de diffusion de la contagion sont multiples, et chacun fait partie de la chaîne sans forcément s'en rendre compte. À commencer par les boîtes d'envoi, ces petits clics bien placés sur les sites, pour vous inciter à envoyer des pages à amis et connaissances, ou à déposer leur adresse pour qu'ils reçoivent directement l'information. L'exemple viral le plus ancien est sans doute celui de Hotmail, qui plaça en 1998 un message en lien hypertexte sur tous les envois d'e-mails de ses membres. Les destinataires n'avaient qu'à cliquer pour se créer à leur tour une adresse sur la messagerie de Microsoft. Une façon simple et gratuite de se créer de nouveaux affiliés. En dix-huit mois, Hotmail en avait recruté 12 millions par ce biais.

Le relais des early adopters

Mais à qui inoculer le virus en priorité ? Toute la réussite ou l'échec d'une campagne virale repose sur cette délicate question. Ce sont les moins de 35-40 ans qui entrent le plus aisément dans cette mécanique bien huilée et, parmi eux, ceux que le marketing appelle les early adopters, ceux qui sont susceptibles d'être les premiers à élire un produit ou à adopter une tendance. Ils constituent le deuxième niveau de la pyramide marketing, après les people, dits uppers. Pour les trouver, des agences spécialisées fréquentent assidûment les chats, les forums, les sites personnels ou les blogs, et certains lieux privilégiés, cafés ou boîtes, concerts ou événements sportifs, sorties des lycées ou des facs... Autant de lieux choisis avec attention en fonction du produit à lancer ou du message à privilégier, dans lesquels elles vont repérer les personnes les plus délurées, celles qui jouent un rôle de leaders dans les groupes auxquels elles appartiennent. Pour les aider à faire ce tri subtil, les agences ont de plus en plus recours à des logiciels de repérage, qui permettent de scanner, au moyen de mots clés en affinité avec la marque concernée, les forums de discussion, les sites personnels, les blogs et plus largement tout ce qui peut être diffusé sur l'internet. Par ce moyen, elles peuvent cerner très rapidement les publics qui partagent les mêmes centres d'intérêt, comme d'ailleurs traquer toute rumeur qui pourrait se développer incidemment sur la marque. Le but n'a rien d'innocent, on s'en doute. Selon une de ces agences, Tribeca, cela permet de « créer de véritables connexions émotionnelles, génératrices de buzz, en utilisant des supports et des opérations originales dans la rue et sur internet [11] ».

L'agence Human to Human explore ainsi le web depuis 2003 avec un logiciel de ce type, pour des sociétés telles que la RATP, Bouygues, la Société générale, Peugeot ou Canal Satellite. Et elle suit pour certaines d'entre elles l'évolution des avis exprimés par ceux qu'elle repère comme des leaders. De son côté, l'agence Lab viral dit avoir constitué un réseau de 500 adresses de super users qu'elle utilise et enrichit régulièrement pour organiser les lancements de ses clients. Pour pouvoir encore mieux cerner ces early adopters, en particulier chez les jeunes, et « leur pouvoir de faire acheter », l'institut d'études TNS Media Intelligence a défini une cible prioritaire, dénommée les « comblés [12] », composée de ceux qui obtiennent le plus ce qu'ils souhaitent quand ils le demandent. Une cible évidemment très attractive pour les annonceurs.

Une fois repérés, ces heureux élus se voient proposer divers privilèges exclusifs de la marque, invitations à des soirées de lancement, objets de promotion ou informations personnalisées, qui les incitent à l'adopter aussitôt. Qui résiste à des avantages en avant-première d'une nouvelle marque « top tendance » ? À charge de faire passer le message autour de soi. Au besoin, on y est encouragé par des concours ou des systèmes de sms récompensés. C'est à celui qui relayera le plus l'information suscitée par la marque, et fera remonter le plus d'adresses d'amis. Cette méthode permet en même temps de constituer une banque de données très précieuses, qui pourront être exploitées par la suite.

Les followers, ou qui m'aime me suive

Le virus a été inoculé à quelques-uns et il va vite se diffuser à l'ensemble du public, grâce aux vertus de l'internet. La transmission la plus simple consiste à suggérer d'envoyer à ses amis une page ou une information du site souvent créé pour l'occasion. Si la page est étonnante, ludique, comique ou énigmatique, ça marche. Nous tombons tous plus ou moins dans le panneau et participons gracieusement à la longue chaîne de diffusion virale initiée par la marque. La SNCF par exemple, grande utilisatrice du viral depuis le début des années 2000, affirme qu'à l'occasion de sa mystérieuse campagne Transatlantys [13] en mai 2005, 50 % de ses visiteurs ont transféré l'information à un ami. Et pour ceux qui avaient échappé au déferlement de bannières sur tous les portails du net, des affiches occupaient les panneaux publicitaires des gares et aéroports des grandes villes de France. Une campagne aussi très médiatisée, puisqu'en dix jours la recherche de ce curieux terme sur Google générait plus de 125 000 résultats. Une croissance virale exponentielle !

La plupart des sorties de films sont aussi soutenues par des sites temporaires qui fournissent des informations pointues sur le tournage ou les vedettes, et ouvrent chats ou forums de discussion. Ainsi, le site du dernier film de Tim Burton, *Les Noces funèbres*, proposait avec humour un test pour mesurer la viabilité de son couple. Il suffisait d'apposer son prénom et celui de la personne aimée et, la magie de l'internet aidant, on obtenait très vite une note, accompagnée de commentaires bien sentis. On pouvait même, si l'on était content du résultat obtenu, envoyer par mail un faire-part de mariage. Opération buzz réussie. Autant d'amis prévenus et autant d'adresses mails directement exploitables pour d'autres opérations.

Cliquez, c'est pour jouer

Les jeux-concours sont aussi un bon moyen de démultiplier la diffusion du virus, surtout lorsque la marque souhaite collecter des adresses e-mails. Mais, très sollicité, on devient plus méfiant pour livrer des renseignements personnels ou donner les adresses des amis. Pour relancer l'intérêt, les entreprises passent à la vitesse supérieure en proposant parrainages et cadeaux. Une bonne façon de « renforcer la dimension parrain-filleul », comme l'explique Jimi Fontaine, responsable marketing relationnel de la SNCF. Il suffit pour cela d'« introduire un système de win-win qui récompense les deux parties[14] ». Et, une fois encore, le viral s'emballe. Sur ce site, en trois semaines de concours – « la durée minimale pour que la vague des participants fasse boule de neige » –, le taux de participants passe de 5 % à 40 ou 50 %. L'attrait du cadeau sans doute, qui nous fait lâcher toute défiance.

Comme l'explique une des agences spécialisées dans le jeu interactif, il s'agit de « faire pénétrer l'internaute dans un univers scénarisé pour créer l'envie vers un produit ou vers une marque. Des jeux permettant de constituer des fichiers qualifiés et d'amener à l'achat[15] ». L'univers ludique détend le joueur et n'a pas spécialement tendance à éveiller son sens critique. Pour peu que le mécanisme ou le thème soit attractif, il favorise le sentiment d'appartenir à un groupe, à une communauté partageant les mêmes centres d'intérêt. Le jeu promotionnel lancé pour donner un avant-goût de l'atmosphère du film *Les Châtiments* fonctionnait sur ce mode, en proposant aux joueurs de se confronter à trois des dix plaies d'Égypte mises en scène au cinéma.

L'autre catégorie de jeu-concours qui fait recette fonctionne sur un mode plus ambitieux, en faisant appel au désir de créativité des internautes : on réalise soi-même sa propre vidéo sur un thème en phase avec la marque et on se soumet au vote des visiteurs du site. Ceux qui participent ne sont en général pas très nombreux, mais cela draine en revanche beaucoup d'aficionados, comme l'ont prouvé les concours organisés par Quiksilver et YouTube en mai 2007. Au bout d'à peine un mois, il y avait 141 participants, mais déjà plus de 41 000 spectateurs. Ce système a un avantage de poids pour la marque : il incite à venir et revenir sur le site pour voir les nouvelles contributions et crée un esprit de corps entre tous les visiteurs.

Des vidéos coups de poing

Ce qui marche toujours très bien auprès des jeunes et des moins jeunes, c'est le film viral, cette mini-vidéo publicitaire d'un format original : très court (moins d'une minute), tourné généralement en un seul plan fixe pour en limiter le poids, d'un humour absurde, ou avec des images spectaculaires et une chute rarement prévisible. La plupart du temps, réalisé avec de petits budgets, le film viral fonctionne surtout grâce à la qualité de son idée, souvent autour d'un gag. Qui n'a pas reçu et aussitôt fait passer de ces petits films désopilants dont on en vient à oublier qu'ils sont à la gloire d'un produit ou d'une marque ? D'autant plus qu'ils sont de plus en plus diffusés sur les sites spécialisés de vidéos, comme YouTube ou Dailymotion, qui mêlent allégrement films amateurs, films parodiques, films clandestins, films politiques et films de pub. Chacun y fait son tri et fait passer ses préférés, au plus grand bénéfice du marketing viral.

Ainsi, une vidéo virale, créée pour relancer le magazine *Choc* en mars 2007, a très vite réussi à faire parler d'elle. Tablant sur l'affaire Jean-Luc Delarue, qui venait de défrayer la chronique, une fausse vidéo-reportage, censée montrer l'animateur dans une situation répréhensible, mais poussée à l'extrême, fit très vite le tour du net français. Fausse vidéo diffusée sur le site web du magazine, aussitôt propagée par le buzz, puis reprise dans l'ensemble des médias. Pour initier le mouvement, la vidéo avait été envoyée à une centaine de blogueurs dits « influents », déjà sensibilisés auparavant par un message infiltré sur les blogs annonçant un « truc énorme ». Ceux-ci reçurent ensuite un sac d'avions en papier avec un doigt coupé et l'adresse internet d'une page blanche avec pour seule information une date. Le jour dit, ils étaient prêts et ont tous fait passer le film aux amis. Le buzz a fait le reste. Faux événement, fausse vidéo mais vrai coup marketing à peu de frais pour le magazine. Un coup de buzz qui, selon le président de l'agence Buzzman, auteur de cette hasardeuse performance, économise entre 1 et 2 millions d'euros de publicité classique[16]. L'animateur a eu beau faire un procès pour en réclamer l'interdiction et le gagner, le virus était passé. Reste à savoir si le magazine, qui voulait se repositionner en vrai magazine d'information par l'image, a atteint cet objectif avec un tel procédé.

Le viral n'est pas l'apanage des marques jeunes. Lesieur, plutôt frileuse jusque-là sur le net, vient de sauter le pas en mars 2007, avec une vidéo second degré à choix de fin multiple, qui joue sur le double sens de son titre, debarrassetoidelle.com. Se débarrasser de qui donc ? Mais de la dernière huile de friture bien sûr, afin de la remplacer par l'huile en paillettes, Frit'o Clean. Reste qu'on peut douter du ressort comique de l'analogie avec une compagne irascible à fuir de toute urgence. Mais c'est une référence qui sévit encore beaucoup dans les publicités. La marque dit avoir enregistré 100 000 visites deux mois après le lancement[17].

Et que peut-il y avoir de plus fort qu'une vidéo virale faisant le tour de la planète ? Une série virale bien sûre. Sunsilk vient d'en lancer une de douze épisodes de deux minutes trente, *Libre comme l'air*, du même nom que la gamme de produits à mettre en avant. La série, qui ne se veut pas publicitaire mais de pure fiction, raconte la vie d'une jeune provinciale qui monte à Paris pour devenir actrice. Pour en faire une série culte, la marque a choisi de la faire écrire par des auteurs des *Guignols* de Canal + et de la série télévisée à succès *Un gars une fille*, puis de la faire mettre en scène par le réalisateur des *Onze Commandements* et de *La Beuze*.

Plus insidieuses, certaines vidéos ne font aucune référence à la marque qui se cache derrière leur diffusion. Ainsi de ces quatre haïkus Bao, petits films diffusés sur Dailymotion depuis octobre 2006, invitant à la détente pour « faire une petite pause relaxation au milieu d'une journée de stress et se laisser guider par de petits poèmes dans un jardin japonais[18] ». Aucune signature n'y figura pendant de longs mois, jusqu'à ce qu'une mention discrète apparaisse en haut d'écran incitant à découvrir d'autres haïkus Bao sur le site de la marque... Obao, bien sûr.

De tout pour faire du buzz

Depuis les premières incitations au buzz sous forme d'encouragement au transfert d'e-mails, les techniques de marketing viral se sont très vite diversifiées. L'exemple des États-Unis, pionniers dans ce domaine, nous montre ce qui se développera avec un mimétisme enthousiaste de ce côté de l'océan. En tête des plus utilisées, les incitations à renvoyer un e-mail (91 %) ; puis viennent les divers outils sur un site pour encourager à en parler à un ami (80 %), les jeux en ligne, les quiz et les sondages (69 %), les microsites dédiés (54 %). Ensuite les cartes virtuelles gratuites

(47 %), puis les clips vidéo (46 %) et les clips audio (26 %) [19].

En matière de courriels, domaine austère du e-marketing, la course aux clics est déclarée et des agences se penchent avec la plus grande attention sur les moindres détails susceptibles de nous engager à appuyer sur le fameux clic libérateur qui doit nous amener droit vers le site de la marque. Qui sait que des changements de présentation d'une page de courriel, qui nous semblent souvent anodins, peuvent nous amener à cliquer 28 % de plus [20] ?

On n'imagine pas non plus, lorsqu'on flâne sur l'internet, combien les moyens techniques d'analyse se multiplient pour optimiser l'efficacité des pages que l'on visite. Tous les observateurs marketing du web y vont de leurs conseils pour capter l'attention de l'internaute dès qu'il arrive sur un site. Un seul objectif compte : le transformer en client. On mesure le taux de clics, le taux de transformation des pages d'entrée [21], mais aussi les leviers de satisfaction du site et son pouvoir de fidélisation. Google a sorti un outil marketing permettant de tester le contenu de ces pages, grâce à la comparaison de diverses combinaisons associant visuels, accroches ou emplacement des textes. Ce Google Website Optimizer met à la disposition des marques moult graphiques et pourcentages pour analyser la réussite ou l'échec de leurs campagnes. Avec de tels moyens, si l'on n'est pas accroché par les pages web commerciales, c'est vraiment parce qu'on résiste !

Qui parle de restriction sur le net ?

Les marques d'alcool, interdites de promotion et de publicité pour les jeunes, sont particulièrement intéressées par l'utilisation marketing de l'internet qui leur permet de s'adresser directement à eux et sans restriction légale. Viral Chart[22], qui établit le hit-parade mondial des vidéos les plus recherchées sur YouTube, MySpace et Google, fait figurer en janvier 2007, dans la catégorie des pubs, deux marques d'alcool en quatrième et cinquième positions, avec Heineken et sa vidéo *Bad Plan Landing* et Smirnoff et *Smirnoff Tea Partay*, après Nike, Dove et Sony. Toutes les marques d'alcool déclinent en flot continu de petits films tablant sur la transmission virale des internautes.

La marque de bière Budweiser a lancé en avril 2007 une campagne d'envergure sur le net, à partir de la Grande-Bretagne, qui s'adressait officiellement aux 18-24 ans. Mais à qui va-t-on prouver son âge sur le net ? Sur ses différents sites, la marque demande aux visiteurs de noter leurs nom, prénom et date de naissance (sur Bud.tv) ou plus simplement sa seule date de naissance (sur budweiser.com), en précisant que l'accès est interdit aux moins de 21 ans. À travers cette opération, la marque a tenté clairement de fidéliser les jeunes : chacun pouvait accumuler des points en envoyant par sms ou courriel des codes inscrits sur le fond des bouteilles de bière consommées, ces points donnant ensuite accès à des cadeaux divers et des voyages. La marque promouvait d'ailleurs cette campagne sur différents sites, comme le YouTube anglophone, un des plus fréquentés par les jeunes, bien avant 18 ou 21 ans. La marque propose aussi sur son site des sonneries de téléphone, des fonds d'écran pour ordinateur ou téléphone, des icons (logos) ou des photos à télécharger. Une bonne façon de constituer des fichiers de numéros de téléphone portable pour entrer en contact direct avec leurs utilisateurs.

Marqueter sans être repéré : le marketing furtif

Toujours en évolution, le marketing s'est découvert récemment une nouvelle arme : le marketing invisible, ou marketing furtif (stealth marketing). Cette méthode consiste à diffuser un message favorable à une marque sans qu'on sache qu'il émane d'elle. Très imaginatifs, les marqueteurs déclinent ce dernier avatar de leur discipline de plusieurs façons. Des personnes d'une marque interviennent anonymement sur les chats, les forums ou les blogs qui abordent des sujets qu'elles estiment en affinité avec elle. Elles établissent alors des relations avec les internautes repérés, sans jamais mettre en avant leur lien avec l'entreprise. Une marque peut aussi choisir de susciter des sites de communauté d'intérêts proches d'elle, sans jamais apparaître en tant que telle. Des agences spécialisées peuvent encore prendre le relais de la marque pour effectuer une veille marketing incognito et fréquenter les sites ou les blogs où l'on parle d'elle. Ces agences ont de plus en plus souvent recours à des logiciels de *harvest* pour moissonner, à l'aide de mots clés, les informations en rapport avec la marque qui peuvent circuler sur la toile. Libre à elles d'intervenir sous différentes identités, avec des argumentations variées, pour défendre l'intérêt de la marque partout où le sujet est abordé. « Nous n'essayons pas de censurer la critique, plutôt de la diluer dans un flot de buzz positif », explique François Collet, responsable de l'agence Heaven, qui est intervenue sur ce mode pour la Xbox de Microsoft[23].

Dans la rue ou les cafés, le furtif peut se glisser dans la peau de comédiens déguisés en faux clients, payés pour discourir des bienfaits de l'admirable produit qu'ils viennent juste d'acquérir. Fort de la technicité d'internet, ce marketing caché a aussi recours à des logiciels qui permettent aux marques d'intervenir à tout moment, sur tous les forums ou blogs qu'elles ont choisis, sous des identités différentes, avec des discours variés et de façon assez aléatoire pour ne pas se faire repérer. À ne plus savoir qui se cache de l'autre côté de la toile.

Toujours subtils, les spécialistes du marketing parlent de « communication d'influence à visage masqué ». Plus simplement, le marketing furtif n'est rien d'autre que le marketing du faux, avec faux intervenants, faux sites, faux blogs, faux clients. Pour le plus grand bénéfice de la marque qui, elle, est bien vraie.

Des marques qui bloguent et débloguent

Près d'un tiers des internautes français arpentant des blogs régulièrement, les marques n'ont pas envie de passer à côté du potentiel que représentent ces 8,7 millions de visiteurs. Depuis trois ans à peine, les blogs d'entreprise fleurissent et tous les cas de figure cohabitent, vrais et faux blogs de marque, vrai blog pour marque incognito, jusqu'au vrai blog de faux clients. De quoi y perdre le nord.

Première marque à avoir lancé un produit à travers un blog dédié, Siemens a demandé en avril 2005 à une quinzaine de blogueurs reconnus dans le monde des nouvelles technologies et à une cinquantaine de dirigeants d'entreprise de tester son portable très haut de gamme SK65 et a publié leurs commentaires sur un blog créé à cet effet. « Le blog est l'outil idéal pour toucher les early adopters, a reconnu Rafael Gonzalez, directeur marketing et communication des activités mobiles de Siemens. Il permet non seulement de fédérer une communauté, mais également d'être pédagogique [24]. » L'entreprise comptait ainsi sur son blog pour fournir des conseils vécus d'utilisation de son appareil et répondre aux besoins exprimés par les internautes. Une façon de compléter le plan marketing de lancement, sans alourdir le budget.

Sur les traces de Siemens, une dizaine de marques se sont lancées dans le blog d'entreprise tout au long de l'année 2005. Celio, Vichy, Reynolds, Thierry Mugler ont essuyé les plâtres. Puis toutes les autres y sont venues, jusqu'aux marques de lessive d'habitude plus réservées pour sortir des sentiers battus du marketing. Skip s'est lancé récemment avec le blog « le plus petit et le plus puissant de la blogosphère », une promesse assez énigmatique pour attirer 25 000 visiteurs en dix jours [25].

Pour toutes les marques qui s'y mettent, la tentation est grande d'avancer à pas feutrés, pour tirer parti de l'image d'indépendance qu'ont les blogs sur le web. Certaines optent ainsi pour un blog au nom original, sans référence à la marque, où le logo est plus que discret et avec un contenu ludique et distancé. C'est le cas, au moment de l'élection présidentielle française, du blog du DARE, parti du droit aux rasages extravagants, revendiqué par des barbus usant avec dextérité du rasoir Wilkinson. Ou du Clan des Silver. Cela vous dit-il quelque chose ? Cela a de faux airs de feuilleton télévisé tel qu'il s'en produit chaque été. On dirait une série de vidéos policières spécialement conçue pour le net, proposant de choisir la fin de chaque histoire et d'envoyer le scénario à un ami ou un ennemi. En y portant plus d'attention, on peut voir qu'un jeu-concours y est associé [26]. On chauffe, on brûle... mais non, le Clan des Silver est la dernière gamme de téléphone lancée par

Siemens, dont la signature laisse rêveur : *Keep exploring,* (« Continuez d'explorer »).

De blog en flog

Qui n'a jamais rencontré de flog au détour du web ? Un flog est un faux blog, souvent tenus par de faux clients, créé de toutes pièces par une marque qui souhaite agir en sous-main. Mais l'aventure est risquée et gare à celle qui se trouve démasquée en cours de route. Ainsi en alla-t-il de Vichy qui, à l'occasion de la sortie d'un nouveau cosmétique en avril 2005, avait créé *Le Journal de ma peau*, pour recueillir les opinions des utilisatrices. Le blog, tenu par une certaine Claire, livrait son journal quotidien, mais très vite ses remarques suscitèrent des réactions de défiance des autres intervenantes. La marque dut faire amende honorable et la responsable du projet son mea culpa : « En faisant ce blog, on voulait, avec l'équipe Vichy, ouvrir un espace de dialogue pour les utilisatrices parce que nous savions que ce produit est nouveau et qu'il peut soulever des questions. Et j'ai donc pensé à Claire, un personnage inspiré de toutes les utilisatrices que j'ai pu rencontrer. Mais j'ai lu vos commentaires et je comprends que nous avons encore beaucoup à apprendre du monde des blogs. Ne soyez pas trop durs... » Il faut le reconnaître, toutes les marques n'ont pas ce fair-play.

Autre exemple, Sony Ericsson ouvrit le 7 septembre 2005 un blog, wolf800.com, pour accompagner le lancement de son modèle W800, un téléphone portable permettant de stocker de la musique. Très vite, le DJ Laurent Wolf y annonçait, catastrophé, la perte de son tout nouveau téléphone contenant toutes ses créations et appelait à l'aide les internautes pour l'aider à le retrouver. Trois semaines après, la marque sonnait la fin du jeu de piste, très heureuse d'annoncer par la même occasion que 46 000 personnes avaient « fait passer le message ». Les flogs de faux adeptes se multiplient, tel celui de Sony, en 2006, pour lancer sa console PSP : *All I want for Christmas is a PSP* (« Tout ce que je veux pour Noël c'est une PSP »). Ou celui de McDonald's pour promouvoir un concours doté de 1 million de dollars de cadeaux. Un vrai blog, tenu par la cliente gagnante d'une année précédente, était en lien constant avec le blog d'un faux client dont « une des quêtes dans la vie était de gagner le grand prix du concours McDo ». En juin 2006, un blog, dénommé The Zero Mouvement, a surgi sur le net. Un blogueur y exprimait régulièrement ses réactions sur la nouvelle boisson de Coca-Cola, Coca Zero, qui venait juste de sortir aux États-Unis. Aucune trace de logo de la marque, pourtant la blogosphère ne tarda pas à repérer que Coca-Cola intervenait en sous-marin. La marque dut sortir de la clandestinité et reconfigurer le blog à son sigle.

Ces flogs de marque sont presque à coup sûr repérés, car ils sonnent très souvent faux. Les marques qui veulent vraiment jouer la complicité avec les internautes ont tout intérêt à avancer ouvertement, avec une signature bien visible. Cela suppose, il est vrai, un changement de culture et un bouleversement de leur fonctionnement, pour accepter de ne pas maîtriser totalement le discours qui peut se tenir sur leur blog. Celles qui s'y livrent constatent qu'en contrepartie les internautes participent assez volontiers. En toute clarté.

Toucher vingt-quatre heures sur vingt-quatre ou le marketing mobile

« Fais des blagues à tes copines », propose Rexona depuis février 2007 sur son site kou2cho.fr. 60 000 adolescentes ont suivi l'injonction de « piéger les copines et leur donner un kou2cho » : peur bleue, rouge de honte ou verte de rage, trois pièges au choix, à faire par mail, par internet ou par téléphone portable. Les blagues par téléphone ont remporté le plus de suffrages, d'autant qu'il était possible d'entendre sur le site la réaction de la copine piégée. Les blagues ? Une convocation par la nouvelle CPE pour tricherie à la dernière interro, des reproches par la mère d'un copain ou encore l'annonce d'une fraude intervenue sur son portable. Le rapport avec la marque : tous ces canulars sont conçus pour « donner un coup de chaud », la marque sachant « ce qui te fait transpirer ». Quant au phénomène viral, il fonctionne d'autant mieux, selon elle, que les copines piégées n'ont qu'une envie, se venger, en pratiquant une blague à leur tour. D'ailleurs un championnat s'est constitué, et on peut voir défiler en bas d'écran du site les photos et noms des dix meilleures « serial piégeuses », qui annoncent chacune un palmarès variant de 413 à 901 copines touchées. Qui dit mieux ? La marque, en tout cas, a pu engranger les coordonnées, mails ou numéros de téléphone des deux bords.

Petit média devient très grand

« La mobilité devient incontournable sur des cibles jeunes, confirme un consultant de Coca-Cola [27] dont la cible

privilégiée est constituée par les 12-30 ans. Le sms est régulièrement utilisé. » Sony Ericsson a ainsi émis 50 000 sms
pour sa campagne « Achète ton mobile walkman et Sony
Ericsson t'offre les enceintes ». En cliquant sur le sms reçu,
on basculait alors vers le site WAP de la marque, son site
internet spécifique mobile. Mais le marketing mobile a vite
dépassé le simple échange de sms, pour s'élargir à des applications multimédias, même si quelques difficultés technolo-
giques freinent encore le processus. Pour s'adresser aux 16-
24 ans, la Société générale a déployé tout un dispositif avec
envoi de sms, bandeaux de pub et liens sur les sites portails
des opérateurs, associé à un concours « Instant gagnant »
doté de places de concert. Colgate a fait une campagne pour
sa marque Tahiti sous forme de mms et incité à télécharger
sur le site un logo à utiliser en fond d'écran, et à participer à
un concours web pour gagner des initiations au sport
extrême de kitesurf. Le risque, c'est qu'on soit vite sevré de
tous ces envois. « Une des clés est d'apporter un contenu de
qualité, quelque chose qui aura de la valeur aux yeux du
public visé », justifie le directeur de la société Screen Tonic,
qui se revendique pionnière de la publicité mobile[28].

Des affiches parlantes

Des panneaux qui s'adressent à nous lorsque l'on passe
près d'eux : c'est la grande tendance du moment. Pas de
façon sonore heureusement, c'est d'ailleurs interdit, mais
avec des signaux que peuvent capter nos téléphones portables et qui proposent de télécharger la bande-annonce d'un
film ou un fond d'écran promotionnel, nous font part des
avantages offerts par un magasin ou des derniers potins sur
la star emblème de la marque. JC Decaux dit avoir réalisé

une quarantaine d'opérations interactives en 2006. Derrière ces affiches interactives se cachent ces petites puces qui permettent de nous géolocaliser où que nous soyons, en entrant en contact avec nos portables. Ces puces intelligentes se glissent un peu partout, devant un abribus, dans un café, une salle de cinéma ou une boutique.

Au moment de la diffusion en salles du film *Happy Feet*, en décembre 2006, on pouvait, en passant devant certaines affiches, télécharger sur son portable la bande-annonce, ainsi que des fonds d'écran et des images animées. À la même époque, Coca-Cola équipait une centaine de cafés de boîtiers Mobizone qui permettaient de diffuser sur les portables des consommateurs le minifilm publicitaire de sa dernière campagne et de recevoir des *goodies* (petits cadeaux). Autre possibilité de marketing par sms, les codes. Explication avec Lancôme, qui a mené une campagne de ce type en février 2006 au Canada pour sa ligne d'ombres à paupières. Des affiches placées dans le circuit restau-bars invitaient les clientes à envoyer un code à un numéro de téléphone, qui en retour envoyait par sms les éléments pour réserver un produit de la marque.

Une grande panoplie de moyens

Le marketing mobile permet de toucher les utilisateurs en combinant plusieurs moyens à la fois. Le « transfert » de Thierry Henry de Nike à Reebok, à l'été 2006, a donné lieu à une très grosse campagne mobile. Tout d'abord, la marque a inondé des amateurs de sport avec 46 000 messages sms pour les inciter à consulter les dernières informations publiées sur son site WAP, tandis que 50 000 autres sms présentaient les nouvelles collections de baskets portées par la star disponibles en magasins. Reebok a aussi testé un jeu-concours interactif, proposant à chacun d'envoyer par mms la vidéo de ses plus beaux gestes techniques de foot. Elle s'est aussi essayée à la géolocalisation. Chacun pouvait envoyer un sms à la marque, qui lui indiquait par retour l'adresse du magasin le plus proche.

Marketing sur portable : va-t-on suivre le Japon ?

En matière de portable, le Japon a pris plus d'une longueur d'avance sur nous et montre la voie que nous pourrions emprunter dans les mois à venir. Les Japonais sont habitués à l'utiliser pour de nombreux actes très quotidiens : acheter, payer, écouter de la musique, jouer. Autant de domaines où nous en sommes encore aux phases de tests.

Autre innovation : l'accès à l'internet mobile y existe depuis 1997. Forts d'une longue pratique, les mobinautes japonais, se connectant directement sur l'internet via leur portable, sont aujourd'hui plus nombreux que les internautes. Et près d'un internaute sur quatre (22 %) ne surfe plus qu'avec son mobile. Il faut dire que des tarifs très accessibles leur permettent de surfer en illimité pour 13 euros par mois (2 000 yens) et qu'à présent les Japonais n'achètent plus que des appareils 3G (99 % des achats de portables).

Dans un tel contexte, les opérations marketing n'ont pas tardé à faire irruption sur les portables, et depuis deux ans les grandes marques y participent régulièrement. La réussite fulgurante du mobile japonais a donné des idées aux professionnels occidentaux, qui annoncent les années 2007-2008 comme les années de développement du marketing mobile en France. Preuve en est la création d'agences spécialisées pour vendre toutes sortes d'opérations commerciales sur les portables.

Les derniers modèles de portables permettent de développer un autre moyen que le marketing avait dans ses tablettes : le code-barre mobile, très utilisé en Corée et au Japon. Ce tag, ou code-barre intelligent, permet, quand on le scanne avec l'appareil photo de son portable, de recevoir certaines informations qui y sont répertoriées. Les marques peuvent faire figurer ces codes-barres sur les supports de leur choix, journaux, affiches... jusqu'aux jambes de jeans ou aux manches de tee-shirts, que Lee Cooper a décidé de taguer dans sa collection très tendance Denim Code. L'opérateur Orange s'est aussi lancé dans la mêlée en mars dernier, en décidant de glisser des tags dans ses affiches publicitaires, qui peuvent être lus avec un N70 de Nokia. La lecture renvoie automatiquement à une page web de la marque, présentant des informations publicitaires, un concours ou des éléments à télécharger. L'opération devait ensuite se poursuivre dans des pages de journaux.

À *tous les coins de rue : le street marketing*

L'affichage s'accroche à tous les espaces disponibles et les abords des villes sont envahis de gigantesques panneaux que personne ne regarde plus. Les agences spécialisées en affichage ou en street marketing – marketing de rue – rivalisent pour dénicher des espaces vierges, adapter les supports les plus inattendus, inventer des formes incongrues pour attirer notre attention dès que nous mettons le nez dehors. C'est-à-dire de plus en plus souvent et de plus en plus longtemps : les distances que l'on parcourt augmentent régulièrement et le temps passé hors du domicile s'est accru de cinquante minutes en cinq ans. Ces agences, qui ne pratiquent plus l'affichage mais de la communication outdoor, du marketing out of home, se sont dotées de départements chargés d'innover : JC Decaux Innovate, Clear Channel Imagine. L'objectif : faire du jamais-vu. Inventer le truc qui nous étonnera, le détail qui nous fera nous arrêter quelques secondes dans nos périples quotidiens. Créer un événement, afin de provoquer du buzz et que les médias s'en emparent. « Une personne assistant à un événement en parlera à vingt-cinq autres », assure le responsable d'une agence d'événementiel [29].

Susciter l'étonnement

Les immeubles en réfection sont des lieux qui intéressent particulièrement les agences d'événementiel. Il va falloir dissimuler les travaux, donc on laissera libre cours à son imagination sur les bâches géantes surgissant aussitôt qu'un chantier s'organise. La méga-valise Vuitton qui orna plusieurs mois l'immeuble de la marque sur les Champs-Élysées en est un exemple frappant. Autre exemple sur les Champs-Élysées : pour lancer Virgin Mobile, le propriétaire de la marque, Richard Branson, a descendu en rappel la façade du Virgin Mégastore. Encore sur un mur, mais en images cette fois : en février 2005, Coca-Cola a promu son Coca Light en projetant pendant tout un week-end des fleurs dessinées par Kenzo sur la façade de la gare Saint-Lazare. Pas de logo sur les murs, espace public oblige, mais panneaux et stands ont réussi à s'imposer à l'intérieur de la gare.

Une des règles, dans ce genre de situations, est de ne pas lésiner sur les moyens. Ainsi, pour célébrer son double titre de champion du monde, Renault a fait réaliser une fresque humaine de 500 figurants dans trois lieux importants de la capitale. Ikea a remplacé une série de panneaux d'affichage par de vrais matelas de quatre mètres sur trois à Paris, tandis qu'il transformait les arrêts de bus de New York en mini-salons équipés de canapés et revêtait de housses rayées les bancs publics de São Paulo. Donnant aussi dans le gigantisme, Mentos a installé en mai dernier un cube géant à Lyon, Lille et Paris, pour célébrer le lancement de son Mentos Cube. « Une expérience givrée et rafraîchissante » qui incitait à dévaler un toboggan glacé pour atterrir dans une piscine pleine de cubes en mousse.

Quand il s'agit purement d'opérations de promotion, les idées étonnantes sont souvent au rendez-vous, pour marquer les esprits. Aux États-Unis, une chaîne de restaurants a fait placer des miroirs amincissants avec ce message « Vous semblez affamés ». En Allemagne, une marque de lessive a fait poser des panneaux « Stop aux couleurs qui déteignent » colorant tous les objets environnants. Dans le même pays, une enseigne d'équipement sportif a fait apposer des baskets aux pieds de tous les personnages figurant sur les panneaux de circulation routière. À Anvers, Puma lâchait 2 000 ballons gonflés à l'hélium, lestés chacun d'un produit de sa dernière gamme pour inviter à se rendre sur son site. Toujours en Belgique, à l'été 2006, Ricard a rhabillé les statues avec les vêtements jaune citron de promotion estampillés au sigle de la marque.

La guérilla pour les jeunes

Pour s'adresser au public jeune, le street marketing prend souvent le nom – sans doute plus évocateur du combat à mener – de guerilla marketing : affichages sauvages près des lieux fréquentés par les personnes visées et

128

actions de « commandos » aux couleurs de la marque pour distribuer prospectus ou objets de promotion. Ces méthodes coups de poing, qui flirtent en apparence avec l'interdit, sont paraît-il plus séduisantes quand il s'agit de viser les jeunes. Samsung a fait une campagne de rue en septembre 2006 pour lancer un modèle de portable destiné aux jeunes en faisant tourner une troupe de breakdancers. À l'occasion de mini-spectacles improvisés près des lycées et des facs, des démonstratrices présentaient le nouvel appareil et distribuaient des flyers (prospectus).

À la même période et sur le même principe, Bouygues Telecom menait une opération s'adressant au même public, avec cette fois des équipes dotées d'écrans plats. Intervenant à la sortie de 450 collèges et lycées dans toute la France, elles prenaient en photo les jeunes avec une technique particulière et les résultats assez étonnants incitaient à venir chercher un tirage dans un magasin de la marque. L'idée est toujours la même, comme l'explique l'organisateur de ces deux opérations : « Faire du bruit autour du nouveau produit, tout en jouant sur un registre tribal qui peut séduire la cible[30]. » Pour célébrer l'ouverture de son magasin à Paris, Lee avait fait revêtir de jeans tous les poteaux anti-stationnement des trottoirs et pendre des pantalons sur des fils à linge tendus dans plusieurs rues de trois quartiers. En même temps se déroulait du traffic driving, une opération incitant à se rendre dans le magasin. Des hôtesses collaient des codes-barres sur les passants pour qu'ils aillent vérifier s'ils avaient gagné un jean, après l'avoir essayé. Plus récemment, pour lancer Coca-Cola Zéro, la marque a organisé à la sortie de plusieurs facs des manifestations sur le thème « Des révisions avec Zéro exam », « Des cours avec Zéro stress ». Et, pour soutenir les étudiants, des échantillons de canettes du nouveau breuvage étaient généreusement distribués.

C'est aussi pour toucher ce même public que des marques organisent des tournées des plages l'été, avec caravanes, grands spectacles et vedettes connues. La marque Ricard est coutumière du genre.

Sur un tout autre mode, une campagne percutante a été initiée dans plusieurs villes des Pays-Bas par une marque de chewing-gum. Elle mettait en scène un skate-boarder qui se baladait dans la ville en sautant de façon très fluide de mur en mur. Un camion sillonnait en fait toute la ville en projetant une vidéo sur les murs environnants.

L'une après l'autre, l'une avec l'autre, les méthodes marketing se combinent pour tisser un faisceau de liens dont on ne sent pas forcément l'emprise, mais qui instaurent peu à peu des habitudes. Comme le mentionnait cet intervenant sur un blog de « marketeux[31] » : « Est-ce que les pratiques ne font pas évoluer le niveau d'acceptation ? C'est un processus d'apprentissage qui se déroule dans le temps, avec passage par différents caps : avant-hier, un site de e-commerce m'a demandé ma date de naissance. Pour quoi faire ? me suis-je dit. Hier, on me l'a de nouveau demandée, pour un jeu, et je l'ai mise. Aujourd'hui, pourquoi ne pas de nouveau la mettre ? Tout le monde la demande et je ne vois pas le problème... » Toute la question est là.

4

Influencer ou manipuler ?

Pour le marketing, nous sommes entrés dans le règne de l'émotion. On n'achèterait plus simplement une paire de chaussures ou une boîte de petits pois, mais de l'affect et du lien. Il est devenu urgent de « se recentrer sur la vie réelle, le mouvement, l'affect, l'émotion, les sens[1] ». De « sortir du cadre purement commercial de la transaction pour se placer sur le terrain affectif de la relation ». Dorénavant, les produits doivent « nous surprendre, nous proposer de l'extraordinaire, stimuler nos cinq sens et créer du lien émotionnel ». C'est le nouveau credo marketing, dit « expérientiel », qui se focalise sur... le client. Mais pas n'importe comment, puisqu'il vise à soigner particulièrement tout ce qui va pouvoir « faire de l'achat un moment ressenti comme particulièrement agréable ».

Quand l'émotion fait vendre

Depuis que la composante émotionnelle de toute décision a été reconnue en sciences économiques avec le couronnement des travaux de l'américain Daniel Kahneman par le prix Nobel de 2002, le grand monde du négoce se passionne pour les états d'âme de ses clients. Un moment déboussolé par ces consommateurs indociles et critiques, le marketing retrouve ses marques. Plus question de s'adresser à nous de façon rationnelle, en nous parlant de la qualité des produits. L'heure est à l'intimité émotionnelle. « Le marketing a bien cette vocation de développer des stratégies de stimulation des désirs », reconnaît l'universitaire consultant Patrick Hetzel[2], qui ajoute : « Le marketing expérientiel ne doit pas être un marketing au service de la manipulation, mais un marketing au service du mieux-être du consommateur. » La question vaut d'être posée. Pour stimuler nos désirs, le marketing se fait caméléon. Il revêt aujourd'hui des atours impressionnistes et se décline en sensoriel, incitatif, communautaire ou d'influence. Avec toujours le même leitmotiv : éviter la tête, et viser le cœur.

Les marques portent l'émotion en étendard. Pour Coca-Cola, « chaque bouteille est une explosion d'émotions[3] » ; « Dessiné pour les sens » est le slogan de Nokia pour son modèle 8800 ; « Partenaire de votre émotion » se revendique *Télérama* ; « Donnez une nouvelle dimension à vos émotions », ordonne France Telecom dans une campagne d'affichage pour un modèle de téléphone fixe avec écran. Marie met un cœur en guise de point sur son *i* et, pour les baignoires Jacob Delafon, « le bonheur coule de source »... Les objets ne doivent plus faire preuve de leurs qualités fonctionnelles, ils ont pour mission de nous séduire.

Toutes ces campagnes débordantes d'attention pour leurs clients mettent en application l'émo-marketing, en vogue aujourd'hui. « Tous les marketeurs sont des menteurs, tant mieux car les consommateurs adorent qu'on leur raconte des histoires. » Vraiment ? C'est en tout cas ce qu'affirme l'un des pontes du marketing américain,

Seth Godin, qui en a fait le titre d'un livre à succès[4]. Selon lui, avec l'arrivée d'internet, pour nous faire venir vers une marque ou un produit, il s'agit moins d'user de persuasion, à la façon traditionnelle de la publicité, que de rechercher notre accord. Mieux vaut « transformer les étrangers en amis et les amis en consommateurs[5] ». Dans un premier temps, ce permission marketing a pris des formes très civilisées pour se distinguer des spams qui s'imposent dans nos boîtes aux lettres électroniques sans qu'on les ait demandés. Avec l'installation de l'internet, il convenait de demander à tout internaute son autorisation avant de le solliciter commercialement. Et c'est la relation de qualité et de confiance que la marque instaure avec l'internaute visé qui allait permettre de le transformer en ami puis en client. Ce principe de l'opt-in, selon lequel on ne peut imposer un e-mail commercial ou une communication vers un téléphone mobile sans l'accord préalable de la personne ciblée, est depuis devenu la règle dans le cadre juridique européen.

Mais l'aimable démarche de la permission a fait long feu. Si elle subsiste encore, elle a vite été dépassée et fait figure de dinosaure dans le monde du marketing qui envahit la toile et la rue tout à la fois. Pourquoi demander l'accord du consommateur, alors qu'il existe à présent des méthodes très élaborées qui permettent de l'influencer ? Et même d'avoir recours à lui pour influencer ses pairs. Grâce à ce pouvoir d'influence, théorisé depuis plus de dix ans aux États-Unis[6], un consommateur sur dix dit aux neuf autres comment voter, où manger et quoi acheter. Tout le jeu va consister à entrer en relation avec ces « oiseaux rares », selon l'expression d'un des papes du marketing viral[7], car ce sont eux les véritables déclencheurs de l'épidémie. Leur charisme, leur puissance de conviction emportent souvent la décision. « Dotés d'un fort degré de connexité personnel, ils sont à même de faire basculer une situation parce qu'ils sont au cœur des réseaux sociaux. »

Consommateurs cocréateurs... ?

La riche expérience du marketing viral a donné des idées aux entreprises. Elles voudraient tirer parti des réactions des consommateurs qui s'expriment de plus en plus à travers les nouveaux médias et les blogs, pour « co-inventer, cotransformer leurs offres de produits et services avec eux[8] ». Elles parlent de « véritable échange avec le consommateur » qu'elles souhaitent « transformer en acteur ».

« Imaginez vos consommateurs cocréateurs de votre offre produits » – c'est l'intitulé d'une conférence d'un organisme spécialisé dans ce domaine[9], qui se demandait : « Comment faire des internautes des ambassadeurs de sa marque ? Comment nouer une complicité nouvelle entre son consommateur et sa marque ? Comment maîtriser les nouveaux médias d'influence ? Comment collaborer avec les influenceurs pour créer et amplifier le buzz de votre marque ? » Instituts d'enquêtes, de sondages et de tendances sont unanimes : le consommateur est en passe de devenir le « coconcepteur » du dispositif. Mais comment la cocréation est-elle mise en pratique ?

Première étape : l'écoute. Certaines marques, à l'affût des interventions des internautes, chargent une agence d'écouter leurs clients s'exprimer sur les forums de discussion, les blogs ou les chats. Bouygues Telecom, par exemple, dit en avoir tiré des pistes pour adapter certaines de ses offres. D'autres, comme Samsung, TF1 ou Europe 1, choisissent de confier l'animation de leurs propres forums de discussion à une agence[10] pour suivre les réactions de leurs clients. Au moment de la sortie de son modèle N90, Nokia a ouvert un site pour présenter les différents blogs de passionnés qui parlaient de sa gamme.

Deuxième étape : donner à son public l'impression de participer à la mise sur pied de sa stratégie. « Nous avons développé des méthodes qui permettent de le faire réagir, très en amont, aux grandes lignes de la stratégie, en l'associant à l'embryon de l'idée créative », explique un responsable d'une société d'études[11]. En 2005, McDonald's a ainsi organisé un concours pour établir un hit-parade parmi des produits Mythic's ressortis pour l'occasion. Aujourd'hui, la marque propose aux abonnés de sa newsletter de devenir durant une journée « témoin qualité » : « Si vous êtes sélectionné, nous vous ouvrirons les portes de nos filières d'approvisionnement (tomate, colza, blé, poulet, bœuf et pomme de terre). Ce sera pour vous l'occasion de tout découvrir des principaux produits McDonald's, du champ au restaurant. » Découvrir ou cocréer ? Le but ne semble pas tant de participer à l'élaboration des produits de la marque, ni même de formuler d'éventuelles remarques, que d'apporter une caution, en témoignant ensuite de la qualité de la filière visitée.

Votre avis nous intéresse

« Elles ont testé pour vous », titre sur deux pages la marque Lancôme, dans un de ces publi-reportages qui s'épanouissent dans les magazines féminins[12]. Quatre femmes témoignent des bienfaits du premier produit de peeling qu'elles ont essayé. 100 % de réussite, on s'en doute, pour ce banc d'essai qui sonne comme une publicité déguisée.

« 93 % des lectrices de *Top santé* ont plébiscité Activia », nous informe Danone dans une publicité parue dans plusieurs journaux féminins en avril 2007. Pendant quinze jours, disait la pub, 244 lectrices avaient accepté d'essayer Activia. Pour étayer ces dires figurent deux témoignages souriants de lectrices converties au produit. Vraies ou fausses lectrices ? En tout cas de « vraies » femmes, auxquelles peuvent s'identifier les personnes confrontées à ce type de publicité. « De plus en plus de marques ont pris conscience que l'avis d'un consommateur vaut bien plus qu'une publicité classique, justifie l'agence Culturebuzz. Le gain en crédibilité est indéniable[13]. » Il est vrai qu'échaudé par la surenchère publicitaire, on aurait plutôt tendance à se fier directement à l'expérience des utilisateurs et à leurs avis.

Danone a mis sur pied toute une panoplie pour susciter l'intérêt de ses consommatrices et solliciter leur avis. « Envie d'influencer la communication d'Actimel ? » demandait-elle aux abonnées de sa newsletter fin 2006. « Vous pourrez tester des idées en avant-première pour développer avec nous le futur programme de communication d'Actimel. Ces quelques questions ne sont que la première étape d'un dialogue que nous souhaitons nouer avec vous pour améliorer, ensemble, notre programme de communication. Partagez vos idées ! Exprimez-vous ! Faites-vous entendre ! » La marque propose aussi sur son site au nom prometteur, « Danone et vous », une rubrique « Échanges », pour donner son avis sur des produits, participer à une boîte à idées et intervenir sur un forum. Au moment des élections présidentielles en France, elle a organisé un vote pour élire la nouvelle Danette, avec plus de 1 million de votants revendiqués. Sans oublier les deux modes de participation qui fonctionnent le mieux : les concours et les bons de réduction. « Vivez à l'heure des marques : jouez, participez, gagnez... » La marque a choisi dès 2004 de mettre en avant des consommateurs sur ses yaourts Crock'fruits, avec des photos en noir et blanc sur les packagings et dans les pubs télévisées, des témoignages audio en pub radio. « La représentation humaine permet de projeter la marque dans une communication émotionnelle », soulignait à cette occasion le responsable d'une agence marketing[14].

Comme Danone, une bonne partie des marques affirme que l'avis de leurs clients leur importe. C'est leur façon d'exprimer le lien privilégié qu'elles souhaitent toutes mettre en avant. Avec l'idée de créer des leviers puissants pour nous fidéliser. Selon elles, un consommateur qui se sent écouté, impliqué en coulisses, ou qui participe à des tests de produits – c'est ce qu'elles appellent « être incorporé à la stratégie de la marque » – aura tendance non seulement à rester fidèle mais aussi à en parler autour de lui, à devenir « ambassadeur », selon la formule marketing consacrée. Mais alors que de tels objectifs d'écoute, d'expression, de collaboration sont affichés, on aboutit à des photos sur un packaging, ou au simple vote pour un produit. Si les consommateurs sont aussi critiques que les marques se plaisent à le dire, pourront-ils rester dupes très longtemps d'une démarche aussi réductrice ?

Agents de com, acteurs de pub

Les marques sont de plus en plus partisanes de ce marketing collaboratif à peu de frais. En janvier dernier, Vivelle-Dop affirmait vouloir se rapprocher des consommateurs et créer une connivence « en les impliquant dans un processus de cocréation[15] ». À quoi consistait cet appel à la collaboration créative ? Pas à élaborer un produit, on s'en doute, ni même à concevoir la campagne de communication. Mais à participer à un concours de vidéos en ligne. Pendant plus d'un mois, la marque a proposé aux internautes, à travers YouTube ou Dailymotion, d'envoyer leur propre clip vidéo de *lip-synching*, autrement dit de play-back ou de karaoké, comme on disait au siècle dernier. Pour cette « Color Clip Compet », la marque a enregistré 1 700 inscriptions de jeunes entre 5 et 30 ans et reçu 420 clips. Et 218 sont restés finalement en lice pour obtenir l'un des trois pass, VIP bien sûr, permettant d'assister au festival NRJ de Cannes. Trois prix, or, argent et cuivre, à l'image des trois gels Vivelle lancés au même moment sur le marché. Trois prix déterminés par le choix des 123 000 votants enregistrés sur le site de la marque. Gros succès d'audience donc, mais surtout hausse de 10 % des ventes des gels colorés. Consommateurs cocréateurs avez-vous dit ? Les termes sont sans doute surestimés. Mais consommateurs agents de com certainement, dont les vidéos personnelles ont pu circuler sur le web. Et même consommateurs acteurs de pub pour les très nombreux concurrents qui prirent l'initiative de dépasser la demande de la marque et de mettre en scène ses produits dans leurs clips.

Être acteur dans une pub, c'est la promesse faite par Coca-Cola en 2004 : « Deviens la star du prochain film Coca-Cola au cinéma [16] », a-t-elle proposé aux jeunes de 12 à 25 ans sur un site dédié, « Réveille ton talent ». L'année suivante, la marque proposait un autre concours, « Deviens la star Coca-Cola », pour participer à un show à l'Olympia. Grâce à cette méthode, qui surfe sur la grande vague de la *Star Academy*, la marque fait miroiter au jeune qu'il peut devenir star... de pub, et elle peut, de son côté, boucler une campagne à moindre budget.

Faire participer son public gracieusement à la pub est une méthode prisée par de plus en plus de marques depuis deux ans. Elles préfèrent parler d'« ambassadeurs non professionnels » et de « marketing collaboratif ». Cela ne leur coûte rien ou presque. La sélection se fait le plus souvent par concours, une forme peu onéreuse et ludique qui a toujours beaucoup d'adeptes. Et la marque a la certitude de toucher directement un public dédié, qui fait de surcroît lui-même circuler la nouvelle très vite par bouche à oreille. Affaire de mode ? En tout cas, les exemples sont légion. Aux États-Unis, General Motors a initié sur un site un concours pour devenir réalisateur d'un spot et a reçu 3 000 réponses en trois semaines. Wonderbra a ouvert un concours de casting, Converse lancé un concours de vidéos amateurs loufoques. McDonald's a organisé un concours mondial pour « tenter de faire sa star sur les packagings McDo » et voir sa photo déclinée sur les emballages d'une bonne partie de la planète. Sunsilk a fait un casting pour trouver des figurantes pour le feuilleton *Sous le soleil* de TF1. Nokia a recherché un nouveau talent, pour « créer un design original pour le multimedia computer N76 ». En janvier 2007, Orangina proposait aux internautes de « devenir acteurs de [sa] campagne et former une communauté [17] ». Sur son site inédit supdorangina, on pouvait venir prendre des cours de technique de secouage après avoir passé un examen d'entrée, puis participer à des concours ou collectionner les « objets cultes » de la marque.

Battant toutes les marques en antériorité, le Comptoir des Cotonniers a recours régulièrement depuis dix ans à des anonymes pour « incarner l'image de la marque [...], défiler sur les podiums et poser sur papier glacé ». Au moment de son lancement, la fondatrice de la marque eut l'idée de reprendre à son compte la complicité entre mères et filles, sans tomber dans la confusion des générations. Et ça marche côté casting. Chaque année, plus de 10 000 candidates espèrent figurer parmi la douzaine de couples finalement sélectionnés. Le mécanisme simple d'identification fonctionne aussi très bien en matière de ventes. À tel point que, si la marque a changé de mains en 2005, passant dans le giron d'un groupe de textile japonais (numéro sept mondial), les pubs subsistent. Le principe est même devenu une marque en soi, « Mères et filles », qui a droit à sa porte d'entrée[18] sur le site officiel et a donné lieu à l'édition d'un album musical sous la direction de Béatrice Ardisson. La participation gracieuse de clients représentatifs est une recette qui marche. Pour combien de temps ?

« Halte à la manipulation et à la démagogie, protestent les responsables de l'agence interactive Duke. Les consommateurs font des contenus géniaux, mais rarement pour de la pub et plutôt lorsqu'ils sont vraiment libres et sans contraintes. [...] Si on donne la parole au consommateur, il faut le faire vraiment, accepter la critique et la remise en question[19]. » Alors verra-t-on la marque Henkel jouer le jeu ? Le fabricant de produits aussi divers que les produits d'entretien, les colles et les cosmétiques[20] a lancé fin 2006 le trophée Henkel. Il propose un concours mondial d'innovations et invite tous les créateurs de la planète à soumettre leurs idées via l'internet. Au-delà, l'entreprise s'engage à évaluer les opportunités commerciales des inventions couronnées, pour éventuellement les lancer sur le marché. Nouveau concours et nouveau concept, la Cacco, conception assistée par collaborateurs et consommateurs, a un petit côté concours Lépine planétaire postmoderne[21]. Mais on sait déjà la pauvreté des débouchés commerciaux qu'offre cette vénérable manifestation.

Consommateurs ou évangélistes ?

Faisant feu de tout bois, les marques cultivent aussi ceux qu'elles appellent leurs « clients missionnaires ». Réagissant en véritables fans, ces passionnés créent spontanément des sites ou des blogs à la gloire de la marque qu'ils aiment, composent des vidéos ou des messages célébrant le produit et s'intronisent souvent porte-parole de la marque. Ces blogs, autour desquels des réseaux se greffent, leur conférant un rôle très influent, font souvent le tour du monde et entretiennent même parfois un fan-club, digne de ceux des grandes stars du show-biz. Ce type de blogs fleurit spécialement dans le domaine des nouvelles technologies ou des marques spécialisées de sport. Apple a tout particulièrement engendré un public d'aficionados qui défendent contre vents et marées l'originalité de leur marque.

Les marques concernées sont très attentives à tout ce qui s'y fait et tout ce qui s'y dit, d'autant plus qu'a priori elles n'en ont pas la maîtrise. Pour tenter d'en prendre le contrôle, certaines proposent à leurs blogueurs privilégiés du matériel promotionnel, et parfois les autorisent à recourir à leur propre charte graphique – excellente façon de reprendre la main sur la gestion de leur image et de semer la confusion chez les visiteurs. Vrai blog de fans, faux blog de marque, comprenne qui pourra. C'est ainsi qu'au moment de la sortie de l'iPod d'Apple, une vidéo à sa gloire inonda la planète, relayée par tous les adeptes de la marque, avant que certains spécialistes réalisent qu'elle ne comportait pas la charte graphique d'Apple et qu'elle n'émanait pas de l'entreprise mais d'un fan, un instituteur californien enthousiaste. Un exemple parmi beaucoup d'autres du comportement de ces passionnés prêts à se dépenser sans compter pour la marque maîtresse de toutes leurs pensées, avec laquelle certains instaurent un rapport quasi religieux.

Jeunes, blogueurs et... influenceurs :
le marketing communautaire

Comment transmettre une information commerciale très rapidement et à peu de frais, en particulier vers le jeune public, qui se méfie des médias traditionnels ? En faisant des jeunes à la fois des « VIP et VRP » de la marque[22]. La tendance du marketing à jouer sur le registre de l'influence s'est largement amplifiée avec le web 2.0 et ses capacités participatives. Il a en effet vite constaté que les arpenteurs du web attachaient plus d'importance aux avis formulés dans les différentes communautés virtuelles qu'aux informations et publicités des médias traditionnels. En particulier dans toute la phase de documentation avant de procéder à un achat. La conséquence en matière de marketing est simple, comme l'exprime une enseignante de cette discipline à HEC : « Les échanges d'informations entre les consommateurs sur internet augmentent de manière quasi exponentielle, les sphères d'influence deviennent de plus en plus virtuelles. Les marqueteurs doivent donc acquérir les compétences pour surveiller et interagir avec ces communautés. En fournissant à la communauté des informations, des nouvelles ou encore des promotions spéciales, les marqueteurs pourront créer une relation plus proche et plus forte avec les consommateurs que dans le cadre d'une relation uniquement basée sur l'échange commercial[23]. »

La catégorie nec plus ultra à viser en priorité est celle des privilégiés appartenant à la caste choyée des influenceurs. Mais après tout, qu'est-ce qu'un influenceur ? Un individu ayant « une bonne insertion dans la société, une grande confiance dans l'avenir, un goût pour l'innovation (et les nouveaux produits), une vie sociale intense [...], une plus grande confiance pour les produits qui font de la publicité ».

Les jeunes en leaders d'opinion

Les jeunes sont les premiers visés par cette nouvelle stratégie. « Les jeunes ont été des pionniers, justifie un communicant[24]. Ils ont été à la fois les acteurs et les moteurs des nouvelles façons de communiquer, en développant eux-mêmes des applications, en améliorant les dispositifs existants [...]. Ils sont aussi très demandeurs d'interactions au quotidien. » Les voici en ligne de mire de toutes sortes d'agences spécialisées qui leur proposent (à partir de 13 ans) d'être – enfin ! – « écoutés » et de figurer dans le peloton de tête en matière de nouveautés.
Pour les attirer, elles leur font miroiter l'idée de participer à l'évolution de leur marque favorite. « Voulez-vous influencer les marques ? leur susurre ainsi l'agence américaine Tremor[25]. Les marques écoutent les jeunes de Tremor. Voulez-vous influencer vos amis ? Voulez-vous participer à la réalisation d'un film ? Voulez-vous des invitations VIP pour l'inauguration d'un magasin ? Voulez-vous écouter et évaluer des morceaux de musique avant leur sortie ? Voulez-vous être le premier à essayer un nouveau produit ? » L'objet de cette agence, si attentive aux intérêts des jeunes, est en fait moins désintéressé. « Notre

business : aider les entreprises dans le domaine du divertissement, de la mode, de la musique, de l'alimentaire ou de la beauté à s'étendre sur le marché jeune et développer un bouche à oreille favorable parmi les jeunes. » Et cela grâce à « une équipe de plus de 250 000 jeunes influents tout autour des États-Unis ». Des jeunes influents en tout cas jamais rémunérés pour leur contribution à l'essor des marques concernées.

Ces agences de « mise en relation » se développent aussi de ce côté-ci de l'océan, avec des noms évoquant l'aspect humain de la démarche, ou promettant le paradis. Les premières se nomment Tribeca, Human to Human, In Vivo..., comme pour garantir à leurs clients le contact direct qu'elles établissent avec les « vrais gens ». Les secondes, qui ont choisi de s'appeler Heaven ou Buzz Paradise, font plutôt allusion aux jeunes qu'elles souhaitent rassembler pour créer une communauté d'*angels*. Ces « anges » sont des personnes communicantes, connectées, curieuses, passionnées, intéressées par les dernières tendances... donc des consommateurs avertis. Ces agences leur proposent le Pérou, pas moins : « Imaginez que certaines marques soient intéressées par votre avis et votre capacité à buzzer et vous proposent en retour d'accéder à certaines informations exclusives, de recevoir des échantillons ou des produits gratuits, de participer à des avant-premières[26]... » Une carte de priorité pour consommer, le rêve du nouveau siècle ? Si l'on en croit la promesse de ces agences, ces anges communicants, triés sur le volet, ouvriraient en tout cas aux marques les portes du paradis.

Blogueurs : une nouvelle race à courtiser en priorité

S'il existe aujourd'hui 72 millions de blogs sur la toile et, dit-on, plus de 7 millions dans l'Hexagone, seul un petit nombre d'entre eux jouit d'une véritable audience. Mais cette minorité joue bien souvent un rôle amplificateur important dans le buzz que les marques veulent initier. Pour choisir ces bons relais, il faut donc faire un tri serré et quelques agences s'en sont fait la spécialité depuis à peine trois ans. Elles répertorient dans des fichiers, selon les thèmes abordés, les leaders d'opinion dont les blogs sont les plus suivis. Certains d'entre eux, d'ailleurs, vont jusqu'à mettre sur leur blog qu'ils ont l'insigne honneur d'être reconnus comme influenceurs. Un signe de respectabilité déjà ? Et, de leur côté, les agences spécialisées présentent en liens privilégiés les blogs de leurs influenceurs préférés. « Nous nous sommes rendu compte de l'importance du seeding, ou de l'essaimage en amont, qui permet de lancer la campagne virale et de créer un effet boule de neige d'une certaine ampleur », souligne le directeur d'une de ces agences [27].

Toutes les marques y viennent, persuadées que ces influenceurs sont aussi des lanceurs de buzz. Les nouvelles technologies ou les distributeurs de films ont ouvert le ban, vite suivis par les autres, y compris les plus frileux comme les marques de luxe. En avril 2005, Nokia offrait en avant-première son dernier modèle [28] de portable à soixante-quinze personnalités, les invitant à donner leurs impressions sur un blog VIP, ouvert pour l'occasion. Deux ans après, la marque Calvin Klein envoyait par la poste à des blogueurs sélectionnés – et ravis – un exemplaire de son dernier parfum accompagné d'une clé USB en cadeau. Les opérations VIP peuvent aussi prendre une forme moins généreuse mais plus mystérieuse. Certains de ces blogueurs se sont ainsi vu offrir, un beau jour d'avril 2007, un petit pot en plastique transparent muni d'une loupe contenant l'image d'un homme sans corps, nommé Patrick P, et sept graines de lentilles. Un colis assez énigmatique pour susciter tous les bruits sur un petit bout de la blogosphère. Les dix plus perspicaces devaient gagner l'objet de toutes ces interrogations. Paire de lunettes new-look ? Mini-livres imprimés en corps 7 ? Pas du tout ! Le dernier appareil photo Casio, qui permet de zoomer sept fois.

Autre produit, autre style, pas de mystère mais une « blog-conférence » pour la relance du magazine *Choc*, en mars 2007. Le journal a invité une trentaine de blogueurs à partager un repas avec Pierre Lescure, le nouveau directeur de la rédaction, dans un restaurant en vue du VIᵉ arrondissement de Paris. Charge à ces trente influenceurs de faire ensuite passer le message : le magazine a changé, c'est dorénavant un picture magazine d'actualité pour les 15-35 ans. Dès le lendemain, les commentaires vont bon train sur les blogs des invités : « L'équipe de *Choc* est efficace, et c'est malin ce qu'ils ont fait hier soir. Venir parler au cinquième pouvoir, comme ça, simplement, sans nous prendre pour des c... ! » La démarche marketing est justifiée d'une phrase : « Se faire manipuler, quand c'est intelligemment fait et que ça apporte des bons souvenirs, je suis toujours pour. » Et si quelques critiques réagissent en soulignant que ce genre de relations signe la fin des blogs indépendants, un autre blogueur participant à la soirée reprend la balle au bond : « On est tous des p... d'ego qui avons choisi ce média pour exprimer nos ego, et si c'est un moyen de se faire connaître, de prendre de la thune, de passer un moment avec Lescure ou de Caunes ou Farruggia, tant mieux ! Ça relève forcément d'une vague trahison ? Mais trahison de qui, de quoi, grands dieux ! En l'occurrence on n'en sait rien [29]. » Même un blogueur plus critique qui considérait le magazine comme le « degré zéro de la presse magazine car trash, vulgaire et inintéressant » revient séduit[30]. Qu'importent les états d'âme, le buzz est lancé, qui va instantanément se démultiplier, avec une confiance accrue des internautes, puisqu'il ne s'agit pas de pub mais de blogueurs qui expriment – semble-t-il en toute liberté – leur opinion.

Côté mode, parfums et cosmétiques, le bloguing marche aussi à fond. Certaines blogueuses testent toutes les nouveautés qu'elles reçoivent et font circuler les commentaires entre copines. Liste prise chez l'une d'elles : un nouveau mascara, un site de vente de vêtements, une robe marinière, un gloss, une chaîne de magasins de vêtements, un coffret découverte d'une nouvelle marque de cosmétiques, un pinceau applicateur, un baume pour les lèvres, un catalogue de vente par correspondance et un institut de soins relaxants.

Utilisés, manipulés ? Certains blogueurs se rebiffent, rejettent les dossiers de presse qu'on leur envoie, fuient les mailing lists systématiques et revendiquent de ne parler que des produits reçus qu'ils apprécient. « Arrêtez de prendre les blogueurs pour des journalistes », s'offusquait Fred Cavazza en novembre 2006. Cette prise de position a agité un petit bout de la blogosphère spécialisée dans la com et l'internet. Accepter ou refuser les produits, fréquenter ou non les soirées VIP, blogueurs honnêtes et blogueurs achetés, confiance et défiance..., le même débat que celui qui revient régulièrement autour de l'exercice du métier de journaliste. Ceux qui reçoivent des nouveautés ou des invitations en raison de leur spécialité (rubriques culture, nouveautés, tourisme, beauté ou mode...) ne sont pas censés non plus en parler positivement pour la seule raison qu'ils les ont reçues. La profession a son code de déontologie, ses bons professionnels et ses moins bons, les réglos et ceux qui franchissent la ligne... Si les blogueurs veulent vraiment exercer ce cinquième pouvoir dont certains se revendiquent, un code des bonnes manières va sans doute se révéler nécessaire. Influenceurs influencés ? Le site américain Digg.com, qui établit un hit-parade des informations circulant sur le web en fonction des votes des internautes, a dû supprimer certains membres les plus actifs qu'il soupçonnait d'être manipulés, voire rémunérés, pour intervenir sur le site[31]. Méfiance, défiance, à chacun de faire son tri. Reste que la très grande majorité des blogs sont des lieux d'expression personnelle, loin de ce débat.

Les sens au secours du marketing

Les consommateurs sont infidèles et fantasques ? Qu'à cela ne tienne. « Pour attirer ces consommateurs butineurs, il faut être capable de susciter de l'émotion et du plaisir par une théâtralisation du point de vente et par la stimulation des cinq sens[32] », explique Joël Brée, professeur de marketing à l'ESC de Rouen. Pour nous inciter à butiner au même endroit et stimuler nos envies, le marketing s'est fait sensoriel. Tous les spécialistes de cette discipline récente le disent, le marketing sensoriel emprunte une approche globale – « holistique », aiment-ils dire – afin de toucher l'émotion du consommateur. Pas question, selon eux, d'être intrusif ou manipulateur. C'est à voir... Il existait déjà toute une série de techniques de persuasion commerciales très efficaces, pied dans la porte ou porte dans le nez, recensées dans deux ouvrages très éclairants[33]. Le marketing sensoriel enrichit encore le dispositif d'influence, en cherchant à générer chez chacun d'entre nous, sans l'intervention d'aucun vendeur, des réactions relevant plus de l'impulsion que de la réflexion.

150

Tout pour la musique

Magasins de mode, grandes surfaces, postes, banques ou pharmacies..., de nombreux magasins distillent de la musique en continu. Même les parkings diffusent des bandes-son vingt-quatre heures sur vingt-quatre pour faire disparaître un éventuel sentiment d'anxiété. Toute la démarche consiste, comme l'explique une responsable d'une société créatrice d'ambiance musicale[34], à « traduire la personnalisation de la marque par des émotions ou des sensations pour que le consommateur s'approprie la vente ». Les magasins s'attachent donc à définir leur zoning : à chacun son emplacement bien délimité par le son qui lui est propre. Il suffit de faire le tour dans une galerie commerciale pour s'en rendre compte, en passant de la musique déchaînée d'un magasin de vêtements pour jeunes à l'atmosphère plus feutrée d'une enseigne de produits bio. Chaque magasin a son code musical bien précis, et les grandes surfaces varient selon les zones de chalandise : son des embruns au rayon poissonnerie, ambiance plus champêtre pour le rayon bio. De nombreux tests in situ sont faits avant d'arrêter les musiques, qui peuvent aussi changer selon les jours et les moments de la journée. Le mégastore d'Etam a ainsi délimité trente-deux zones avec des styles musicaux et des volumes sonores différents. Le son est plus fort à l'entrée du magasin, plus doux au rayon lingerie, plus rythmé au rayon sportswear, et des tubes sont diffusés dans le rayon destiné aux ados[35]. La musique influe nettement sur nos comportements d'achat, comme le démontre le chercheur en psychologie cognitive Nicolas Guéguen[36]. À partir de plusieurs expériences, on a pu observer par exemple que « la musique classique a favorisé l'achat de vins plus prestigieux et donc plus chers, tout comme elle a poussé les clients d'un restaurant à dépenser plus ». Ou bien encore que le type de musique avait un effet sur nos achats, les femmes achetant plus avec des chansons à tempo plus lent, tandis que les hommes subissaient l'influence de morceaux instrumentaux au rythme plus élevé.

Des goûts et des couleurs

Le but, lorsque nous entrons dans un magasin, est que nous nous disions moins « Ça sent bon ici » que « Je me sens bien dans ce lieu... et je vais y rester ». Les senteurs jouent un rôle important lors de nos visites. Pourquoi tant de supermarchés installent-ils leur rayon viennoiserie à l'entrée ? C'est simple : selon un spécialiste du marketing olfactif, « les odeurs de nourriture font appel à un mécanisme particulier. Elles provoquent la sécrétion de sucs gastriques qui vont inciter l'individu à se procurer de la nourriture [37] ». Pour les autres emplettes, rien ne prouve que le réflexe d'achat soit aussi mécanique. En revanche, on a pu constater, plusieurs études à l'appui, que les senteurs d'ambiance auraient tendance à nous faire rester plus longtemps dans un magasin. Partant de ce constat, plusieurs types d'entreprises expérimentent des formes de diffusion olfactive originales : Sephora teste des bars à parfums, le Club Méditerranée essaye un diffuseur de senteurs en relation étroite avec les paysages présentés sur grand écran [38].

Les couleurs interviennent aussi dans notre sélection inconsciente d'un objet ou d'un lieu. « La couleur est la dimension la plus émotionnelle d'un produit », selon le président du Comité français de la couleur[39]. La marque d'équipement sportif Puma, qui se positionne haut de gamme, ouvre des « black stores », magasins entièrement noir et blanc – association des deux couleurs par excellence du luxe et de l'élégance. En matière de lieux commerciaux, les choix ne sont pas toujours aussi tranchés, mais des tendances fortes se détachent en fonction du domaine abordé, jusqu'au papier d'emballage utilisé. Le blanc, tout seul, évoquera pureté, sécurité et fraîcheur ; ce n'est pas un hasard si on le retrouve souvent dans le domaine du cosmétique et de la beauté. Le rouge, « la couleur par excellence », reste très prisé des marques de luxe, tandis que le bleu est choisi pour les atmosphères relaxantes et rafraîchissantes. Le gris et le métal communiqueront le fonctionnel, le rose plutôt l'émotionnel, le vert la nature et la santé, le jaune le pétillant et la gaieté. Et puis il y a les couleurs sexuées, auxquelles les marques ont souvent recours, gris ou noir très masculins, rose plutôt féminin. Les marques jouent aussi sur des combinaisons entre les couleurs qui attirent – rose vif, vert pomme, en devanture –, et celles qui rassurent – plus neutres, blanc ou gris, pour acheter.

Au bonheur des sens

Ne l'oublions pas, « le consommateur cherche essentiellement à se faire plaisir ». Dès lors, pourquoi ne pas développer tous les éléments favorables à l'éclosion de ce plaisir commercial en combinant tous les facteurs d'ambiance d'un magasin : musiques, senteurs, couleurs et sensations liées au toucher et au goût ? « Créer un contexte dans lequel le client se laisse volontiers guider par ses émotions permet de s'adresser à lui de manière intime », souligne le responsable de Quintesens, une agence de marketing sensoriel[40].

Avec une formule découverte en Californie, la chaîne Nature et Découvertes a été l'une des premières à appliquer ce principe en France, il y a à peine dix ans, associant lumières, sons et senteurs pour créer une atmosphère de nature. Le Drugstore des Champs-Élysées a suivi le mouvement, à l'occasion de sa reconstruction après un incendie en 2001. Lumières et ambiances sonores évoluent sensiblement selon les lieux et les moments de la journée, pour délimiter chaque espace. « Du style lounge le matin, pour se réveiller doucement, à l'électro-pop pour l'happy-hour, en passant par des airs d'opéra l'après-midi[41]. »

Sur un tout autre mode, Décathlon pousse assez loin le recours au sensoriel. Un des responsables du « design sensoriel » de cette chaîne de magasins[42] explique ainsi comment sont minutieusement gérées la « mise en scène émotionnelle et sensorielle des produits en vente » et la sollicitation des différents sens de ses clients. Le premier sens qui doit jouer, bien sûr, c'est le visuel – tout le magasin est donc organisé pour qu'on puisse repérer n'importe quel objet à plus de dix mètres de distance. Puis c'est l'aspect olfactif qui entre en lice, à un mètre du produit. Troisième phase, le tactile et l'auditif sont mis à contribution, dès que le produit est pris en mains. Enfin, à la phase ultime de l'essayage, c'est le gustatif qui intervient, un sens qui n'est pas réservé uniquement aux produits comestibles. Pour tirer le meilleur parti de chacun de ces cinq sens, une équipe de quatre-vingt-dix personnes travaille en permanence sur les produits et la mise en place des dix marques de l'enseigne, afin de « créer, à chaque point de contact du client, de l'émotionnel et du sensoriel ». En achetant un tee-shirt ou un maillot de bain, personne ne se rend compte qu'auparavant ont été étudiés la gamme des couleurs (selon les études en vigueur, c'est l'élément auquel nous sommes sensibles en premier), mais aussi l'étoffe et la cohérence entre son apparence et son toucher, notre deuxième critère de choix. Puis, passé l'emballement de l'achat, comment réagit-on de retour chez soi ? Que reste-t-il une fois que les techniques sensorielles ont perdu leur pouvoir enchanteur ? Quel est le rapport entre « la perception à l'achat et le vécu expérientiel », selon la formule du spécialiste ? En d'autres termes, comment échapper au syndrome de la tomate, si rouge et appétissante à l'achat et si dépourvue de saveur à la dégustation ?...

Le zen, considéré comme une tendance de fond, est décliné à toutes les sauces commerciales. Un zen de façade qui, bien entendu, n'a rien à voir avec le bouddhisme japonais. Alors quand on parle d'hypermarché zen, à quoi cela peut-il bien ressembler ? En Italie, Leclerc a ouvert en 2006 un hypermarché d'un nouveau style qui se revendique zen et inspiré de la nature : « Tout a été étudié pour créer cette atmosphère particulière où tous les sens sont stimulés[43] », grands posters apaisants, pensées philosophiques ou haïkus japonais, musiques douces ou plus enlevées adaptées aux linéaires, diffuseurs de parfums, lumières propagées à travers les rayonnages, couleurs pastel ou plus soutenues et, au rayon frais, films présentant la préparation des produits. « L'objectif est de créer des stimulations, couleurs, senteurs, qui rappellent au client l'expérience positive vécue dans cet hyper. » Harmonie, sérénité, sensation de bien-être... et articles à profusion. 50 000 références, 5 300 mètres carrés de surface, tout est pensé pour retenir le chaland encore plus longtemps.

S'ils en sont encore aux balbutiements, les artifices poly-sensoriels risquent d'envahir peu à peu tous les espaces marchands et susciter chez nous les sensations les plus vives. « Le consommateur cherche de l'expérience et un bénéfice immédiat. La marque doit lui parler. Perturber les sens devient tendance », justifie une tenante du tout-sensoriel d'un cabinet de tendances[44]. Sens perturbés, donc, et pour longtemps, si l'on en croit les études menées par plusieurs grosses entreprises qui tendraient à démontrer qu'une décharge émotionnelle ouvre directement la porte de la mémoire et s'y enfouit. Prête à resurgir à la prochaine occasion... toute commerciale.

5

Cette pub qui ne dit pas son nom

La publicité n'est plus ce qu'elle était. Usée par les longs tunnels entre journal de vingt heures et prime time, elle a perdu de son efficacité. Et même si la télévision demeure un instrument privilégié, la publicité cherche par tous les moyens à se diversifier. Comme l'explique, avec une pointe de cynisme, le directeur d'Ipsos, Jean-Marc Lech, « les gens s'attendent suffisamment à être manipulés pour éviter les manipulations. Ils expriment une certaine indifférence à la pub, disant "On ne me la fait pas", mais ce n'est pas parce qu'ils ne sont pas convaincus qu'ils n'achètent pas. Il faut juste trouver le bon message[1] ».

Apparue pour faire connaître l'existence et les avantages d'une marque ou d'un produit, la publicité recourt aujourd'hui à l'artifice et à l'ellipse. Elle s'attache à rendre des objets « désirables », comme le disait Henri Laborit, pour créer en permanence de nouveaux besoins. Pour le moins, si l'on se fie au *Robert* culturel, la publicité est toujours « le fait d'exercer une action sur le public à des fins commerciales. Le fait de faire connaître un produit et d'inciter à l'acquérir ».

Plus subtils sans doute, les professionnels considèrent que la publicité « stimule quasi en permanence les désirs des consommateurs, mais ne ment pas [...]. Elle ne vend pas du vent mais tente de sublimer la réalité d'un produit[2] ». Reste à cerner la frontière entre stimulation et manipulation. D'autant que la publicité a tendance à quitter l'espace délimité qui lui était réservé dans les médias. À la recherche des meilleurs lieux pour s'épanouir, elle se glisse partout et surtout là où on ne l'attend pas. « Le rapport aux médias a changé, confirme Pascal Grégoire, l'un des publicitaires montants de la profession. Et ce bouleversement est encore plus important que l'arrivée de la télévision. Aujourd'hui, sur 100 euros investis en publicité, 75 sont dépensés en dehors de la publicité classique, télé, radio, presse ou affichage[3]. » La publicité investit des domaines traditionnellement épargnés comme l'information, la culture ou le divertissement et s'adjuge de nouveaux canaux comme l'internet et le téléphone mobile. Il n'y a plus de domaine réservé, se réjouissent les publicitaires. Au risque de la plus grande confusion.

La publicité par ceux qui la font

Selon le Bureau de vérification de la publicité[4], organe d'autorégulation de la profession, « la publicité doit attirer l'attention sans heurter, divertir sans provoquer, informer sans tomber dans le boniment ou le mensonge. Elle sait qu'en cherchant à séduire, elle peut, bien involontairement, choquer ou indisposer. Pour être créative, elle doit disposer d'une pleine liberté d'expression. Cette liberté ne va évidemment pas sans responsabilité. Une responsabilité que la publicité assume pleinement. À ce titre, elle mérite la confiance du public : s'attachant à ne proposer que des messages véridiques, loyaux, honnêtes et respectueux du corps social, elle remplit son rôle en toute conscience ».

160

La confusion des genres :
quand pub et info se télescopent

Deux cents fois par jour ! C'est la fréquence moyenne avec laquelle nous sommes sollicités par la publicité, selon les professionnels. Une bonne majorité d'entre nous trouve qu'il y en a beaucoup trop : 70 % si on en croit les études [5]. Pour l'accusée, comment faire face à cette opposition montante ? Sûrement pas en diminuant la quantité, comme on serait tenté de le faire en cas d'overdose. Dans sa course en avant, la publicité propose de démultiplier les moyens. Entre les médias classiques et l'arrivée de nouveaux canaux de diffusion, internet et téléphone portable, elle cherche à diversifier les façons de s'adresser à nous. Une de ses options : jouer sur la confusion des genres, particulièrement dans le domaine sensible de l'information. L'amalgame entre publicité, communication et information est tel que ces sujets sont à présent abordés en presse quotidienne dans la même rubrique : *Le Figaro* dans sa partie « MédiasPublicité » (en un seul mot), *Les Échos* dans « Communications » ; quant au *Monde*, il traite de la publicité dans sa rubrique « Médias ».

D'un magazine à la libre antenne radio, du journal télévisé à un site de marque, d'un quotidien gratuit à un blog spécialisé, d'un site comparatif à des sms et autres mms, nous baignons dans un flot d'informations, d'opinions et de publicités mélangées, parmi lesquelles il est de moins en moins aisé de faire le tri. Les publicitaires auraient tendance à se féliciter de cette surinformation, meilleure garantie selon eux de notre liberté. Mais ils sont bien les seuls. Cette profusion des messages, cette confusion des genres demandent une attention de tous les instants.

La pub sort de ses pages

Tant que la publicité se voulait informative et que la presse vivait des achats de ses lecteurs, la délimitation entre information et publicité était respectée. Mais peu à peu, la publicité s'est sentie à l'étroit dans les pages qui lui étaient dévolues. Persuadée qu'elle serait plus consultée si elle se mêlait davantage au rédactionnel, elle n'a eu de cesse de sortir de son domaine réservé. D'abord, les encarts sont venus s'immiscer dans les articles pour se rappeler au bon souvenir du lecteur. Dans cette démarche, la une est un espace particulièrement prisé. Certains journaux vendent de fausses unes, en dernière page ou en diptyque. D'autres, comme *Pariscope* ou *Livres Hebdo*, vendent aux annonceurs leur vraie première page. Pour forcer l'attention, les formats les plus biscornus sont proposés aux annonceurs. Le magazine *Action auto-moto* (HFM) a ainsi lancé en octobre 2006 la demi-page diagonale qui, comme l'explique le directeur de la publicité, « permet à l'annonceur d'émerger de façon différente [6] ». Signe d'émergence, en réalité, d'une nouvelle règle non écrite qui voudrait que la publicité soit vue – et lue – en premier lieu. Au risque de rendre plus difficile la lecture des articles rédactionnels.

La publicité cherche aussi à être en relation directe avec les lecteurs, à interagir avec eux. Après toutes sortes de concours et d'actions de promotion, les nouvelles technologies lui permettent de monter des opérations qui commencent à y ressembler. Le quotidien gratuit *Économie Matin* propose ainsi à ses annonceurs, depuis septembre 2006, l'insertion de tags 2D dans ses publicités. Ces sortes de codes-barres peuvent être scannés avec l'appareil photo d'un téléphone portable et donnent accès à un service multimédia tel qu'une animation interactive, une interview audio, une vidéo, etc. *Paris Match* s'y est aussi lancé avec une publicité pour Audi, dont une promotion était accessible grâce à un tag du journal renvoyant par téléphone mobile sur un site dédié à l'opération.

La pub ne veut pas être prise pour de la pub

Manque de confiance en elle ou volonté d'omniprésence ? Dans les journaux, la publicité n'aime pas beaucoup être prise pour ce qu'elle est. Elle préfère se glisser dans la peau d'un article et en emprunter tous les codes. Une des formules qu'elle cultive depuis plusieurs années est le publi-reportage. Théoriquement signalé par une mention en haut ou bas de page, le publi copie au plus près les sujets d'information, donne dans le conseil, le test de lecteurs ou le témoignage vécu. Il n'aime rien tant que reprendre les codes graphiques, la typographie des articles rédactionnels qui cohabitent à ses côtés. L'agence de communication publicitaire Protéines, spécialisée dans le domaine de la santé, propose à ses clients, McDonald's, Danone, Liebig, Ferrero ou Kellogg's de réaliser « le publi reporter et le publi relationnel interactif. Expliquer, argumenter, convaincre[7] »... Ou comment utiliser des techniques journalistiques au service d'une argumentation de marque.

La radio n'échappe pas à ces publi-rédactionnels. Europe 1 a ainsi une émission, *On se dit tout*, qui présente régulièrement les nouveaux produits d'une marque sous forme de conseils d'une spécialiste ou de témoignages d'utilisateurs. La publicité a aussi créé toute une série de fausses rubriques. Ça a la forme d'un article, c'est écrit comme un article, souvent même par un journaliste, mais c'est une page publicitaire. Les domaines privilégiés : les restaurants, le tourisme, et plus généralement tout ce qui concerne les nouveaux produits – cosmétique, alimentaire ou technologie. Le publi-reportage s'est encore étoffé à travers des suppléments sponsorisés, comme ceux publiés dans plusieurs quotidiens sur le développement durable ou l'énergie, entièrement pris en charge par Areva ou Total, entièrement dédiés au discours des marques.

Avec le temps, les rapports entre rédaction et publicité se sont affinés. Des rubriques éditoriales régulières consacrées aux nouveautés ont été créées dans tous les magazines, y compris les news, pour drainer plus facilement les budgets publicitaires. Et les annonceurs fidèles trouvent souvent dans ces pages un écho éditorial très compréhensif. Dans le même esprit, les suppléments thématiques se multiplient. La beauté, la mode, les styles, les montres ou le tourisme sont des sujets porteurs. Porteurs de publicité plus que d'informations, souvent réduites dans ces opuscules à la portion congrue. L'arrivée sur le marché de la cosmétique masculine a vu s'épanouir tout d'un coup des suppléments « Hommes » dans tous les quotidiens et news. Certains sont pris en charge par la rédaction des journaux, d'autres sont sous-traités. Mais la différence est rarement sensible pour les lecteurs. Comme ce supplément du *Monde* du 29 septembre 2006, *Un monde d'hommes*, qui annonçait en petits caractères « La rédaction du *Monde* n'a pas pris part à ce magazine » mais déclinait en rubricage, avec les mêmes caractères gothiques que le titre du quotidien, *Un Monde tranquille*, *Un Monde fou*, ou *Miss Monde...* De la confusion des genres poussée à l'extrême.

« De plus en plus, les journalistes travaillent selon les

impératifs et les techniques du marketing, de la logique promotionnelle[8] », constate Rémy Rieffel, professeur de sociologie des médias à l'université Paris-II, qui a pu par exemple comparer la pratique journalistique concernant le spectacle vivant entre 1986 et 1996, dans la presse quotidienne régionale et nationale et la presse magazine. Constat frappant : « En dix ans, le nombre d'articles consacrés au spectacle vivant a soit diminué pour certains journaux, soit totalement changé de contenu : il y a de moins en moins de critiques de spectacles, il y a de plus en plus d'avant-papiers, d'interviews, de portraits d'auteurs, d'artistes, tout simplement parce que la pression économique, la logique commerciale sont si fortes que les journalistes ne peuvent pas faire régulièrement de la critique. »

Pour sortir de sa case, la réclame cherche aussi à créer l'événement. Une bonne façon pour être traité éditorialement par les médias. Quand, en mai 2007, *Paris Match* consacre un article sur le soixantième anniversaire du festival de Cannes, par quoi ouvre-t-il le sujet en double page ? Une photo de quatre superbes actrices en robe du soir – tradition oblige : Gong Li, Andy MacDowell, Aishwarya Rai et Kerry Washington. Pourtant, aucune des quatre n'a un film à défendre au festival et, sans méconnaître leur talent, elles ne sont sans doute pas les meilleures et seules représentantes d'un palmarès de soixante ans de cinéma. Elles sont mises en exergue par l'hebdomadaire car elles « symbolisent à la fois l'universalité du septième art et l'intemporalité de l'art de séduire ». Elles sont les égéries de L'Oréal. En cette qualité, elles ont eu droit à monter les fameuses marches. Et plusieurs magazines, habitués à relater ces pseudo-événements people, qui ne sont rien d'autre que de la publicité déguisée, ont monté l'instant en épingle.

Un autre événement ambigu, cependant relaté tout autour du globe, a été celui créé de toutes pièces par Chanel pour relancer son parfum N° 5. La marque mobilisa un budget colossal de 10 millions de dollars, 250 figurants et la star Nicole Kidman pour tourner un spot publicitaire. « Le résultat, selon son réalisateur, Bazz Luhrmann, ressemble à une bande-annonce d'un film qui n'existera jamais. » Et comble de l'absurde, pour faire monter le soufflé, la marque a fait la promotion de cette bande-annonce avec une campagne dans les journaux, au cinéma et à la télévision, pour annoncer *Le Film*.

La pub déteint sur l'information

Rapides et rythmées, comme la publicité, les informations sont de plus en plus découpées et menées à fond de train. Est-ce par peur du zapping du spectateur ? Les journaux télévisés ne consacrent plus de temps aux sujets de réflexion, d'analyse de fond, de traitement contradictoire, d'investigation. Un « dossier » fait trois minutes. Selon la formule de Denis Muzet, nous consommons de la « fast info[9] ». Afin de montrer que l'info va être présentée tambour battant, les nouveaux journaux de Canal + ou d'Arte sont présentés par des journalistes debout, « pour qu'on ne donne pas l'impression de s'installer, que ce soit le plus rapide possible », justifie le responsable de l'information d'Arte, Gérard Saint-Paul[10]. Pas le temps de s'asseoir : le journal dure sept minutes sur la chaîne.

La même préoccupation agite les quotidiens gratuits. Tous construits sur le même modèle très découpé en petites infos à picorer, ils sont conçus pour être consommés en vingt minutes au maximum, comme l'indique le titre de l'un d'entre eux. Le temps de prendre connaissance de quelques faits bruts sélectionnés qui émaillent l'actualité, mais pas plus. Pas de reportage, pas de rencontre, pas d'investigation et pas de mise en perspective des événements présentés. La caricature du journal gratuit étant illustrée par *Direct plus*, dont la rédaction est assurée par une équipe de communication.

Dans la même recherche de rapidité, ce type de presse écrite, radio ou télévisée est à l'affût des « petites phrases », déconnectées de leur contexte, comme autant de slogans publicitaires, jugées sans doute plus efficaces que la présentation d'un programme ou d'une pensée. Mais le slogan ne remplacera jamais l'exposé d'une réflexion. Dans un journal, un titre bien troussé est là pour accrocher le regard et inciter à passer au développement du papier.

On ne sait qui inspire l'autre, mais médias d'information et publicité optent de plus en plus fréquemment aussi pour le testimonial, comme on dit en jargon journalistique. Qu'il s'agisse de politique, de sport ou de vie quotidienne, le journaliste se fait porte-micro et alterne témoignages et micro-trottoirs. Au cours de reportages, rien de tel que les témoins de l'événement pour garantir la véracité du sujet abordé. C'est la preuve par l'image, à laquelle recourt aussi la publicité en mettant en scène des témoignages dans ses publi-rédactionnels. Quant aux micro-trottoirs, souvent présentés sur un mode binaire (oui/non, pour/contre, j'aime/j'aime pas...), ils constituent un miroir tendu aux lecteurs, auditeurs ou téléspectateurs. La méthode a du succès, mais elle réduit le sujet à la portion congrue si l'on ne l'associe pas à d'autres sources d'information.

Dérive aussi en matière d'iconographie où certains photographes retravaillent leurs images. Le cadrage d'une photo a son importance, qui ne fera pas dire la même chose à un personnage présenté en plan serré ou resitué dans son environnement. Mais on peut aller beaucoup plus loin grâce au traitement numérique qui permet tous les montages. Comme les annonces ont recours à l'ellipse, des photographes regroupent en une seule image, pour lui donner plus de force, les éléments de plusieurs clichés. Création ou manipulation ? On ne se trouve en tout cas plus dans l'information.

Autre nouvelle composante empruntée à la publicité, l'émotion règne en maître sur les petits écrans, particulièrement à l'heure du journal télévisé. Toutes chaînes confondues, il s'agit de traiter de sujets coups de poing qui jouent sur une hypersensibilité des téléspectateurs. Ce type d'informations présente le fait brut, sans prendre le temps de donner les causes, tenants et aboutissants de l'événement. Avec cette démarche, comme le marketing d'influence, ces informations parlent au cœur plus qu'à la tête.

Quand le sponsor prime sur l'info

Il est des domaines où la communication prend le pas sur l'information. Certains sports et leurs enjeux financiers exorbitants en fournissent de nombreux exemples. Les agents des grands sportifs gèrent avec beaucoup d'attention les accords d'exclusivité passés avec leurs sponsors. Ainsi, quand Zinedine Zidane décide, le 25 avril 2006, de mettre un terme à sa carrière de footballeur, il réserve l'annonce officielle de sa future retraite à Canal+[11], l'un de ses sponsors ; l'interview exclusive pour commenter l'événement est livrée au portail d'Orange, un autre sponsor. Les autres médias n'ont pas eu voix au chapitre. L'information dans ce domaine est une question de gros sous. Plus étonnant encore, même une nouvelle à caractère national comme l'annonce de la composition de l'équipe de France pour la dernière Coupe du monde de football n'a pas échappé à la loi des sponsors. Le sélectionneur national, Raymond Domenech, s'est livré à une conférence de presse minimaliste, se contentant de présenter un tableau des joueurs sans aucune explication ; il a ensuite réservé ses commentaires à une interview exclusive pour les abonnés de SFR.

Autre signe de confusion entre communication et information : la nomination par TF1 d'un directeur délégué à l'information. Le groupe, possédant plusieurs chaînes de télévision et développant divers pôles, y compris dans le domaine du mobile, créa un poste en novembre 2006 pour assurer la coordination entre les différentes entités du groupe diffusant de l'information. Mais pourquoi confier ce poste au directeur de la communication et non pas à une personne du pôle information [12] ?

Télé : la hantise des tunnels de pub

Aux États-Unis, le mélange des genres est habituel à la télévision. Les marques collaborent régulièrement aux programmes de télévision, qui le leur rendent bien. Procter & Gamble par exemple, leader de la grande consommation, a lancé son nouveau dentifrice Crest à la vanille et à la menthe au cours d'un épisode de l'émission de téléréalité *The Apprentice, L'Apprenti*, en 2004. Un autre épisode de l'émission était consacré aux projets de développement marketing des différents concurrents pour ce produit. Et une annonce invitait les téléspectateurs à visiter le site de

169

la marque pour donner leur opinion sur le sujet[13]. Nous n'en sommes pas là.

Bientôt plus d'écrans pub à la télé ?

En France, selon une réglementation de 1992, confirmée par *La Lettre du CSA* de février 2005, le principe en vigueur est celui de la « nécessaire séparation de l'espace publicitaire du reste du programme ». Mais tout devrait être assoupli dès 2008, avec l'entrée en vigueur d'une réglementation européenne.

Le projet « Audiovisuel sans frontières » a été âprement discuté à l'échelon de l'Europe avec les pressions de lobbies qu'on peut imaginer. Voté en première lecture par le Parlement européen en novembre 2006, puis élargi à l'ensemble de l'audiovisuel, il vient d'être adopté par le Conseil des États en mai et devrait être voté définitivement d'ici fin 2007, pour une entrée en vigueur fin 2008. Selon la synthèse de la Commission européenne de mars 2007, l'Europe s'orienterait vers une suppression de la limite quotidienne actuelle de trois heures et l'instauration d'une double règle. Pour les émissions pour enfants, les programmes d'information et les films, elle prévoit une autorisation de coupures par tranches de trente à trente-cinq minutes, avec une limitation horaire de douze minutes. Pour les autres programmes, elle opterait pour la disparition de toute réglementation, laissant les diffuseurs juger eux-mêmes de l'opportunité et du rythme des coupures publicitaires. Enfin, avec l'évolution des technologies, la législation européenne devrait favoriser « le recours à de nouvelles formes de publicité, telles que la publicité par écran partagé, la publicité virtuelle, les mini-spots ou encore la publicité interactive ».

170

« La publicité en général, et la publicité télé en particulier, a un très bel avenir, assurait en 2006 le patron de TF1, Patrick Le Lay. On a besoin d'elle pour avoir une vie plus colorée [14]. » La vie serait-elle plus terne sans cette avalanche de réclames ? On peut en douter. En tout cas, partageant cette conviction, les chaînes de télévision privées dont la publicité est le fonds de commerce cherchent à en diversifier le plus possible la forme, pour réveiller l'attention des téléspectateurs lassés et relancer une performance publicitaire qu'elles trouvent anémiée.

Puisque la publicité n'a pas officiellement droit de cité dans les espaces d'information ou de divertissement télévisés, l'idée est venue à TF1 de faire entrer les animateurs de la chaîne dans les spots de publicité. Cauet a ouvert le jeu le 14 décembre 2005, en intervenant dans une association élaborée entre l'émission phare de la chaîne et le fournisseur d'accès Alice. Tout au long de la journée, veille de la Sainte-Alice, l'animateur offrait une fleur à la jeune femme symbole de la marque, puis tombait à la renverse dans le fauteuil attitré de *La Méthode Cauet*, au moment où la belle apparition devenait translucide. Nouvelle association un an après, entre Microsoft et TF1, au moment du lancement du nouveau pack logiciel Windows Vista. L'animatrice Flavie Flament dispensait ses conseils d'utilisation à une heure de grande écoute. Conçue comme une mini-émission, l'intervention publicitaire avait été annoncée régulièrement les jours précédents par l'animatrice, comme pour les grands événements télévisés, afin que le téléspectateur ne puisse pas rater l'événement.

Autre initiative de TF1, la réclame en direct, au cours de la saison 2006 de la *Star Academy*. Pour promouvoir une marque de chewing-gums, sponsor de l'émission, des comédiens de la Ligue d'improvisation ont joué une courte

Publicité détournée

Pour pouvoir figurer à la télévision, alors que l'accès de la publicité leur est interdit, certaines marques de tabac ou d'alcool se glissent dans les publicités de marques autorisées. Le BVP a ainsi relevé, pour les diffusions de 2005, 89 spots comportant la présence de boissons alcoolisées et 47 spots présentant du tabac ou des produits dérivés [15].

scène, « Le scoop », en rebondissant sur ce qui s'était déroulé durant l'heure précédente. Une façon de réagir à chaud à l'émission et de créer la connivence avec le public, juste avant l'élimination d'un candidat.

Mini-programmes : pour sortir de la pub

Nous boudons les tunnels de pub ? Les annonceurs eux aussi cherchent par tous les moyens à les fuir. Pour les chaînes privées, la réponse est évidente : il faut en sortir. Elles n'ont donc de cesse d'inventer d'autres modes d'intervention publicitaire. La forme la plus courante, c'est le parrainage. En sortant par exemple les courses hippiques et la météo du journal télévisé, il a été possible de sponsoriser ces petits programmes quotidiens, alors que cela reste impossible dans le cadre de l'information. Ces mini-émissions ont à leur tour donné des idées et on a vu fleurir de multiples « programmes courts » sponsorisés par des marques. Source appréciable de financement complémentaire, ces nouveaux formats permettent aussi d'entrecouper le fameux tunnel d'avant-prime time. Mais ils nous donnent surtout l'illusion que nous assistons à une petite émission d'information ou de divertissement. Cette réclame qui ne dit pas son nom distille des conseils de vie quotidienne avec *Parlons conso*, pour Marques repères de Leclerc, propose des exemples de décoration intérieure avec *Du côté de chez vous*, pour Leroy Merlin, ou présente le rêve de stars pour Disneyland Resort. Cette option, en général bien regardée par les téléspectateurs, semble encore trop contraignante aux marques, dont le sigle ne peut apparaître durant les quelques minutes du programme mais seulement en début et à la fin. Les agences de publicité voudraient que les marques aient encore plus de liberté d'expression. Le contenu est cependant toujours en affinité étroite avec le domaine d'activité de la marque.

Autre piste réclamée par les agences : le split-screening, qui existe en Allemagne et permet de diviser le petit écran pour y faire figurer en permanence un écran de publicité. « La publicité n'interrompt plus les programmes. Ce sont les programmes eux-mêmes qui s'ouvrent à la publicité, s'enthousiasme Jean-Marie Dru. Poussant l'idée plus loin encore, nous pourrions imaginer que la publicité devienne elle-même le programme [16]. » Certaines marques ont déjà sauté le pas [17].

Qu'est-ce qui échappe à la pub ? Des taxis aux cabines d'essayage

Dans les années 1960, la pub « Du beau, Du bon, Dubonnet », sur les murs des tunnels du métro a marqué le souvenir de nombreux enfants parisiens. Tombée dans l'oubli, la formule revient modernisée dans le métro londonien, rebaptisée underground marketing. Une succession d'écrans donne, avec la vitesse du train circulant dans l'Eathrow Express, l'illusion d'une publicité animée. Ces fausses vidéos sont l'une des nombreuses formes que revêt aujourd'hui la publicité quand elle sort des sentiers battus et se fait « tactique ». Des cartes postales aux œufs et aux voitures personnelles, ces supports d'un nouveau genre se répandent à toute vitesse.

Vous attendez ? Alors pubez

Il suffit d'un peu d'imagination et tout se prête à la pub. Il n'est qu'à prendre les bars et restaurants, où bocks de bière, verres, sets de table, parasols, tables de bistrot, tout est investi. C'est qu'y séjourne une clientèle particulièrement captive, comme disent les publicitaires. Seul ou en groupe, on y mange, on y boit, on y discute, et on y attend aussi beaucoup. Une situation qui a fait germer le wait marketing, avec l'idée de systématiser l'exploitation publicitaire de tous ces lieux d'attente, transports, individuels ou en commun, files d'attente des supermarchés, cabines d'ascenseur d'hôtel, abribus, postes, remontées mécaniques et porte-skis, parcours de golf, toilettes de bar, ou salles d'attente des praticiens... Des lieux, ou plutôt des moments d'attente, qui donneraient des coefficients de mémorisation exceptionnels, jusqu'à 52 %, si l'on en croit Diana Derval, qui se dit « gourou du wait marketing » et a signé une grosse étude sur le sujet [18]. Alors que dans les médias classiques, télévision, affichage ou internet, le taux ne dépasse pas 15 %.

Après plusieurs années d'hésitation, les taxis se convertissent à la publicité. Pub sur les flancs, une ou deux faces, mais aussi pub intérieure pour les clients avec prospectus et échantillons. Une société spécialisée, Médiamobile, vient de lancer une offre totale pour taxis parisiens et jusqu'au dos des bons de course remis aux passagers. Les marques peuvent

174

y faire leur publicité selon leur choix sur 500 000 à 2,5 millions d'unités, pour une durée de un à trois mois. La publicité s'installe également dans les cabines d'essayage. Une société anglaise lance un réseau dans les 148 magasins Mim, et le Printemps offre un affichage Cab'in dans les siens.

Le temps si précieux d'attente téléphonique recèle lui aussi un potentiel publicitaire qu'il serait dommage d'ignorer. La société Apptera a ouvert en janvier dernier aux États-Unis, une « place de marché » fonctionnant sur un système d'enchères, pour insérer des publicités durant les temps d'attente des appels d'ordre commercial [19]. Mis en attente lors d'une communication avec un supermarché par exemple, on pourrait entendre une annonce pour une promotion locale de ce magasin... ou de l'un de ses concurrents. À en faire regretter la *Marche turque* passée en boucle. Quant au temps passé la bouche ouverte sur le siège du dentiste, il peut aussi être exploité avec des publicités fixées... au plafond du cabinet.

Jamais sans une pub

Quel support a bien pu échapper aux marques aujourd'hui ? Repose-tête dans les avions, manteaux pour chiens, cartes de téléphone ou de parking, tickets de caisse, cartons de pizzas, porte-manteaux dans les premières classes des avions, barres de chariots et tapis roulants des caisses de supermarchés, gobelets des distributeurs à boissons... Dernière trouvaille, les œufs frais avec mini-stickers ou imprimés.

Quant à ceux qui ont des problèmes pour payer la traite de leur voiture, une solution existe : « Roulez tendance, roulez habillé », annonce cette entreprise qui offre de gagner entre 70 euros et 460 euros par mois en portant de la publicité sous forme d'autocollants sur sa voiture [20].

Conditions : rouler quotidiennement en ville, être réfractaire aux parkings... et posséder une voiture en bon état.

Les supports tactiques sont tendances pour la publicité. Leur chiffre d'affaires a explosé en 2005 avec une hausse de 63,5 % et 291 marques s'y sont essayées[21]. Une vague qui ne fait que commencer.

De l'homme-sandwich au ventre sponsorisé

Même si les jeunes occupent une place de choix, nous sommes tous considérés par les marques comme d'excellents porte-drapeaux, achetant et portant des vêtements siglés, utilisant toutes sortes de badges ou de gadgets promotionnels. La meilleure publicité vient du client lui-même. À tel point qu'il devient difficile dans certains domaines vestimentaires de trouver des produits qui ne soient pas ostensiblement estampillés. Les baskets en sont l'exemple le plus criant.

Mais rien ne vaut la force des sigles portés sur soi de façon délibérée. Comme ces hommes-sandwichs des temps modernes, au Canada, arborant sur le bras ou sur le front des tatouages – heureusement pas indélébiles – à la gloire d'une marque de vêtements. N'allez pas croire qu'ils soient rémunérés pour autant ! Tout juste touchent-ils des bons de réduction ou d'achat... pour la marque qu'ils promeuvent, bien sûr. La « location » d'une partie de son corps fait recette, donnant l'idée à une Australienne enceinte de mettre son ventre aux enchères pour le transformer en panneau publicitaire le temps de sa grossesse. Idéal pour vanter les produits pour bébé. Du coup, la méthode fait des émules et des offres de location de son front ou de son ventre apparaissent sur eBay. Et que penser de ces entreprises qui font porter des panneaux publicitaires aux SDF faisant la

176

manche ? Une démarche qui s'est pratiquée en Allemagne, à Amsterdam ou à New York et a même un nom : le bumvertising, ou publicité sur clochard[22].

Vous avez dit gratuit ?

Des tirages photo offerts et envoyés gracieusement à votre domicile ? L'offre est attirante, mais il y a une condition. Une seule : accepter que les portraits et paysages que vous avez cadrés avec tant d'attention soient enrichis d'un bandeau publicitaire de 4 centimètres de large. Des marques proposent sur leur site de télécharger des cartes de visite personnalisées. Pourquoi pas ? Si vous pouvez envisager d'associer vos coordonnées à un logo ou une information commerciale... Un téléphone mobile à 1 euro, une aubaine ? Un peu moins si en contrepartie on contracte obligatoirement un abonnement de deux ans avec l'opérateur. Télécharger de la musique sans payer et sans frauder ? Possible aussi, si l'on accepte des plages de pub en contrepartie.

Sur ce même principe se développe la pratique du prix réduit. En contrepartie de publicités apposées sur l'objet utilisé, on peut bénéficier de baisses de tarifs. Ce peut être au verso des photocopies pour étudiants ou sur les vélos en location libre-service des centres-villes. On peut aussi choisir de louer au mois et à un prix cassé une Smart déguisée aux couleurs d'une campagne publicitaire[23]. Gratuit, semi-gratuit, le fonctionnement économique est le même, il n'y a que l'équilibre financier qui diffère. Si le modèle économique choisi ne peut permettre la prise en charge totale par la publicité, une participation de l'utilisateur sera demandée. Mais ce faux gratuit, ou semi-gratuit, empêche de se rendre compte de la véritable valeur de l'objet considéré.

177

Gratuit ou libre ?

Le gratuit n'est jamais gratuit. Tout objet fabriqué a un prix, on le paye juste autrement, par une contrepartie sous forme de messages publicitaires. Et les coûts de ces publicités sont répercutés sur les prix de vente des produits.

En revanche, le libre peut être vraiment libre. Cette distinction est très sensible en informatique. À côté des logiciels payants, il existe des logiciels libres, diffusés sur le principe du partage. Ils sont développés et améliorés par une communauté d'utilisateurs, comme c'est le cas du système d'exploitation Linux, du navigateur de web Firefox ou de la messagerie électronique Thunderbird.

Quand la culture vient à la pub

Glisser son produit dans une fiction, un spectacle et même un livre ? C'est la garantie de s'adresser à des « cerveaux disponibles », selon la formule de Patrick Le Lay, ex-PDG de TF1. Quand on va au cinéma ou au spectacle, quand on regarde une fiction à la télévision, quand on lit un roman, c'est le plus souvent pour se changer les idées et se détendre. On aurait plutôt tendance à laisser de côté son esprit critique, à donner libre cours aux émotions plus qu'à la réflexion. Les marques interviennent de plus en plus dans tous les domaines culturels sous la forme de placements de produits, selon l'expression consacrée du métier. La profession parle de publicité intégrée, on peut plus clairement parler de publicité déguisée ou de publicité cachée.

178

En douce au cinéma

« Un film n'est jamais que le reflet de la vie, et la vie, c'est aussi les marques qui appartiennent à notre quotidien, justifie Olivier Bouthillier, de l'agence Marques et Films. Leur utilisation crédibilise l'action car le spectateur lui-même se sert régulièrement de produits identiques. L'avantage du cinéma par rapport aux autres médias, c'est que le spectateur mémorise plus facilement ce qu'il voit. Assister à la projection d'un film est un plaisir, pas une contrainte. Il sait qu'il ne va pas subir la publicité et ouvre donc les vannes plus facilement [24]. » Le nec plus ultra du placement de produits, c'est l'exemple des *James Bond* où la voiture (Aston Martin, puis BMW), les boissons (champagne Bollinger ou vodka Martini) du héros font partie du casting. Les marques ont évolué au gré des partenariats, mais elles ont toujours figuré au premier plan. Mais quand le scénario ne prévoit pas une participation aussi éclatante, l'intégration des produits se fait de façon plus complexe. Car plus la marque va parvenir à s'intégrer dans l'univers artistique ou émotionnel du film, plus son message sera intégré lui aussi par le spectateur, et plus elle pourra s'inscrire dans la « mémoire implicite » de celui qui en reçoit l'image.

Des agences se sont spécialisées dans cette activité, pour jouer l'intermédiaire entre la production des films et les marques [25]. L'apparition, même fugitive, d'un produit fait l'objet d'un contrat minutieux qui règle jusqu'au moindre détail son entrée en scène. Car le placement peut intervenir selon une hiérarchie très réglée. Première solution, la plus simple et la moins onéreuse pour la marque : le produit figure durant une ou plusieurs scènes dans le champ de la caméra. Deuxième degré : il est pris en main par un ou plusieurs personnages du film. Quand la situation s'y prête, il peut même faire partie du décor et être utilisé tout au long du film, comme par exemple l'ensemble de la gamme L'Oréal figurant dans le salon de coiffure du film de Gérard Jugnot, *Meilleur espoir féminin*. Troisième degré enfin, le plus cher : le nom de la marque est prononcé par un des héros. Dans *Les Chevaliers du ciel*, sorti fin 2005, l'eau de toilette Fahrenheit de Dior assurait sur les trois tableaux. Bien sûr, le flacon figurait discrètement dans le décor, mais la marque servait aussi de nom de code d'un des deux pilotes et figurait noir sur blanc sur son casque. Enfin, elle était prononcée distinctement à plusieurs reprises : « Allô Fahrenheit ? »...

Bien évidemment, au moment de la discussion des contrats, les agences font aussi valoir aux marques la seconde vie du film, distribution en DVD et diffusions à la télévision. En complément se développe également, quand la marque est très présente dans un film, le partenariat promotionnel pour en accompagner la sortie, sous forme de campagnes d'affichage ou d'opérations de soutien en magasins.

Pour le cinéma, la démarche est avant tout financière, on s'en doute, mais d'aucuns font valoir que les marques permettent aux films de s'ancrer dans la réalité. Leur poids n'est pas déterminant dans les montages financiers des films, puisqu'ils représentent en moyenne de 5 à 6 % des budgets, et de 3 à 5 % en France. Quelle que soit leur taille, de plus en plus de films y ont recours, soit sous forme de participation financière (pour un tiers des placements), soit sous forme de fourniture de matériels ou de logistique, avec une moyenne de quatre à cinq produits par film. Sur ce plan, des films battent des records, comme *Big* qui a mis en avant vingt-six produits différents, *Deep*

Impact en a plébiscité vingt-trois, *American Beauty* quatorze, *Ocean's Eleven* treize et *Minority report* dix-sept[26]. Le dernier *James Bond, Casino Royale*, sorti fin 2006, met en scène pas moins de neuf produits différents, téléphones mobiles, ordinateurs, écrans plats, pour la seule société Sony. Et selon l'accord d'exclusivité passé en amont de l'écriture du film avec les producteurs, les studios MGM et Columbia – filiales de Sony Pictures –, les scénaristes avaient pour mission de les intégrer dans l'histoire.

Des marques infiltrées : alcool et tabac

Les marques de tabac, interdites de pub sur petit et grand écran dans une bonne partie des pays occidentaux, disent toutes très officiellement qu'elles ne pratiquent pas le placement de produits, y compris, depuis 1990, pour les films américains. Adeptes du double langage, elles interprètent les réglementations en vigueur, de manière à ce que leurs produits figurent tout de même en bonne place dans les films. Elles offrent régulièrement des cigarettes, des cadeaux, des services, voire de l'argent aux productions, petites et grandes. Résultat, selon une étude de l'Organisation mondiale de la santé effectuée en 2003, 85 % des films hollywoodiens classés en tête du box-office au cours de la dernière décennie mettaient en scène des marques de cigarettes[27]. Des films récents à gros succès conçus pour tout public comme *Pirates des Caraïbes 2, Superman Returns, Spiderman 3* ou *Une nuit au musée* exhibent des marques de tabac et présentent des personnages en train de fumer. « Dans *36, quai des Orfèvres*, j'ai noté neuf placements de marques concernant le tabac, dénonce Nadia Collot, réalisatrice du documentaire *Tabac,*

181

la conspiration. Daniel Auteuil fume des Marlboro rouges, la comédienne qui joue sa femme des Marlboro light et Gérard Depardieu qui interprète le méchant est aux Gitanes[28]. » La marque Marlboro d'ailleurs, championne hors catégorie, monopolise les écrans et est intervenue dans 71 % des films « fumeurs » répertoriés entre 1990 et 2004. « Un record qu'aucune des grandes vedettes hollywoodiennes de chair et d'os n'a pu égaler », souligne l'OMS. Juste une question de hasard ? Gageons plutôt que le fait d'être le fer de lance de Philip Morris, numéro un mondial du tabac, y est pour quelque chose.

Plusieurs études montrent très clairement que le cinéma influence le comportement tabagique. Les jeunes en particulier, qui voient des acteurs fumer à l'écran, ont davantage tendance à fumer eux-mêmes. Et les adolescents non fumeurs, dont les vedettes préférées apparaissent souvent fumant à l'écran, auront plus tard seize fois plus que les autres une attitude positive à l'égard du tabac. Enfin, les jeunes de 11-14 ans qui ont vu beaucoup fumer dans des films seront trois fois plus susceptibles d'essayer eux-mêmes. Et on peut considérer que pour plus d'un jeune sur deux (52,2 %) commençant à fumer, l'initiation est due aux films présentant des acteurs fumeurs qu'ils ont vus[29]. « Ces résultats montrent très nettement que voir fumer sur les écrans favorise l'initiation au tabac chez les adolescents », conclut l'une des études concernant plus de 2 600 adolescents[30]. Des résultats assez inquiétants pour inciter les auteurs de ces études à initier en octobre 2006 *The smoke free movies campaign*[31], une campagne pour diminuer l'influence sur enfants et adolescents des vidéos et films « fumeurs » produits par Hollywood, prônant que ces films soient classés dans la catégorie adulte et que leur diffusion soit précédée d'une information anti-tabac.

En réaction, Philip Morris, fidèle à sa méthode, lançait aussitôt une campagne de publicité demandant à l'industrie du divertissement d'éliminer délibérément ses produits de tous les films de cinéma et de télévision. « Vous avez le pouvoir d'aider à la prévention du tabac pour les jeunes – en perdant juste un petit soutien », proclamait une de ces annonces[32]. Mais l'entreprise s'est bien gardée en revanche de prendre parti pour le déclassement des films « fumeurs ». Double discours toujours.

En matière de cinéma, les marques de boissons alcoolisées n'ont rien à envier à celles du tabac. Le champagne Bollinger dans *James Bond*, le whisky Jack Daniel's dans *Man on Fire*, les bières Heineken dans *The Matrix Reloaded* et dans le dernier *James Bond*, *Casino Royale*, Red Stripe dans *La Firme*, Coors et Miller dans *Collatéral* ou Guinness dans *Minority Report*, Bacardi dans *The Recruit*... L'impact pour les marques d'alcool est tout aussi important. Ainsi, une étude menée par Jean-Marc Lehu, l'un des spécialistes de la question, sur le film *Minority Report* de Steven Spielberg, sorti en 2002, montre que la marque Guinness, bien que bénéficiant d'un des temps d'exposition les plus courts, était une des trois mieux mémorisées spontanément par les spectateurs[33].

Ces exemples montrent le réel impact que peuvent avoir les produits et les marques judicieusement insérés dans un film. Du côté des marques, cette forme de publicité fait de plus en plus d'adeptes, malgré le risque que représente l'inconnu du box-office. D'abord parce qu'au cinéma les conditions de réception de leur message sont optimales, mais pas seulement. C'est aussi que les écrans publicitaires classiques associés aux films sont dépréciés et de plus en plus zappés. Et l'arrivée des magnétoscopes permettant de sauter les pubs d'un coup de pouce a accéléré le phénomène.

Des chercheurs se penchent à présent sur les différents critères à prendre en compte pour favoriser la mémorisation de la marque par les spectateurs : l'intégration dans le scénario, l'espace et le temps occupés par le produit (la proéminence), le nombre d'apparitions, la visibilité de la marque, le contact avec le héros, ou l'emplacement qu'il occupe sur l'écran. Et certains, se projetant dans l'avenir, imaginent déjà des versions adaptées aux différents publics de la planète, où l'on pourrait d'un coup de palette graphique remplacer un produit par un autre.

Télé : ça ne va pas durer

Aux États-Unis, le placement de produits est habituel dans les séries, les émissions ou les talk-shows. Le produit, dans ce cas, ne se contente pas toujours de faire de la figuration, il peut même devenir lui-même un des personnages de l'action, voire, pourquoi pas, le héros d'un épisode. Dans la série animée humoristique *South Park*, la console PSP de Sony occupe le rôle principal d'un épisode. L'un des protagonistes, qui a réussi à obtenir le nouveau modèle après une attente harassante, traverse la rue l'œil rivé sur le jeu de sa machine et se fait renverser par un automobiliste lui-même accaparé par le jeu. Arrivé au ciel, il est reçu par des anges qui chantent à la gloire de la machine, un exemplaire en or de la console dans les mains. « Cette façon de jouer un rôle dans un film ou dans un dessin animé compte aujourd'hui parmi les moyens les plus classiques pour les marques de rejoindre le monde du divertissement » se réjouit le publicitaire Jean-Marie Dru [34].

Les marques d'alcools ont saisi l'intérêt de ce glissement qui permet à leurs produits d'être activement présents à la

L'Europe change la donne

Mis à part les films de cinéma où les placements de produits passent allégrement, un décret de 1992 interdit tout placement de produits sur le petit écran. Il stipule clairement que « la publicité clandestine, entendue comme la présentation en dehors des écrans publicitaires de biens, services ou marques dans un but "publicitaire", c'est-à-dire dans le but, non pas d'informer mais de promouvoir, est interdite », mais souligne que « lorsqu'elle trouve sa justification dans les exigences de l'œuvre, la présence de marques est parfaitement admise ». Et le CSA insiste sur l'attention particulière que doivent apporter les diffuseurs pour « les œuvres de fiction et d'animation destinées aux enfants et aux adolescents qui ne doivent comporter aucun placement de produits ».

Mais une législation européenne très assouplie devrait intervenir d'ici fin 2008 et changer largement la donne. Déjà adopté par le Conseil des États en mai dernier, le projet de réglementation doit être voté par le Parlement européen d'ici fin 2007 pour une application dans les différents États fin 2008. Le placement de produits serait dorénavant autorisé dans tous les programmes de divertissement, les fictions et les émissions sportives, à condition que les téléspectateurs en soient avertis en début de programme. L'interdiction serait en revanche maintenue dans les journaux télévisés, les émissions d'information et les programmes pour enfants. Chaque État a théoriquement le loisir d'en restreindre l'application s'il le souhaite. Mais, cette décision étant prise pour « rééquilibrer » la concurrence des marques vis-à-vis des autres pays pratiquant déjà le placement de produits, il est peu probable que ce soit le cas.

185

télévision, y compris dans les pays où la publicité leur est interdite. Les marques consommées régulièrement dans *Ally McBeal* ou *Sex and the City*, finement associées au profil des personnages, sont impossibles à déloger.

Toutes ces facilités offertes aux États-Unis font rêver les publicitaires européens où les différentes législations n'ont pas atteint la même souplesse. Tenu par une règle d'interdiction du placement de produits, le CSA relève régulièrement des infractions sur toutes les chaînes : *L'Inspecteur Valence* et une Peugeot s'invitant un peu trop en images et en dialogues sur TF1, *Nestor Burma* et un *France-Soir* trop présent sur France 2, ou un épisode de *Chérie, j'ai rétréci les gosses* tourné dans un McDonald's, sur M6. Mais la réglementation devrait bouger prochainement à l'échelon européen.

Jouez, c'est pour acheter

L'univers virtuel captivant du jeu vidéo est considéré comme un nouvel eldorado par le marketing, qui l'a découvert comme un média « dynamique » en 2004. Depuis, les marques ont vite compris l'intérêt de ce nouveau domaine, encore très peu réglementé, et cherchent à définir des manières d'« intégrer la marque au jeu » ou de « faire du jeu un allié promotionnel pour la marque ». L'objectif principal : toucher le public masculin de 18 à 34 ans, qui passe plus de temps sur les jeux vidéo que devant sa télévision et que les annonceurs ont certaines difficultés à atteindre.

Le jeu vidéo est pour ces marques d'autant plus intéressant qu'il permet l'interactivité avec les joueurs et donc de figurer de façon beaucoup plus subtile que dans les médias plus traditionnels. Advergame, in-game advertising, pub ludicité ou publi-jeu, les noms sont variés, les formes diffèrent, depuis la publicité dynamique jusqu'au placement de produits, voire à la participation de la marque au scénario. Mais le principe est toujours le même : créer le jeu en tenant compte des desiderata des marques afin de promouvoir leurs produits. Et, s'agissant d'un domaine récent, les concepteurs de jeux n'ont pas l'attitude réservée vis-à-vis de la publicité que peuvent avoir des médias plus anciens et sont prêts à inclure des marques dès la phase de conception de leurs jeux.

La forme la plus simple d'intervention d'une marque consiste à placer les publicités ou les produits de façon subtile dans le jeu, pour ne pas avoir une réaction de rejet des joueurs : transformer un magasin avec l'enseigne d'un supermarché annonceur, placer les logos de la marque sur les objets ou les panneaux présents dans les décors... La publicité intégrée sous forme de placement de produits est beaucoup plus efficace et suppose que le joueur interagisse avec lui, qu'il ait besoin par exemple d'utiliser un téléphone ou une carte de crédit. Coca-Cola, Intel, Honda, Universal Music, Paramount, Nestlé, Sony, ou McDonald's y ont déjà eu recours. Reebok a signé un partenariat pour que certains de ses produits soient mis en avant dans des jeux de sport faits par Electronic Arts.

D'autres jeux de bolides permettent de télécharger des autocollants pour customiser sa voiture avant la course. Et la publicité est très friande de tous ces jeux de compétition, car l'investissement des joueurs est total jusqu'à la victoire finale et cela peut durer très longtemps. Selon un responsable d'une société de vente d'espaces publicitaires, « la publicité est en fait un gage de réalisme. Être en relation avec les consommateurs à travers un jeu peut vraiment renforcer l'affinité pour la marque[35] ». H&M de son côté a choisi d'intervenir dans la version des Sims, le jeu le plus pratiqué par le public féminin. La marque y a ouvert en juin dernier H&M Fashion Kit, grâce auquel les avatars des joueurs vont pouvoir choisir leurs vêtements parmi une gamme du dernier cri et créer s'ils le souhaitent leur propre boutique en 3D, au sigle de la marque bien sûr.

Les prévisions de recettes mondiales des publicités intégrées à ces jeux sont en plein boom. Le Yankee Group les voit passer de 120 millions de dollars en 2004 à 800 millions de dollars en 2009. Plus ambitieux, le groupe Massive annonce 2 milliards d'euros pour 2010. Sensibles au potentiel publicitaire que représente ce secteur, tous les grands sont sur les rangs. Google a acheté la société Adscape Media, spécialisée dans le placement de publicités ciblées dans les jeux vidéo et les univers en 3D. De même, Microsoft a racheté la société Massive dont la technologie permet d'insérer des publicités dynamiques adaptées au public visé, et de récupérer des informations pour mesurer l'impact de la campagne orchestrée par la marque.

Le jeu sur téléphone mobile est aussi une piste que les marques ont en ligne de mire. Des sociétés ont mis sur pied une technologie permettant de placer des annonces tout au long du jeu, et même qu'elles soient utilisées par le joueur pour progresser dans le jeu.

Entre musique et roman

Venue d'abord investir le monde des images, la publicité « intégrée » arrive sur la pointe des pieds dans l'univers de la musique. Aux États-Unis, McDonald's a ainsi lancé au printemps 2005 un appel pour recevoir des offres de chansons hip hop réservant une place de choix au terme « Big Mac » dans leurs paroles, avec la promesse de payer de 1 à 5 dollars par passage radio [36]. Et le gin Seagram de son côté est célébré par le chanteur Petey Pablo dans le titre *Freek a leek* qui assure : « Un hourra maintenant pour le gin Seagram, parce que j'en bois et qu'ils me paient pour ça. » Autre formule très efficace, se glisser dans un clip vidéo, comme l'a fait Campari très présent dans *Candy Man* de Christina Aguilera, sorti début 2007. Le metteur en scène, qui a déjà réalisé des publicités pour cette marque, réussit à présenter la boisson en gros plan à cinq reprises dans le clip.

La publicité intégrée à marche forcée

Le placement de produits est une forme de publicité qui progresse très vite : plus de 37 % de progression pour 2006 avec une évaluation globale de 3,36 milliards de dollars pour les placements payés sur l'ensemble de la planète. Et, d'après l'organisme spécialisé PQ Media, les prévisions envisagent une hausse de 30 % pour 2007. Si les États-Unis en représentent actuellement les deux tiers, la proportion devrait baisser dans les années à venir, en raison du prochain assouplissement de la réglementation européenne pour la télévision.

Actuellement, c'est surtout à la télévision que s'épanouit cette nouvelle forme de publicité, avec 71,4 % des investissements, tandis que le cinéma bénéficie de 26,4 %. Reste 2 % que se répartissent essentiellement le jeu vidéo et l'internet, deux domaines qui devraient beaucoup se développer dans les années à venir.

D'après ces prévisions, si le placement de produits dans les émissions de divertissement télévisé devient bien la norme européenne, on peut s'attendre à une explosion de cette publicité cachée sur nos petits écrans [37].

189

Plus étonnant sans doute, la publicité fait les yeux doux aux romans. Il y a bien sûr quelques exemples emblématiques. Gérard de Villiers qui parle de sponsoring pour sa fameuse collection de SAS, dont le héros boit Taittinger, regarde l'heure Breitling ou fume grâce au feu d'un Zippo. Ou Paul-Loup Sulitzer qui reconnaît avoir signé un contrat en 1987 pour citer trois fois la marque Martini dans son *Roi vert*[38]. Mais ils restaient des exceptions. Aujourd'hui, la pratique pourrait prendre un tour différent. Electrolux a fait écrire et illustrer un roman, *Men in Aprons*, vendu sur le site anglais de la marque, dont le héros, *domestically incompetent*, se débat avec les problèmes quotidiens d'un trentenaire qui vient d'être quitté par son amie. Le livre présente des conseils pratiques mais aucune mention de la marque n'y figure. La chaîne Hilton a demandé en 2001 à une romancière d'écrire un livre bilingue, *Les Héritiers*, mettant en scène le Hilton de Paris pour le diffuser à 3 000 clients privilégiés et prévoit de décliner d'autres lieux sur le même principe. La même année, le bijoutier Bulgari a commandé lui aussi un roman, *The Bulgari Connection*, à la romancière Fay Weldon pour l'offrir à sa clientèle. Mais il changea ensuite d'avis au vu du livre, et choisit de le diffuser dans le commerce. En 2004, Ford a chargé une autre auteure, Carole Matthews, de mettre en scène son modèle Fiesta, dans le roman *The Sweetest Taboo*[39]. « Cela a été une superbe occasion pour moi, justifie la romancière sur son site internet. Un engagement avec une marque de premier plan comme Ford m'a ouvert des portes, et assuré une couverture tout autour du globe[40]. » Autre offensive plus problématique dans le domaine du jeune public. L'initiative nous vient des États-Unis où Procter & Gamble a conclu un échange l'an dernier pour que sa marque de cosmétiques Cover-Girl soit citée dans un roman destiné aux adolescentes, *Cathy's Book*. En contrepartie, ce

190

journal intime d'une ado, édité par Running Press, bénéficiait d'une promotion du livre sur le site beinggirl.com des marques Tampax et Always. Le phénomène se développe aux États-Unis où il a été évalué à 26,6 millions de dollars en 2005 par PQ Media.

Le théâtre lui aussi peut séduire et des compagnies penchent pour cette solution. La compagnie canadienne du Faux Coffre propose par exemple sur son site « le placement de produits à l'intérieur même de l'œuvre scénique avec un court échange verbal entre les personnages sur le produit [41] ».

L'internet : une pub multiforme

L'internet, longtemps dédaigné par la publicité, arrive en force et figure à présent dans tous les plans mix marketing des marques. Mais pas tellement sous sa forme classique de bannières s'incrustant autour des pages et aisément repérables par les internautes. Une formule beaucoup trop sage pour des annonceurs et agences déçus par les pages et les spots télé des médias traditionnels. Même le glissement progressif au beau milieu des pages – toutes les cinq lignes sur certains sites américains ! – puis en superposition des textes leur semblait trop convenu. En venant investir le net, la publicité a changé de braquet. Elle recourt à des moyens neufs et très diversifiés, que le néophyte a de moins en moins de facilité à repérer et à éviter s'il le souhaite.

Des liens sponsorisés au rich media : la dynamique au programme

Pas un site sans ses bannières de pub. C'est la forme la plus courante des publicités qui s'épanouissent sur l'internet

191

et représentent 80 % des annonces. C'est aussi la forme la plus repérable pour l'internaute, qui peut facilement les ignorer s'il le souhaite, comme il peut le faire avec les pages de pub des journaux ou les spots télévisés. Les agences se sont donc spécialement attachées ces derniers temps à les transformer et à en renouveler le genre pour les rendre incontournables. En particulier grâce à un outil magique, le rich media dans le jargon publicitaire, qui introduit dynamique et interactivité. D'un coup de clic la bannière s'anime, s'adresse à nous, propose même un jeu ou une visite vers un autre lieu. Parfois même sans clic, au grand dam de nombre d'internautes. Takeover, pop-up ou pop under, ça bouge, ça parle, et ça permet aussi de mesurer le temps que l'on passe devant la pub animée et la durée de nos réactions. Les temps d'exposition et d'interaction disent les professionnels, qui n'analysent pas encore pourquoi l'internaute se débat bien souvent pour arrêter tout ça le plus vite possible, mais ne trouve pas toujours comment.

Les annonceurs ne veulent pas davantage se contenter de liens sponsorisés de plus en plus critiqués et désirent être plus intégrés aux pages consultées. Fraude aux clics, ciblage limité du client, manque de transparence..., les géants du web, Google en tête, revoient leur mode de tarification. Une des trouvailles consiste à proposer des liens sponsorisés au sein des textes eux-mêmes. L'internaute est habitué à passer d'une page à l'autre en suivant des liens textuels qui lui permettent de progresser dans la découverte de son sujet. L'idée est donc venue de glisser aussi dans les textes des liens sponsorisés à partir des mots. Une solution particulièrement intrusive, qui permet de faire apparaître, quand on passe la souris sur tel ou tel mot du texte, une fenêtre contenant une offre commerciale, en relation théoriquement avec le contenu. Ou d'ouvrir carrément une nouvelle page, publici-

192

taire cette fois. Pour pouvoir distinguer ces liens publicitaires des autres, ils sont a priori soulignés de deux traits au lieu
d'un, mais ce n'est pas toujours le cas. Dernière innovation d'une des sociétés spécialisées dans ce genre de services,
Vibrant Media : des liens dans le texte qui déclenchent cette
fois une vidéo de quinze à trente secondes. Une formule
publicitaire qui a déjà réussi à convaincre Nike, Warner,
Microsoft, Ford, Sony ou McDonald's[42].

Des publicités qui ne disent par leur nom : les publiciels ou adware

Autre forme pernicieuse de publicité, les adware sont de
petits logiciels qui viennent s'installer sur l'ordinateur d'un
internaute et affichent ensuite des publicités sur son écran
en fonction de ses habitudes de navigation et des pages
qu'il visite. Théoriquement, il doit s'établir après un
consentement initial de l'utilisateur, mais c'est loin d'être
toujours le cas. Et l'on ne reçoit pas d'information claire
sur la finalité du traitement et les destinataires des informations collectées par le logiciel. Et encore moins sur les
moyens de s'y opposer et la façon de désinstaller entièrement le logiciel, si on le souhaite. Les logiciels d'adware
n'ont qu'un seul et unique objectif : créer le point de
départ d'activités commerciales.

Les cookies à la rescousse

L'avantage pour les marques qui font de la publicité en
ligne, c'est qu'on peut mesurer son efficacité, puisqu'on
peut répertorier précisément le nombre de clics effectués

sur une annonce, donc le nombre de personnes qui la repèrent et la lisent ou au moins la survolent. Mais les annonceurs veulent en savoir plus : combien sont sensibles à la publicité visionnée et, surtout, combien vont être incités à acheter le produit vanté. C'est-à-dire combien de « cliqueurs » deviennent clients. Il existe donc des logiciels qui permettent de décompter combien de clics amènent à un achat immédiat[43]. Insuffisant, disent les marketeurs, qui ont recours aujourd'hui à un logiciel associé aux cookies. Le cookie, c'est ce petit code que le site marchand sur lequel on effectue un achat va déposer directement au cœur de notre ordinateur[44]. Grâce à ce cookie, le site marchand peut suivre pas à pas le cheminement du client sur le web jusqu'à l'achat et déceler ses moindres hésitations. Selon la CNIL, un même serveur peut déposer jusqu'à vingt cookies sur l'ordinateur d'un « client », chacun pouvant atteindre jusqu'à 4 kilo-octets.

Un petit guide très pratique

La Commission nationale de l'informatique et des libertés édite un petit guide, *Halte aux publicités*, téléchargeable sur son site (www.cnil.fr), qui veut aider à comprendre comment divers organismes ont obtenu nos coordonnées, et donne des pistes pour éviter de recevoir de nouvelles sollicitations. Elle liste en particulier l'ensemble de nos droits : d'être informé préalablement, de demander à être radié d'un fichier, d'obtenir une copie des données nous concernant et de s'opposer à une utilisation commerciale. Elle donne aussi les listes d'opposition sur lesquelles on peut s'inscrire et indique dans quel cas il est légitime de saisir ses services. Elle fournit enfin une série de lettres types s'appliquant à différents cas de figure.

194

Widget : la pub à portée des yeux

Le widget, dernier avatar de la technologie appliquée à l'internet, ouvre aussi de nouveaux horizons à la publicité. Contraction des termes *window* et « gadget », le widget est une petite fenêtre que l'on peut afficher sur le bureau de son ordinateur et qui, avantage énorme, s'actualise en permanence : météo locale et comparée, Bourse, enchères, trafic routier ou horaires de la planète... Les annonceurs ont repéré l'intérêt de cette nouvelle technologie qui leur donne l'occasion d'une présence originale et constante à portée du regard et de l'oreille de chaque internaute. Sur un écran habituellement hors d'atteinte. SFR a essuyé les plâtres, suivi par la SNCF, Orange, Nissan, ou H&M. RMC propose un widget pour se brancher d'un clic sur le direct, Eurosport ou LCI pour recevoir un flot de vidéos, la Banque postale un suivi de colis et des distributeurs de films ouvrent par ce biais l'accès à des bandes-annonces ou au compte à rebours jusqu'à la sortie. À ce lien privilégié avec l'internaute s'ajoute un autre avantage de taille pour les annonceurs : la technologie associée au widget, ou à son clone, gadget, lancé par Microsoft Vista, permet de recueillir aussi des données sur le profil de chaque utilisateur. Et les marques ont constaté que l'on donne beaucoup plus volontiers des informations nous concernant lorsque l'on choisit soi-même d'installer un widget. La relation d'empathie avec la marque s'établit beaucoup plus facilement. Fort de ce potentiel, le widget commence à se décliner entre blogs et mobiles. Mais a priori ils fonctionneront comme sur l'internet, uniquement si nous le souhaitons.

Le rush vers les sites de partage

Les sites de partage comme YouTube et Dailymotion sont un lieu privilégié d'intervention publicitaire des marques, soit directement en diffusant des vidéos créées pour l'occasion, soit en mettant à la disposition des internautes qui fréquentent avec assiduité ces sites des contenus sponsorisés. Toutes les marques rêvent que leurs créations soient vite reprises par les habitués de ces sites et circulent ensuite dans un grand mouvement de buzz. Ainsi, pour les fêtes de fin d'année, Coca-Cola a proposé sur le site de partage vidéo YouTube un Holiday Wishcast, offrant aux internautes de partager leurs vœux en vidéos. Chacun pouvait y envoyer sa propre vidéo en carte de vœux, ou en choisir soit une autre dans une galerie de vidéos sélectionnées par Coca-Cola, soit une de celles mises en ligne par d'autres utilisateurs. Point commun : toutes estampillées au sigle de la marque. Et dérogeant au principe habituel de partage communautaire de ce genre de sites, la marque précise bien que le Holiday Wishcast est une marque déposée de Coca-Cola.

La marque Burger King, quant à elle, a choisi MySpace pour créer une page autour de son personnage The King, qui a suscité l'adhésion de 120 000 « amis » venus s'associer à ce profil. La BNP a de son côté opté pour Dailymotion, mais il fallait vraiment le savoir pour s'en apercevoir. Au moment de la déclaration de revenus, de petits films pratiques proposaient des conseils fiscaux judicieux, qu'on aurait crus sortis tout droit de l'administration fiscale et qui renvoyaient à un site plus complet, lemoneymag.fr, encore plus informé sur le sujet. L'information qui manquait cependant, c'était l'auteur du site qu'on découvrait uniquement en allant consulter les mentions légales : lemoneymag.fr était un site du groupe BNP Paribas. Une marque comme Lancôme elle-même intervient régulièrement sur les sites de partage et a prévu d'y publier 200 vidéos en 2007. « C'est une manière pour nous de prendre la parole de manière plus créative et d'exprimer l'audace de la marque, explique son directeur de marketing interactif. Cela nous permet également [...] de nous adresser à une clientèle plus jeune et de rajeunir l'image de la marque[45]. »

Cette arrivée massive des marques sous forme de vidéos n'a en fait rien d'étonnant, puisque la publicité vidéo sur le net atteint aujourd'hui des performances supérieures à celle de la publicité télé – aux États-Unis du moins, selon des tests comparatifs menés en 2007[46]. Conclusions de l'étude : les internautes sont plus attentifs et mémorisent quatre fois plus les publicités que les téléspectateurs. Plus étonnant, ils sont plus nombreux à avoir une opinion favorable pour les marques dont les publicités étaient diffusées et plus enclins à vouloir acheter le produit ou le service vantés. On serait tenté d'en déduire que l'internet pourrait favoriser l'image de marque et que lorsque l'on surfe, seul face à son écran, on est beaucoup plus captif que devant le poste de télévision.

La publicité sur l'internet encourage-t-elle l'obésité des enfants ?

Des chercheurs américains ont récemment dénoncé la publicité en ligne et démontré dans une étude parue en mai 2007[47] comment tout particulièrement la publicité des entreprises agro-alimentaires est aujourd'hui un des pivots de tous ces services gratuits en ligne qui s'adressent directement aux enfants. Selon eux, cette publicité conduit les enfants à adopter de mauvaises habitudes alimentaires, en les habituant à associer le divertissement aux produits de snacking. Exemples à l'appui, ils critiquent l'intervention des entreprises qui glissent leurs logos partout où les enfants passent la majorité de leur temps. C'est-à-dire dans les mondes virtuels et dans les *IMVironments*, ces fonds interactifs agrémentés d'émoticônes animées que des messageries comme Yahoo ! Messenger proposent à leurs utilisateurs. Les marques attirent aussi les enfants vers leurs propres sites avec des jeux interactifs, des vidéos et des compétitions de musique : Kellogg's a créé pour son produit Pop Tarts un site spécifique rempli de jeux et de dessins animés, propose un jeu sur Yahoo ! Messenger et un autre sur le site virtuel Habbo Hotel. Pepsi ou Kraft's[48] ont aussi des *IMvironments* sponsorisés sur la messagerie de Yahoo. Et Kentucky Fried Chicken a recours à un son de haute fréquence audible uniquement par les enfants dans une publicité à la télévision, les incitant à se rendre sur un site pour participer à un concours. « L'immersion est totale, souligne l'un des auteurs de l'étude, Kathryn Montgomery. Ces logos et ces marques circulent tout autour du monde des enfants, avec des signes dont ceux-ci n'ont pas toujours conscience. » Et même si la plupart des marques critiquées ont réagi en soulignant leurs actions en faveur de l'activité sportive des enfants ou pour une autorégulation de leur industrie, les chercheurs demandent que quarante-quatre entreprises de ce domaine dévoilent clairement leur stratégie marketing à destination des enfants.

Des blogueurs rémunérés

Who loves men ? Qui peut bien se poser la question si ce n'est Lancôme ? La marque qui prend soin des hommes leur a en effet concocté une nouvelle gamme de produits anti-âge et a organisé pour le faire savoir une large campagne de e-marketing en avril dernier dans six pays européens à la fois. Achats de mots clés, campagne de pub par bannières, envoi de 7 millions de mails, et une opération d'« infiltration » de blogs d'une douzaine de jours. La marque, fer de lance du e-média pour L'Oréal, a choisi une option souple par « proposition de bannière au blogueur et non par intervention dans son discours, selon Michel Campan, directeur de marketing interactif de Lancôme. On crée un pont entre la marque de luxe et l'internaute. Puis on va plus loin dans la relation [49]. » L'idée est toujours la même : créer une conversation, comme le revendiquent toutes les agences recourant à ces méthodes. En l'initiant au besoin par des réactions de blogueurs rémunérés pour cela.

Dès avril 2005 aux États-Unis, la société de conseil en marketing Marqui rémunérait ainsi une quinzaine de blogueurs pour faire sa promotion : jusqu'à 800 dollars par mois, expliquant que « la réussite repose sur la démarche critique des blogueurs ». Et un site se créait pour faire office de régie publicitaire de blogs, blogads.com [50]. Un an plus tard, une autre agence américaine, Payperpost, incitait les blogueurs eux-mêmes à faire de la publicité sur leur site. Non pas sous forme de bandeaux, mais sous forme de billets positifs, directement rédigés par les blogueurs contre rémunération. Pour être payé, le blogueur doit d'abord s'inscrire sur le site de l'agence. S'il y est agréé, il a alors accès à une liste de propositions de sujets liés à des marques sur lesquels il est invité à écrire, en tenant compte des indications des annonceurs concernés, sous le contrôle de l'agence qui relit tous les billets et en limite le nombre à trois par jour. Point trop n'en faut, et côté annonceurs, comme le fait valoir Payperpost, la méthode peut leur permettre de générer du trafic à peu de frais et de gagner des places dans le classement des moteurs de recherche.

Avec la même idée, Influence, filiale d'Heaven, agence de marketing en ligne, s'est spécialisée en France dans le rôle d'agent pour blogueurs influents et en revendique une soixantaine. « Nous les aidons à générer du chiffre d'affaires via la commercialisation de leur espace (sponsoring, mécénat, divers formats publicitaires, opérations spéciales...) en accord avec leurs choix éthiques et dans le respect de leur liberté éditoriale. S'ils ne souhaitent pas de présence publicitaire, il n'y en a pas. » Les bannières de publicité classiques, en effet, ne sont pas toujours très prisées des blogueurs, mais les agences ont développé avec beaucoup d'imagination diverses façons de faire entrer les marques sur les blogs moyennant rétribution. Le concours est une forme très courue, comme celui de Délichoc pour lequel l'agence Influence proposa à vingt blogs un « concours d'habillage de blogs pour célébrer pendant deux semaines la nouvelle identité graphique des fameux petits gâteaux au chocolat », sanctionné par le vote des internautes et doté de prix en espèces sonnantes et trébuchantes et en kilos de chocolat. Dans ce cas, les blogs se mettent aux couleurs d'une marque et la customisation est visible par tout le monde. Mais la publicité pour la marque peut être beaucoup plus diffuse.

Le blog d'une des stars du domaine, Loïc Le Meur, est une bonne vitrine de tout ce qui peut se faire en relation

commerciale avec les marques, ou presque. Bannières classiques, colonne de liens sponsorisés Google, rubrique
sponsorisée de la photo « mobloguée », avec citation de la
marque d'appareil utilisé et de l'opérateur, liens vers les
sites respectifs, vidéo publicitaire. Quand il parle d'un événement auquel il a participé, d'un produit qu'il a reçu, le
logo de l'organisateur figure toujours en bonne place. Il
est l'un des premiers à avoir publié un publi-post, transpo-
sition pour le web 2.0 des publi-reportages de presse écrite,
rédigé pour les voyages en ligne de la SNCF, et a ensuite
organisé un « débat sponsorisé » sur l'écocomparateur
inventé par le voyagiste. Il présente l'audience de son site
et de son podcast, tout en remerciant les marques qui
annoncent sur son site, et celles sur lesquelles il écrit. Un
vrai fonds de commerce. Modèle à suivre ou présence de
marques excessive, sa pratique est diversement accueillie
par les autres blogueurs, mais elle indique clairement vers
où l'association publicitaire entre marques et blogueurs
– théoriquement indépendants – peut évoluer.

   « Pour devenir numéro un du marché, payez-vous une
équipe de quinze blogueurs », affirmait en mai 2007 sur
des sites choisis du web 2.0 une publicité pour l'agence
Heaven, spécialisée dans le marketing en ligne. Théorie
appliquée en avril dernier par cette agence qui organisait
avec Ariel une « *dirty party* », où les coupes de champagne
voisinaient avec les machines à laver. Objectif : salir des
tee-shirts le plus possible puis les laver et constater, témoignages d'une vingtaine de blogueurs à l'appui, l'efficacité
de l'activateur d'éclat de la lessive. Surprise, la lessive...
lave. Certains testeurs relataient l'événement dès le lendemain. « Chapeau pour l'audace, pour la disponibilité des
équipes Procter & Gamble présentes sur place et pour le
résultat obtenu », dit Damdam sur son blog. Concours de

circonstances ? Damdam est le blog d'un membre de l'agence organisatrice. Rémunéré, conquis par l'efficacité de la marque ou en service commandé ? Un autre auteur de blog présentait sa propre vidéo de la soirée avec conseils personnalisés, un bidon de la lessive présenté au premier plan, et organisait pour l'occasion un concours de photos de tee-shirts « crade/grunge/cool [51] ». Mais pas de chance, un mois après, aucun visiteur n'avait répondu à l'offre alléchante, ni d'ailleurs à celle du concours « Brigades du style », organisé quelques jours après, cette fois pour un fer à repasser Philips. Les lessives ne sont sans doute pas encore des produits assez attractifs pour les blogueurs. En revanche, quand il s'agit d'essayer des produits tendance, les candidats sont sur les rangs. Certains blogueurs bien organisés ont d'ailleurs une rubrique « Testé pour vous », où se mêlent billets d'humeur et réactions plus télécommandées par des marques. Et il n'est pas toujours facile d'y faire le tri.

Cela dit, jusqu'à présent, lorsque l'on visitait la grande majorité des blogs, on était à l'abri de la publicité. Leur notoriété était insuffisante pour en drainer, qu'elle soit visible ou déguisée. Mais TF1 est arrivé et tout va changer. Au moins pour les 550 000 blogs regroupés dans Overblog, le deuxième site français de création et d'hébergement de blogs, que la chaîne vient de racheter. Avec une fine idée : proposer à tous les auteurs qui le souhaitent de se regrouper pour afficher en commun bandeaux, vignettes ou liens publicitaires, et leur offrir en contrepartie une rémunération en droits d'auteur. En mai dernier, 26 000 blogueurs avaient répondu présents et 2 000 seraient déjà rémunérés, avec des revenus de 10 à 1 500 euros. Serait-ce à terme la fin des blogs indépendants ?

La pub devient virtuelle

Après un round d'observation, les marques se bousculent à présent sur Second Life, ce deuxième monde créé en 2003 par Linden Labs. Non avec des apparitions classiques sous forme de placards publicitaires mais avec des activités qui leur sont propres. À univers virtuel, marques bien réelles cependant. American Apparel a ouvert un magasin où les résidents peuvent venir se fournir en tee-shirts ou pantalons virtuels, contre monnaie sonnante et trébuchante et bons de réduction valables dans la « première vie ». Dell a investi une île et y vend des ordinateurs virtuels mais aussi d'autres bien réels. La bière Budweiser y fait circuler des hôtesses. L'agence de presse Reuters a ouvert un bureau avec un correspondant, Adam Reuters, qui traite des événements de cet univers clos et se charge des échanges d'informations entre les deux mondes. Adidas vend dans son magasin une paire de chaussures qui confère une démarche bondissante à ses acheteurs. Orangina a créé une université virtuelle pour former les meilleurs buveurs de cette boisson à bulles. Le divertissement n'est pas oublié avec la Warner Bros qui y produit des fêtes pour découvrir des artistes en avant-première, ou la BBC qui diffuse sur une île tropicale un vrai festival organisé en Angleterre. Les constructeurs automobiles, Nissan, Toyota ou General Motors, les chaînes d'hôtels, ou les marques de luxe, Lancôme, Jean-Paul Gautier, s'y installent. Certaines y montent des conférences de presse, d'autres ne jurent plus que par ce lieu privilégié pour organiser des réunions de créatifs. Il y a même comme dans la vraie vie un institut d'études, Repères, qui a mis sur pied un panel d'avatars, y réalise des études quantitatives et des entretiens qualitatifs en face-à-face et développe des tests d'innovation. Tout un faux monde avec des marques aussi vraies que les vraies.

Quel intérêt les marques tirent-elles de leur présence dans ce petit microcosme du net ? Il est vrai qu'avec ses 5,7 millions d'adeptes inscrits en avril 2007 venus des quatre coins de la planète et son 1,3 million de résidents actifs dont 104 000 Français, Second Life fait beaucoup parler de lui. Voir ces résidents virtuels évoluer dans une vie parallèle a suscité un gros brouhaha médiatique. Mais l'intérêt réel est ailleurs. Les entreprises de technologie, IBM, Sun, Cisco, Dell..., y voient un énorme laboratoire d'expérimentation pour leurs produits. Les autres un gigantesque panel mondial pour tester des nouveautés ou inspirer leurs activités dans la vie vraie. Et toutes sont très attentives à tirer le meilleur parti de l'observation des comportements de ces avatars, libérés de tous complexes et qui expriment leurs opinions sans retenue.

Singeant ce système de faux-semblant, des sites clones ont poussé, y compris pour les ados ou les enfants. C'est le cas de Habbo, développé en France à partir du site américain Habbo Hotel[52], avec le partenariat de M6, « une communauté virtuelle où tu peux rencontrer tes amis – ou t'en faire de nouveaux –, participer à des jeux et décorer ton propre appart ». Un univers virtuel, donc, où les jeux sont officiellement annoncés sponsorisés. Le membre de Habbo peut aussi y construire sa page personnelle, participer à des concours, ou encore rallier un « clan » : « Rejoins un collectif, regroupe ton gang, crée un fan-club, fais-toi de nouveaux amis ou traîne juste avec de vieux potes. Habbo clans est ce que tu en fais ! » Est-ce un hasard ou bien les participants ont-ils déjà un esprit très « marqué » ? Certains clans se dénomment Chupa Chups ou

Nutella'ttitud. Si l'entrée dans la communauté Habbo est gratuite, ensuite tous les échanges et les jeux se monnayent sous forme de « crédits », au coût unitaire de 16 centimes d'euro. Pour se les procurer, le site propose six modes différents adaptés au jeune public, par carte prépayée, carte bancaire, audiotel, mais aussi, beaucoup plus simple, en faisant porter les dépenses sur les prochaines factures d'accès à internet ou de téléphone – « C'est si simple d'acheter des crédits avec internet : deux clics suffisent » –, un achat limité toutefois à 60 euros par mois. Et, cerise sur le gâteau, on peut obtenir trois unités gratuitement chaque fois que l'on fait venir un invité. Coïncidence, quand on parle de « crédits » ? Les bannières publicitaires affichées en vis-à-vis sont occupées par des institutions financières, Cofidis ou la banque en ligne Monobanq, qui propose d'un seul clic une offre de bienvenue. Pour jeune public déjà captif.

Les grands espoirs de la pub mobile

La publicité mobile, c'est l'objectif clé des grands acteurs des nouvelles technologies qui ont tous repéré la manne qu'elle peut à terme représenter. Ce petit écran portable, détenu rien qu'en France par plus de 51 millions de personnes, est devenu le premier média potentiel, devançant même la sacro-sainte télévision. « Le mobile permet aux annonceurs d'accéder à un niveau de personnalisation inconnu dans les autres médias », souligne Bill Gajda, l'un des responsables de la GSMA. Cette association internationale qui regroupe 700 opérateurs mondiaux et représente 2,4 milliards d'utilisateurs vient de lancer en mai dernier une grande campagne de promotion pour faire décoller la publicité sur les mobiles. Des marques y recourent déjà régulièrement, la Société générale, Sony Ericsson ou Universal essentiellement sous forme de campagnes par sms, mms ou vidéos. Avec une contrainte : la pratique de l'opt-in, comme pour les publicités par e-mails, qui suppose d'avoir l'accord du destinataire au préalable.

Pour les professionnels, le véritable frein à l'arrivée massive de la publicité sur le mobile, c'est le niveau insuffisant d'utilisation des appareils, car s'il y a en France 15 millions de mobinautes qui surfent sur l'internet avec leur appareil, ils ne le font pas assez. Pour étendre cette pratique, il faudrait généraliser les formules illimitées, comme cela a été le cas au Japon en 2006. Pour l'instant les opérateurs font la sourde oreille, sauf Bouygues Telecom qui propose un forfait mensuel. Certes, l'arrivée des forfaits illimités sera un véritable avantage pour tous les détenteurs de portable mais, revers de la médaille, elle s'accompagnera automatiquement d'un fort développement de la publicité.

Dans les starting-blocks, les grands opérateurs de téléphonie ont passé des accords de partenariat avec les géants du lien sponsorisé que sont Google, Yahoo !, Microsoft, ou AOL. Et tous veulent devenir les acteurs incontournables de la publicité sur mobile, persuadés qu'une bonne partie des recherches sur l'internet se fera dans l'avenir à partir de téléphones portables. Leur objectif : instaurer un nouveau système de ces liens sponsorisés qui prospèrent si bien sur l'internet, le click to call, le click pour appeler, dont le principe est très simple : lorsque l'on fait une recherche sur un moteur de recherche avec son portable, des liens sponsorisés apparaissent, et si l'on clique sur l'un d'eux, on se trouve aussitôt mis en relation téléphonique avec l'annonceur correspondant. Météo ou actualités locales, recherche de photos ou de petites infos..., tout peut très vite être envahi de bannières de publicité ou de liens sponsorisés. Gare à celle ou celui qui, surfant trop vite avec son portable, se retrouvera branché d'un coup de clic avec le central téléphonique d'une marque, avant même de l'avoir décidé.

En première ligne aussi, les services géolocalisés et les flashs codes, ces codes-barres que l'on photographie avec son portable et qui renvoient vers une information ou une promotion diffusée sur un site internet. Tout ça devrait prendre du temps, mais sans doute aller plus vite que pour l'internet, car les annonceurs veulent tirer parti de l'expérience de ce média hors norme qui a eu besoin d'une bonne dizaine d'années pour être vraiment investi par la publicité.

D'ores et déjà une piste se développe : les communications gratuites. Une aubaine ? Pas vraiment, parce qu'il y a une contrepartie sous forme d'écoute ou de lecture de pub par sms ou mms[53]. Les jeunes sont les premiers convoités, on s'en doute, par les agences qui se spécialisent dans ce domaine et cherchent à passer des accords avec annonceurs et opérateurs. Des marques comme Coca-Cola, L'Oréal ou Buena Vista, maison de production de Disney, ont déjà signé avec une société anglaise qui dit viser les 16-24 ans[54]. Et beaucoup de jeunes préféreront choisir cette formule plutôt que d'affronter leurs parents ou le découvert de leur compte en banque, pour cause de forfait mobile explosé.

L'autre direction publicitaire étudiée avec la plus grande attention par les marques n'est autre que celle de la future télévision sur portable ou baladeur vidéo, qui devrait se développer à partir de 2008, avec l'arrivée d'une nouvelle norme de diffusion. Une formule très attendue car elle ne serait pas aussi réglementée que la télévision, puisque dans le projet de législation européenne, Télévision sans frontières, qui doit être voté d'ici fin 2007, l'initiative serait laissée à l'autorégulation des opérateurs. Ce qui laisse le champ ouvert à une interprétation peu restrictive de la place de la publicité sur les nouveaux écrans.

Les opérateurs et fabricants de téléphone s'accordent tous pour dire que, selon leurs études, 90 % des utilisateurs ne seraient pas opposés à la publicité sur portable. Et selon diverses expériences menées par des annonceurs, le mobinaute serait plus réceptif à ce type de publicité qu'à celle sur l'internet. Et plus réactif : Coca-Cola a ainsi fait une campagne en France en novembre 2006 touchant 10 000 personnes en dix jours qui a entraîné 62 000 téléchargements : 6,2 % de remontées, comme disent les gens de marketing [55]. Du jamais-vu. C'est que le rapport très personnel que chacun entretient avec son portable le rend spécialement sensible à tous les messages qui lui parviennent par ce canal. Nous voici prévenus.

En se démultipliant et en jouant au touche-à-tout, la publicité se fait aussi très envahissante. Quel support, quel lieu restent encore à l'abri de son appétit ? L'un des papes du marketing, Philip Kotler, ne dit rien d'autre quand il affirme : « L'ambition de la publicité n'est pas d'énumérer les caractéristiques d'un produit mais de vendre une solution ou un rêve. Il s'agit d'aller à la rencontre des aspirations des clients. Mais à force de promettre au consommateur la réalisation de ses rêves, on finit par le rendre méfiant. [...] Pour ma part, je suis convaincu que les entreprises feraient mieux d'investir davantage d'argent et de temps dans la conception de leur produit, afin que celui-ci soit réellement exceptionnel, et moins à tenter de

208

manipuler psychologiquement les perceptions des consommateurs par le biais de campagnes publicitaires[56]. » Ce n'est cependant pas la direction qui semble être prise par la profession qui, pour une bonne part, voit l'avenir s'orienter davantage encore vers le divertissement. « Il nous faudra imaginer de la publicité que les gens aient envie d'aller voir, résume le patron d'une agence parisienne. On va devenir des producteurs de contenus qui entreront directement en concurrence avec les programmes. On peut même imaginer que le consommateur acceptera de payer pour télécharger une publicité, au même titre qu'un morceau de musique[57]. » Dans ce cas, on parviendrait à la confusion ultime, la publicité ne serait plus un moyen au service d'une marque ou d'un produit mais deviendrait un but en soi. Et très vite, il faudrait en venir à faire de la pub... pour la pub ! La meilleure preuve des limites de cette discipline.

6

Les marques, de nouveaux médias ?

Sans nous en rendre compte, nous assistons à une véritable révolution. Celle à laquelle se livrent sans faire de bruit les marques de grande consommation depuis quelques années en réorientant radicalement leurs façons de s'adresser à nous. Elles ne veulent plus seulement communiquer vers nous, sous forme de messages publicitaires ou d'actions de promotion. Elles disent, et c'est radicalement nouveau, vouloir nous divertir et nous informer. Grâce aux nouvelles technologies qui leur permettent d'entrer directement en contact avec leurs différents publics, elles ont découvert qu'elles pouvaient instaurer un nouveau rapport avec eux. Par l'entremise de méthodes marketing de plus en plus subtiles, comme on l'a vu précédemment, mais pas seulement [1]. Elles ont aussi choisi de pénétrer dans deux domaines qui leur étaient jusque-là fermés, le divertissement et l'information. Pour nous amener par les moyens les plus aimables à tisser des liens privilégiés avec elles. « Les messages et le média se confondent, se félicite le publicitaire Jean-Marie Dru, le réel et le virtuel s'enchevêtrent, le tangible se nourrit de l'intangible et les marques finissent par devenir des médias [2]. » Les marques, des médias ? C'est-à-dire des supports susceptibles de nous informer en toute indépendance ? On est en droit d'en douter.

Les marques, nouveaux auteurs de divertissement

C'est le placement de produits qui a tout déclenché. Est-ce d'apparaître dans une œuvre audiovisuelle, une chanson ou un jeu vidéo, qui leur a donné la grosse tête ? À côtoyer les stars, à entendre pousser la chansonnette, il est venu l'idée aux publicitaires de pousser les marques à franchir un pas de plus pour aller se glisser directement derrière la caméra. Plus question de faire de la figuration, plus question de se contenter de citations dans un dialogue ou un bout de chanson. Les marques ont décidé de prendre les commandes et de devenir réalisateurs de cinéma, producteurs musicaux ou concepteurs de jeux vidéo. C'est ainsi qu'est né un beau matin le brandtertainment (contraction de *branded entertainment*) ou divertissement de marque.

Les annonceurs l'ont vu, les œuvres artistiques quelles qu'elles soient sont pour eux un support de premier choix pour entretenir des rapports privilégiés avec les consommateurs. Plus longues, plus souples et moins décriées que les formats publicitaires classiques, elles permettent d'intégrer complètement la marque et d'associer un message publicitaire à un instant de détente. La nouvelle donne consiste donc à créer un scénario original, ludique ou divertissant, chargé de toucher la sensibilité ou la fibre humoristique du spectateur, pour le plus grand bénéfice de la marque. Si le spectacle est de qualité, plus de problème de zapping. Les publicitaires rêvent déjà de se retrouver en tête de tous les box-offices.

Les marques font leur cinéma

« Empruntées à l'univers du cinéma, la magie et la féerie du spot nous rappellent les grands films d'animation », fait

214

miroiter l'agence de Coca-Cola au moment de l'unique diffusion du film *Happiness Factory* en exclusivité sur TF1, en décembre 2006. « Chaque bouteille de Coca-Cola est une explosion d'émotions, un capuchon se catapulte en y laissant ses dents, une majorette coordonne la parade et balance entre charme et autorité... le départ d'une bouteille déclenche un feu d'artifice d'optimisme[3]. » Tout un programme pour cinémascope... en une minute trente chrono. Un peu court pour un film mais bien trop long pour être catalogué comme un spot de pub. C'est la nouvelle tendance qui fait rêver bien des agences de publicité. Allant encore plus loin dans ce recours à tous les feux du cinéma, Coca-Cola a fait réaliser plus récemment un court film d'animation pour célébrer la sortie d'une nouvelle bouteille, *Aluminium Music Bottle*, réservée aux clubbers branchés des grandes villes. Peu avare en moyens, la marque a fait appel à plusieurs artistes du monde de la musique et de l'animation. Le but : créer un véritable événement artistique. Le film s'est donc affranchi des codes du clip publicitaire et offre une ballade, très joliment mise en scène, passant d'un univers paradisiaque à la Douanier Rousseau au monde sans âme d'une ville postmoderne en BD, avant de nous faire voler vers un ciel enchanteur où règnent grâce et harmonie. Le héros de l'histoire a pris la forme stylisée d'une bouteille très ventrue. Aucun logo, aucun signe de la marque, même les codes couleurs utilisés évitent les sempiternels rouge et blanc. Mais le message, lui, passe : il suffit d'une petite bouteille magique et le monde devient merveilleux. Il circule même à grande vitesse grâce au buzz qui s'est vite saisi de ce nouvel objet publicitaire non identifié. Volvo, de son côté, a choisi de tourner des mini-programmes, saynètes à l'intérieur de l'habitacle et diffusés sur l'internet. « On ne sait pas si c'est de la publicité ou de l'interactivité. Il y a une sensibilité à la marque qui se crée, une vraie relation intime avec elle », apprécie Mercedes Erra, présidente de RSCG France[4].

Les séries télévisées tentent aussi beaucoup les marques. Unilever a ainsi conclu un partenariat avec la Century Fox pour lancer une série parallèle à la série culte *24 heures chrono*, dans laquelle des produits de la marque sont mis en scène avec, disent les publicitaires, « une expérience de divertissement pur ». Pour les professionnels, le mouvement est irréversible et, comme le prévoit un responsable marketing, « dans trois ans, l'avenir du web 2.0, ce seront des épisodes de séries inventées pour des marques sur des téléphones mobiles[5] ».

Des jeux, en petits et grands formats

Le jeu vidéo subit la même évolution que pour le cinéma. Certaines marques deviennent l'ordonnateur de jeux et font de l'advergame, selon le langage marketing. Ce n'est plus de la pub dans le jeu mais du jeu-pub, et tout le jeu devient une immense pub. Ford a ainsi à son actif un jeu de compétition automobile, *Fordgame*, avec des Fiesta. Burger King a produit trois jeux vidéo avec ses personnages emblématiques pour la Xbox, un jeu de voiture, un jeu de combat et un jeu d'action. Adidas fit créer, au moment de la Coupe du monde de foot, *The Impossible Team*, un jeu en ligne pour faire jouer ensemble au moins 200 000 fans parmi les 34 millions de joueurs en ligne tout autour de la planète. Le jeu consistait à recruter les membres d'une équipe de foot dans un monde virtuel, de les équiper en produits de la marque et de les lancer dans la compétition.

216

Qu'est-ce qui fait le succès d'un advergame, d'un jeu en ligne publicitaire ? Tout est affaire d'équilibre, selon Garry Kitchen, président de Skyworks, société pionnière dans ce domaine aux États-Unis depuis plus de dix ans. « Si c'est ludique sans que les utilisateurs ne ressentent l'"esprit de la marque", celle-ci a perdu son argent. De l'autre côté, si vous écoutez trop le message de la marque, les joueurs viennent faire un tour mais ne restent pas. Ce qui compte fondamentalement, c'est l'esprit intrinsèque du jeu[6]. » Autrement dit, il faut que le jeu soit de qualité et que la marque ne soit pas plaquée, mais astucieusement intégrée. Après Ford et Adidas, Pepsi, Nabisco ou AOL ont pris la balle au bond. Et les joueurs, qui baignent dans la pub autant que dans le jeu depuis l'enfance, ne semblent pas s'en plaindre.

Tous ces jeux lancés sur l'internet n'ont rien d'innocent. Ils ne sont pas là pour divertir les visiteurs des sites, mais pour les cerner davantage. Comme le promet à ses marques clientes Concoursmania, organisateur de jeux-concours : « Vous pouvez effectuer un ciblage sur une trentaine de critères : civilité, âge, centres d'intérêt, comportement et fréquence d'achat, canaux de commande privilégiés (internet, catalogue papier...). » L'argument fonctionne puisqu'il y aurait eu 10 500 jeux-concours organisés sur l'internet en 2006 en France, selon cette société[7].

Quant aux jeux sur téléphone portable qui commencent à se développer, ils apportent, comme les jeux sur audiotel, de nombreux avantages à leurs organisateurs : « La communication sur [la] marque est plus riche grâce aux enregistrements sonores (voix, musique...), l'interactivité avec [les] clients/prospects est renforcée[8]. » Cerise sur le gâteau, l'opération génère des revenus grâce à la fonction kiosque (réservation de places de concert) de ces médias.

217

Toujours plus de jeux, toujours plus de divertissement. Dans le même esprit, Coca-Cola a ouvert un premier parc entièrement dédié à sa gloire. The New World of Coca-Cola[9] d'Atlanta propose une série d'attractions : un film *Inside the Happiness Factory*, pour « goûter un peu de la magie qui entre dans chaque bouteille de Coke », la visite d'une usine d'embouteillage pour voir le breuvage se réaliser sous vos yeux, un musée retraçant l'histoire grandiose de la marque, un spectacle renversant en 4D avec un savant excentrique à la recherche du secret de la célèbre boisson, une galerie exposant les œuvres des artistes que la marque a inspirés, une salle de tests pour goûter soixante-dix produits des quatre coins de la planète et toutes les sortes de Coca, une autre pour déguster les « moments magiques » que permet de vivre le fleuron des publicités de la marque, la rencontre du fameux Polar Bear, emblème de la marque... la visite finissant dans un magasin débordant de tous les produits dérivés. Le tout pour 14 dollars par personne (à partir de 13 ans). La meilleure façon de suivre la nouvelle injonction mondiale de la marque depuis l'été 2006 : « Prends la vie côté Coca-Cola. » Comme le souligne un de ses communiqués, l'impératif « ancre un message simple et optimiste : boire un Coca-Cola, c'est associer le plaisir d'une boisson pétillante et rafraîchissante avec l'énergie qui nous incite à vivre notre vie de manière positive[10] ».

Quand les marques disent informer

Comment garder à tout moment la haute main sur l'information qui peut être véhiculée sur son compte ? Les marques ont toujours été obsédées par cette préoccupation. Question d'autant plus sensible à présent que l'internet permet de faire circuler à grande vitesse tout et n'importe quoi et que, dès qu'une critique est formulée à leur encontre, elle fait aussitôt le tour de la planète. Il est donc important pour elles de donner l'impression qu'elles s'ouvrent sur le monde extérieur, qu'elles sont plus accessibles, plus disponibles et à l'écoute de leur public. Tout en gardant plus que jamais une totale maîtrise de leur image. Une seule solution selon elles : faire de l'information. Ou plus exactement faire passer leur communication de marque pour de l'information exhaustive. Elles se sont donc adjugé toute une panoplie de nouveaux moyens : magazines de marque, sites internet spécialisés, podcasts et même chaînes de télévision.

Communication ou information ?

Quand une marque veut promouvoir un produit ou entretenir son image, elle utilise différentes techniques publicitaires, encarts, affichage, annonces radio, spots télévisés, communiqués de presse... bref, elle communique un message qui lui est propre et qu'elle maîtrise de bout en bout.

En revanche, quand un média publie dans un quotidien ou un journal radio ou télévisé des nouvelles sur une marque, il recourt à diverses techniques journalistiques, reportages, interviews, enquêtes d'investigation, chroniques critiques..., il transmet, en toute indépendance, une information. Et la marque n'a par principe aucune emprise sur l'information délivrée en final à l'auditeur, au lecteur, au téléspectateur, ou à l'internaute.

Avec les nouvelles technologies à leur disposition, les marques veulent diffuser elles-mêmes ce qu'elles souhaitent qu'on considère comme des informations mais qui sont en fait de nouvelles formes de messages.

Les marques : des experts du conseil ?

« Si EDF ne vous dit pas comment faire des économies, qui le fera ? » L'argument développé dans une grosse campagne de communication en 2006 semble évident. Qui donc mieux qu'un fournisseur d'électricité pourrait nous donner les meilleurs conseils pour économiser cette énergie si précieuse ? On aimerait bien y croire, mais la réalité est plus commerciale. Et le rôle de conseiller privilégié, dans lequel se glissent aujourd'hui les marques, a pour seul but d'établir un nouveau rapport de confiance avec des consommateurs jugés trop inconstants. Le conseil, nouvel outil de marketing relationnel des marques.

Vous surfez tranquillement sur le net quand un mail intempestif vient interrompre votre balade[11] : « Vous savez que boire de l'eau, c'est essentiel pour garder la forme et l'équilibre au quotidien. Mais savez-vous qu'en choisissant l'eau Taillefine, vous pouvez en plus compléter vos apports en calcium et en magnésium ? Eh oui, l'eau de Taillefine est source de calcium & magnésium ! Mais à quoi sert le magnésium ? Vos apports sont-ils suffisants ou appartenez-vous au 75 % des Français qui présentent une carence ? Le calcium contenu dans l'eau est-il identique à celui des produits laitiers ? Quels sont les besoins en calcium aux différentes étapes de la vie ? Pour tout savoir et gagner peut-être une journée conseil avec notre spécialiste en nutrition, rdv sur le site www.eautaillefine.fr. » Sur le site en question, un « focus santé » vous livre sur un ton très professionnel tous les secrets sur les bienfaits du calcium et du magnésium : pourquoi en consommer, à quoi ils servent, quels sont les apports nécessaires et où on les trouve. En résumant, il faut consom-

220

mer 360 milligrammes de magnésium en moyenne chaque jour, et les aliments riches en magnésium sont dans l'ordre chocolat et cacao, oléagineux (amandes, noix noisettes...), légumes secs, céréales complètes, mais aussi les légumes à feuilles vertes comme les épinards ou l'oseille et les fruits de mer. Problème, souligne le site, ces aliments sont souvent ca-lo-ri-ques. Heureusement, 1 litre de notre eau miraculeuse apporte 45 milligrammes... et zéro calorie. Équivalence et images suggestives – assiettes remplies de noix, ou de fruits secs, plaque de chocolat et pain complet – accompagnent les légendes : l'apport de 1 litre d'eau de la marque équivaut à celui de 30 grammes de noix et 202 kilocalories, 4 carrés de chocolat et 206 kilocalories, 70 grammes de figues séchées et 167 kilocalories, 55 grammes de pain complet et 129 kilo-calories. Tout juste si on lit l'allusion aux 50 grammes d'oseille et leurs 12 kilocalories. Et curieusement, rien ne figure sur les épinards, les légumes secs ou les fruits de mer, des aliments pas spécialement caloriques et très bénéfiques pour la santé. Ou comment livrer une information parcel-laire pour inciter l'internaute à se gorger d'eau de la marque. D'autant plus incomplète que cette présentation, savam-ment découpée en petits spots faciles à lire, ne donne jamais les sources des informations délivrées et ne replace à aucun moment ces apports dans le cadre plus large des recomman-dations nutritionnelles officielles, par exemple celles du Pro-gramme national nutrition santé (PNNS), seule véritable garantie de véracité. Mais on y apprendrait alors que les apports nutritionnels recommandés sont à aller chercher dans les seuls aliments et que, pour l'eau, il est nettement conseillé de la boire... au robinet. Quant à l'Institut national de préven-tion et d'éducation pour la santé (INPES), il recommande à ceux qui consomment de l'eau minérale de surtout faire atten-tion à en changer régulièrement. Et donne aussi des éléments de prix comparatifs qui valent de nombreux discours : une consommation de 1 litre d'eau par jour revient à 0,03 euro de dépenses mensuelles en eau du robinet et à 4 euros en eau de source. Mais c'est que le marché des eaux plates embouteillées, qui comprend plus de 110 marques concurrentes, est un marché prometteur avec une production en France de 6,8 milliards de bouteilles par an, et une consommation de 145 bouteilles en moyenne par habitant[12]. Et plus particulièrement sur ce marché créé de toutes pièces de l'« eau minceur », Danone a inventé l'eau Taillefine – il n'y a pas de source naturelle de cette marque, on s'en doute – non pour répondre à un besoin mais pour concurrencer l'eau Contrexéville de son grand concurrent, le groupe Nestlé. Des enjeux commerciaux colossaux.

Des magazines de marque aux sites et émissions vidéo

Le plus ancien moyen à la disposition des entreprises pour cultiver les relations avec leur cible, c'est bien sûr le service consommateur. Un service incontournable que tout acheteur attend d'une marque, lorsqu'il se pose des questions sur le produit qu'il vient d'acquérir. Pourtant, certaines entreprises n'assurent même pas le minimum, font payer les appels et mettent à disposition des moyens nettement insuffisants. Il n'est qu'à faire allusion aux temps d'attente facturés au prix fort par les fournisseurs d'accès à l'internet. Dans ce cas, l'image de la marque en prend un sacré coup. Mais curieusement, certaines entreprises en plein boum économique s'en désintéressent et attachent plus d'importance au coût financier que représente un service consommateur digne de ce nom. Surtout quand le produit ou le service vendu laisse à désirer et

222

provoque une avalanche de demandes d'éclaircissements techniques.

Pour établir un rapport plus continu avec les clients, se sont multipliés depuis une quinzaine d'années des consumer magazines, ou magazines de marque – la formule française étant pour l'occasion plus fidèle à la réalité du produit que la formulation américaine de « magazine pour consommateurs ». Ces journaux, créés par des agences spécialisées pour des marques, des grands magasins ou des distributeurs, associent habilement reportages, fiches pratiques, entretiens et bons de réduction. Ils entrent dans les foyers de manière beaucoup moins agressive que les dépliants publicitaires et font valoir l'idée que les marques peuvent être compétentes en matière de conseils de vie quotidienne. En particulier dans tout ce qui concerne la santé. Sous les dehors journalistiques d'un « vrai » journal, un magazine de marque a pour seul rôle de créer des liens avec des consommateurs volages. Et la forme peut subtilement varier selon le type de clients que le magazine souhaite viser. « Plus on s'adressera aux prospects, plus la marque devra être absente, c'est-à-dire plus l'information devra primer, explique Édouard Rencker, PDG de l'agence Séquoia. Parce que, pour construire une relation avec un individu qui n'éprouve a priori pas d'attirance pour vous, il faudra fortement attiser son intérêt. En revanche, plus vous vous adresserez à vos clients, plus la marque pourra prendre la parole [13]. » C'est ainsi que nous pouvons avoir entre les mains plutôt un magazine d'image, un magazine relationnel ou un magazine transactionnel, selon que la marque se fixe un objectif de recrutement visant des prospects, de fidélisation de l'ensemble de la cible ou de transformation pour ses clients les plus proches. Rien n'est fait au hasard. Quant au prix qui figure sur la couverture, encore un subterfuge, il est rarement réellement payé par les lecteurs. « C'est toujours valorisant pour le client d'avoir un prix sur la couverture, même si le magazine est offert. Le payant permet de se rapprocher des codes de la presse, pour donner de la valeur au titre. C'est surtout par souci de crédibilité [14] », explique Karine Sentenac, responsable du développement de l'agence Textuel. Les magazines d'enseigne ont connu leur âge d'or à la fin du siècle dernier, avec des chiffres de diffusion records de 2,4 millions d'exemplaires pour *Vivre Champion* et un nombre de magazines qui a grimpé jusqu'à 174 en France, pour redescendre aujourd'hui autour de 125 [15]. Tous les domaines se sont intéressés à ce nouvel outil « relationnel » : banque, assurance, alimentaire, voyage, culture, grande distribution, et même les marques de luxe n'y sont pas indifférentes. Et la plupart donnent dans le conseil éclairé, en phase avec leur fonds de commerce : *Ikea Family Life* couvre le large domaine de la décoration, Mobalpa se spécialise dans l'aménagement de la cuisine, Virgin promet le « magazine 100 % culture 100 % plaisir », *Danone et vous* prévoit de « faire de l'alimentation votre alliée santé », *C'Clair* de Leclerc offre de « vous informer clairement, simplement » et le *Canopée* de Nature et Découvertes développe son axe sur la protection de l'environnement. Mais la rapide prolifération du haut débit a amené de nombreuses marques à faire évoluer la fréquence de leurs magazines, voire à en arrêter la diffusion, comme l'a fait récemment *Epok*, l'hebdomadaire de la Fnac.

S'ils n'ont pas tous disparu, les consumer magazines sont relayés sur l'internet par de nombreux webzines de marque, déclinaisons des formules papier, ou nouvelles créations. « Il aura fallu peu de temps aux marques pour saisir avec quelle facilité il devenait possible, avec les nouvelles technologies, de produire du contenu et de diffuser de l'information de manière immédiate et peu coûteuse, aujourd'hui sur le web, demain sur le mobile », constate Georges Lewi, spécialiste des marques[16]. De nombreux sites de marques donnent ainsi à la fois dans le conseil et le ludique. À la manière des magazines pour enfants, ils multiplient les portes d'entrée, et alternent des rubriques « Jeux » et des sujets « Découverte ». Certains sites conseils sont intégrés au site de l'entreprise qui l'édite, d'autres ont une adresse autonome. Et, comme pour les magazines papier, si les uns se revendiquent clairement de la marque dont ils mettent en avant le logo et les liens étroits avec ses produits, d'autres avancent plus incognito, glissant subrepticement des liens vers le site mère. À l'internaute de décrypter où il se trouve. Il faut être particulièrement attentif pour repérer, par exemple, que les pages du site nutrition-sante.com sont éditées par Lesieur, dont la présence se réduit à un logo très discret. Alors que le site de marque lesieur.fr est beaucoup plus accrocheur. La rubrique cuisine du site Nutrition-Santé offre de délicates recettes santé, celle du site Lesieur propose des recettes plaisir présentées avec une bouteille de l'huile recommandée. Deux sensibilités, deux discours et deux angles d'attaque, pour arriver aux mêmes produits. Deux manières d'établir des liens durables entre les consommateurs et la marque. Sur le même principe, lorsqu'on visite le site laviesimpli-fiee.fr (et laviesimplifiee.com/fr pour le Canada), on trouve une mine de conseils de vie quotidienne. D'où viennent-ils ? Seules apparaissent en bas de page des offres de réduction pour des produits. Partenariat avec des marques ? Il faut aller voir dans les mentions légales pour découvrir que le site est déposé par Procter & Gamble. Quant au site toutcoller.com, particuliers et professionnels par deux entrées séparées doivent pouvoir y trouver toutes les réponses aux questions qu'ils se posent en matière de fixation, des murs en parpaing aux loisirs créatifs. Un site de fanas des colles tout-terrain ? Plutôt le site d'une entreprise spécialisée, Henkel,

Leroy Merlin :
un programme de marque tous azimuts

Tout a commencé il y a dix ans par un programme court de qualité, *Du côté de chez vous*. Très vite appréciée, cette mini-émission publicitaire a été ensuite déclinée en vidéos et en livres, puis relayée par un magazine trimestriel vendu en kiosque, après une tentative de consumer magazine dénommé *Maison en vie*. Un magazine rempli de conseils et d'idées pratiques très futées qui renvoient à chaque page systématiquement – et exclusivement – au matériel vendu dans les magasins... Leroy Merlin. Auquel s'adjoint un site classique leroymerlin.fr qui diffuse les vidéos à succès de la télévision. Depuis octobre 2006, un nouveau média complète la gamme, sous forme d'une chaîne de télévision, Du côté de chez vous TV, diffusée sur Canal Sat. Une chaîne détenue par une agence de communication, Communication et Programme, responsable des programmes courts de la marque, et qui se dit « un média indépendant, et pas une chaîne de marque[17] ». Mais l'enseigne de distribution de brico-déco est bien partenaire de la chaîne. De même qu'elle figure en bonne place sur le portail et toutes les pages de Ducotedechezvous.tv (dccvtv.fr). La boucle est bouclée. La marque martèle ainsi sur tous les tons qu'elle est la meilleure spécialiste du monde du bricolage et de la décoration et habitue les usagers à n'avoir plus qu'un seul réflexe dans ce domaine, consommer Leroy Merlin. Est-ce exactement une information indépendante, mettant à disposition tous les éléments pour que chacun fasse son propre choix ?

226

qui décline des colles pour tous usages, mais dont les marques (Rubson, Loctite, Pattex, Perfax ou Pritt) se font très discrètes au fil des pages. Jusqu'au moment où, le problème de l'internaute décelé, grâce à un moteur de recherche adapté, celui-ci peut accéder à une réponse en fiche pratique, où le produit adéquat apparaît, largement mis en situation. « Nous avons choisi de communiquer de façon plus subtile et plus intelligente que par une promotion agressive autour de nos produits, explique un responsable de la marque. C'est pourquoi nous avons créé un site de conseils et d'astuces pratiques, afin d'établir une relation de proximité avec le consommateur final [18]. » Il est vrai qu'avec une telle démarche, conquis par la démonstration de la marque, on n'ira pas spontanément en chercher une concurrente en magasin.

Les sites de marque ont vite découvert aussi tous les attraits de la vidéo pour faire passer leurs messages. Constatant l'énorme succès des sites de partage de vidéos YouTube ou Dailymotion, plusieurs marques ont décidé de présenter des mini-films sur leurs sites. Voire parfois sur un canal privé de télévision. Cela leur permet de présenter leurs informations de manière plus dynamique et d'être plus consultés. Ainsi, le constructeur automobile Audi émet depuis 2006 en Angleterre sur Sky 884 et sur l'internet et diffuse en continu reportages, événements sportifs et informations en rapport avec son activité, ce qui permet à la marque de revendiquer l'écoute de 30 % de ses consommateurs [19]. Leroy Merlin présente les films *Du côté de chez vous* ainsi que ceux de *Question maison*, diffusés sur France 5. Et le site Jeuxvideo.com présente des films consacrés à l'actualité des jeux vidéo ou à des tests. De même Lesieur offre des films dans le cadre d'un « atelier du fait main » avec un « coaching vidéo pour assurer en cuisine dans les petites et grandes occasions ». Nestlé et

Danone présentent régulièrement sur leurs sites respectifs des films courts de conseils, l'un avec des recettes filmées, l'autre pour « savourer ensemble des moments plaisir » sur des thèmes variés : santé, ligne, jeunes mamans, ou cuisine. Quant à Sunsilk, la marque veut innover en lançant sur son site une série d'épisodes, *Libre comme l'air*, décrivant sur un mode humoristique la vie quotidienne d'une jeune fille montée à la capitale pour devenir comédienne.

Autre piste, développée sur certains sites, le podcast, qui permet d'enregistrer avec de très petits moyens des épisodes sur le principe d'une émission de radio. Whirlpool a été tentée par le format avec une émission, *The American Family*, qui aborde sous forme d'interviews des sujets de la vie familiale au quotidien. Les épisodes d'une trentaine de minutes, qui ne font aucune référence à ses produits, sont diffusés sur un rythme hebdomadaire depuis 2005. De la production de marque, sans la marque.

Le conseil santé, un argument qui marche

Le domaine de l'alimentation santé est en première ligne dans cette nouvelle stratégie de conseils de marque. Lesieur propose sur son site autonome nutrition-sante.com un « espace professionnel de santé » qui fait l'état des recherches scientifiques avec outils médicaux, base de données biomédicales, dossiers et articles scientifiques pour les professionnels. On ne sait si les professionnels viennent y chercher leurs informations, c'est en tout cas une belle caution pour les internautes qui fréquentent le site. Car pour les néophytes, la marque présente parallèlement un véritable magazine santé comprenant une section nutrition bien-être avec des conseils d'experts, des articles sur les tendances et des dossiers sur la nutrition, une autre partie consacrée à la cuisine santé, et une dernière plus ciblée sur les enseignants, les étudiants et les enfants[20]. De leur côté, les deux géants de l'agroalimentaire Danone et Nestlé rivalisent à coups de contenus éditoriaux et de jeux sur leurs différents sites. Nestlé, selon son président Peter Brabeck, organise « sa transformation stratégique en une société de nutrition, de santé et de bien-être ». Et pour Danone, « depuis 1919, apporter la santé par l'alimentation est l'une de nos missions prioritaires », comme le souligne Véronique Penchienati, la directrice marketing du secteur des produits frais de la marque[21].

Et si on nous disait aussi combien ça coûte ?

Est-ce vraiment étonnant ? Aucun site de marque, si fourni soit-il, ne nous donne d'informations comparées sur les prix des produits qu'il vante. Exemple avec les produits laitiers, fourni par l'INPES. Les prix ci-dessous sont ceux de l'INSEE, fournis en 2004. Ce qui importe, c'est la comparaison de prix entre les différents produits[22] :

150 ml de lait demi-écrémé	0,09 €
20 g d'emmental	0,16 €
30 g de saint-paulin	0,18 €
1 pot de 125 g de yaourt nature	0,20 €
30 g de camembert (1/8)	0,20 €
100 g de fromage blanc	0,21 €
1 portion de fromage fondu	0,25 €
1 boisson au lait fermenté	0,36 €
2 petits-suisses de 60 g	0,40 €
30 g de roquefort	0,44 €

Mission de santé publique pourrait-on croire ? N'exagérons rien. C'est, plus concrètement, que « l'argument santé déclenche l'acte d'achat pour 88 % des consommateurs[23] », selon une étude de l'organisation de consommateurs CLCV. Il était donc vital pour les produits laitiers, qui représentent 15 % des ventes de produits frais en France, de se faire une réputation de produits bénéfiques.

Après donc toutes les gammes de produits « santé-ligne » sont nées des gammes de produits « santé active ». Il y avait les produits qui allègent, il y a à présent ceux qui apportent un « plus ». Des céréales, boissons ou produits laitiers, enrichis en fer, en vitamines, en minéraux, en oméga 6 et oméga 3, ou en DHA. Et puis il y a les « anti », yaourts ou margarines anti-cholestérol, Danacol ou Pro Activ, considérés par les professionnels comme des médicaments, et dont les fabricants n'ont pas hésité à passer des accords de remboursement avec des compagnies d'assurances, comme gage de leur efficacité[24]. Tous ces nouveaux aliments dits « fonctionnels » sont issus de longues recherches de plusieurs années, avec toute une « cuisine scientifique » très élaborée qui consiste à repérer certaines molécules a priori bénéfiques, à les prélever, à les tester sur des modèles cellulaires, puis sur des animaux, avant de les introduire dans tel ou tel aliment de base qui sera ensuite commercialisé. Ce qui suppose des budgets de recherche et développement très importants, que seuls les géants de l'agroalimentaire peuvent assumer. Danone annonçait 130 millions d'euros en 2005 et pour Nestlé, premier groupe agroalimentaire mondial, le responsable de son département « Qualité et sécurité » parlait en 2004 d'un budget représentant « le budget global de l'ensemble de l'Europe dans le domaine agroalimentaire[25] ». Sans oublier en supplément les coûts non négligeables des campagnes promotionnelles de lancement. Dans cette spirale de nouveaux produits, Danone, qui contrôle désormais 20 % du marché mondial des produits laitiers, se donne cinq ans pour faire de quatre de ses produits phares, Petit-Suisse, Actimel, Activia et Taillefine, des marques aussi renommées... et consommées que Mars ou Nescafé. Et, chance énorme, reconnaît Bernard Hours, patron de la division des produits frais, « la population des pays avancés gagne un an de longévité tous les six ans. C'est pour nous un potentiel de consommateurs de plus en plus large[26] ». Et plus de consommateurs tout autour de la planète à convertir au rituel de quatre produits laitiers quotidiens. Ce qui, selon les spécialistes, dépasse nos besoins. Le Programme national nutrition santé (PNNS) en recommande trois par jour et surtout de varier entre lait, yaourts et fromages. « Le lobby agroalimentaire pousse à la consommation en mettant en avant des allégations santé fausses. Trois ou quatre produits laitiers par jour, c'est beaucoup trop, affirme le professeur Henri Joyeux. Nous n'avons pas besoin de plus de 1 gramme de calcium par jour. On en trouve dans de nombreux aliments et avec plus d'efficacité. Nous absorbons 70 % du calcium des amandes alors que le taux d'absorption de ce nutriment ne s'élève pas à plus de 30 % dans un laitage[27]. »

« Pour votre santé, mangez cinq fruits et légumes par jour », nous recommande aussi avec justesse le PNNS, qui précise que cela correspond à une quantité quotidienne de 400 à 800 grammes. Rien de plus simple à pratiquer, si l'on fait abstraction du coût un peu élevé parfois de certains de ces aliments. Les marques de soupe ont recours à cet argument pour proposer leurs produits : « Avec Liebig c'est facile », dit la marque qui débarque avec Pur'Soup au rayon frais des supermarchés, ajoutant dans ses publicités et sur son site : « Avec un bol de soupe Liebig, vous pouvez couvrir jusqu'à 80 % de vos besoins quotidiens en légumes (200 grammes de légumes par jour). » Problème, sur le paquet, il est noté : « 1 assiette = 1 portion de légumes ». Qui croire du bol ou de l'assiette ? De son côté, Knorr a sorti une boisson en mini-bouteilles de 10 centilitres, Knorr Vie, et indique dans ses publicités et sur son site : « Les nutritionnistes recommandent de manger au moins cinq fruits et légumes par jour, soit au minimum 400 grammes. Knorr est une délicieuse recette, préparée à partir de 200 grammes de fruits et légumes, qui vous aide à en manger plus. » Les marques jouent sur les mots, « préparés » ne veut pas dire « consommés » et, souligne la revue *60 millions de consommateurs* dans son numéro de mai 2007, « une lecture rapide ne risque-t-elle pas de faire croire qu'une bouteille apporte la moitié de la dose journalière ? » De plus, ajoute-t-elle, « il s'agit de jus concentrés ou purées de légumes pasteurisés. On retrouve donc beaucoup moins de fibres, de nutriments et bien sûr d'eau que dans les ingrédients d'origine ».

Les marques de soupe ne sont pas les seules à récupérer à leur usage publicitaire les allégations santé. Huit associations de consommateurs regroupées pour l'occasion ont répertorié 130 produits organisant leur argumentaire promotionnel autour des fameux cinq fruits et légumes. Quelles que soient les quantités utilisées, compotes, boissons, gâteaux, produits laitiers, et même certaines eaux aromatisées, tous mettent en avant sur leurs emballages images de fruits et accroches valorisantes se référant à cette notion, qui dépassent bien souvent la réalité du produit. Mais aucun ou presque n'a la sagesse de mentionner comme le fait Casino sur ses boîtes de fruits en conserve : « N'oubliez cependant pas que, du fait de leur mode de préparation, ils ne sont pas équivalents à des produits frais. Alors consommez-les à titre occasionnel [28]. »

Beauté : la preuve par la science

Le recours au scientifique est l'argument favori de la plupart des marques de cosmétiques. Elles aiment en particulier monter en épingle les tests dont les publicités vantent toujours l'« efficacité constatée ». Mais quand on s'y penche un peu plus attentivement, la plupart du temps ces tests portent sur de très petits échantillons de testeuses. Ainsi Nivea Goodbye cellulite, lancé en février 2006, présenté dans les publicités avec une « efficacité constatée par 74 % des femmes », spécifie en petite note : « Auto-évaluation, 40 femmes, 8 semaines d'utilisation du gel ». Peu de femmes somme toute et longue durée, ce qui relativise nettement la preuve mise en avant par la réclame. Phytomer promettait dans ses annonces de février 2006 pour son produit Ogénage expert : « Diminution de la profondeur des rides jusqu'à – 40 %*, pouvoir lissant anti-rides : 83 %**, traits reposés et peau régénérée : 75 %***. » Beaux résultats qui inciteraient à acheter le produit. Mais si on prend la peine de lire la note de référence, très difficile à déchiffrer, on découvre en fait un mélange de trois tests différents : « *Efficacité mesurée après 28 jours d'utilisation de la crème jour ; **taux de satisfaction de la crème jour testée par 122 femmes pendant 28 jours ; ***taux de satisfaction de la crème nuit testée par 20 femmes pendant 28 jours. » Quant à Yves Rocher, qui joue la carte du naturel, il fait pour présenter sa gamme Sérum végétal dans son catalogue de subtiles différences entre « efficacité constatée (test d'usage sur 100 femmes) et efficacité prouvée

(– 52 % de rides : meilleur résultat observé, test par mesure scientifique sur 22 cas ; moyenne : – 19 %) ». Comprenne qui pourra. Quelles que soient les marques, les présentations de tous ces tests ne sont d'ailleurs accompagnées d'aucune référence en mesure de les valider. Il faut faire confiance soit à l'auto-évaluation des testeuses, soit au laboratoire du fabricant. Et Yves Rocher, qui veut se distinguer en parlant d'« efficacité validée » (troisième sorte de validation à son actif) par le Centre d'études et de recherche en cosmétologie (Cerco), fait en réalité référence à l'un des centres privés qui organisent les tests de produits cosmétiques auprès du public. Un centre qui ne rémunère pas les testeurs mais leur offre des produits ou des soins Yves Rocher. Efficacité constatée, prouvée ou validée... peu importe, car quand un organisme de consommateurs se mêle de faire des contre-tests, sur des échantillons beaucoup plus larges, les résultats ne sont pas toujours aussi convaincants.

Les marques de cosmétiques ont aussi un faible pour les accroches plus médicales. Des accroches qui « se sont révélées comme propices à exploiter la prétendue naïveté des consommateurs les moins avertis, en les induisant en erreur », dénoncent dans une étude conjointe les instituts de consommation de quatre pays européens [29]. Ainsi, les termes « efficacité profonde et durable », « action anticellulitique », « élimine les rides en 15 jours », « effet lifting », sont des messages discutables, « en contradiction, ajoutent-ils, avec les fonctions que la législation attribue au cosmétique, dont l'efficacité doit se limiter à la jonction dermo-épidermique ».

Autre panacée scientifique, la surenchère de nouveaux composants aux noms hermétiques : xéralipides, enzyme Q10, acide ursolique, rétinaldéhyde, nanosomes de prorétinol A, pour n'évoquer que certains des plus répandus. La mode est aussi aux nouvelles molécules baptisées de noms créés de toutes pièces : Vichy pour Novadiol parle de premier soin Phyto-complex™, Lancôme de Collaser-48™, Dior de R 60/80™, L'Oréal Paris de technologie Co-resistium™. Quel meilleur gage d'innovation, en effet, mais ces nouveaux agents actifs sont-ils vraiment actifs ? C'est une autre question.

Les marques et la caution des spécialistes

Rien de tel qu'un expert pour cautionner le discours d'une marque. Les entreprises en raffolent, et tout particulièrement en grande consommation dans les domaines si sensibles de la beauté et de l'alimentation.

À la chasse aux experts

Il y a bien sûr les spécialistes qui travaillent régulièrement pour une marque ou un produit. À temps plein dans le secret des laboratoires ou plus ouvertement quand il s'agit de faire la promotion d'un produit. Pas besoin forcément qu'ils soient connus. Souvent le titre de docteur ou l'allusion à la profession suffit pour apporter la preuve de sérieux scientifique que souhaite la marque. Pour lancer son kit de « micro-dermabraison à domicile », L'Oréal, qui recourt d'habitude plutôt aux people, a mis en avant en pleine page dans les magazines et quotidiens le témoignage, photo à l'appui, du docteur Lydia Evans, dermatologue à New York et rattachée au département dermatologie de l'université de Columbia. En quelques lignes bien choisies, la lectrice reçoit une double caution irremplaçable d'une personne de l'art : à la fois praticienne et chercheuse. En contact avec des patientes, elle connaît bien « nos » problèmes de peau, mais elle semble aussi, par son titre, effectuer des recherches universitaires. Quand, pour réagir aux critiques de malbouffe, le PDG de McDonald's France vient chater sur le site de la marque, et le fait savoir dans la presse, il s'adjoint un médecin nutritionniste, le docteur Laurence Plumey. Dans son *Guide 2007 alimentation santé*, Danone met en scène ses experts, spécialistes en recherche et développement, diététiciens et nutritionnistes attachés à ses marques Lu ou Blédina, mais elle fait aussi appel à des consultants extérieurs, professeurs de médecine interne et nutrition ou sociologues français ou américains. Et l'eau Courmayeur demande à un kinésithérapeute de se faire l'avocat de sa méthode d'« hydrotechnie » de stimulation musculaire et de massage.

Mais la notoriété séduit aussi beaucoup les marques, qui font la chasse aux experts auteurs de recherches reconnues par la profession ou à ceux qui se sont fait éditer, afin de leur proposer toutes sortes de collaborations. De nombreux spécialistes y répondent, de façon ponctuelle ou plus régulière. Les uns subrepticement, les autres au grand jour. Et parfois avec des interventions auprès d'entreprises qui peuvent sembler en contradiction avec leurs écrits. Comment en effet concilier deux extrêmes ? Soigner d'un côté en aidant à tempérer la consommation de personnes obèses et apporter de l'autre des conseils à des entreprises dont l'objectif est d'inciter à consommer davantage ? Parmi beaucoup d'autres, les nutritionnistes Jean-Michel Cohen et Patrick Sérog sont à la fois médecins et auteurs de livres dont un best-seller écrit en commun et très médiatisé, *Savoir manger, le guide des aliments,* qui décrit par le menu la composition de tous les produits alimentaires. Ils sont aussi tous deux mais séparément consultants pour plusieurs entreprises agroalimentaires. Activités contradictoires ou complémentaires ? « Nous avons montré dans notre livre qu'un cassoulet en boîte est beaucoup moins gras qu'un cassoulet traditionnel, qui aura mijoté pendant des heures, explique Patrick Sérog. Certes, il n'a pas le même goût, mais cet exemple prouve que l'industrie alimentaire ne fait pas toujours des produits trop gras ou déséquilibrés[30]. » Comment alors rédiger un livre en toute indépendance et ne pas pratiquer d'autocensure ? Les deux nutritionnistes assurent avoir joué sur l'opposition de leur duo comme garantie d'impartialité. En écho, Béatrice de Reynal, également nutritionniste et consultante de marques, n'hésite pas à être très critique sur certaines démarches commerciales et l'exprime sur son blog[31] : « Je suis nutritionniste et très attachée à l'éthique. Gourmande, je ne jette l'opprobre sur aucun aliment, fût-il gras, sucré ou pire. Mais quand on utilise la nutrition comme faire-valoir, sans aucune légitimité, j'explose ! » Elle-même de la partie, en tant que responsable de l'agence Nutrimarketing, mais persuadée que « la communication peut et doit être éthique et respecter une rigueur scientifique », elle souligne dans un de ses messages les limites qu'elle met à l'exercice : « La nutrition est un faire-valoir important pour les produits alimentaires : certains surfent sur l'image santé de quelques ingrédients phares comme les fruits, le lait, le froment... pour promouvoir des atouts nutritionnels – parfois usurpés. » Un équilibre qui ne semble pas évident à tenir professionnellement au quotidien.

Un autre nutritionniste encore, travaillant à l'Institut national de la recherche agronomique, Christian Rémésy, est plus dubitatif sur le rôle que peut avoir un chercheur :

« Je doute que la parole de quelques chercheurs puisse être écoutée dans la cacophonie ambiante et face à l'influence des lobbies agroalimentaires actuels. » Et il ajoute : « Il y a une disproportion considérable entre les moyens dont dispose l'État pour délivrer des messages nutritionnels à travers le Programme national nutrition santé et la puissance du marketing alimentaire [32]. » Sans illusion, naïfs ou récupérés, les chercheurs ?

Colloques et fondations : des liens privilégiés avec les professions de santé

Pour entretenir une image de spécialistes, et asseoir des relations privilégiées avec les professionnels de la santé, les entreprises agroalimentaires multiplient aussi les lieux de collaboration : fondations, instituts et centres de recherche, colloques et salons. Les uns sont ouvertement créés sous l'égide d'une marque, d'autre de façon plus anonyme. Ainsi, l'Institut Danone propose « depuis 1998 de soutenir financièrement sur une période de deux ans des équipes de chercheurs travaillant sur un thème scientifique [...] et propose les prix Alimentation et Santé destinés à promouvoir la recherche et soutenir de jeunes chercheurs en nutrition humaine ». Le Centre d'études et de documentation du sucre avance plus incognito en étant à l'initiative de l'Institut Benjamin Delessert, qui « a pour mission de participer au développement de la recherche médicale et scientifique dans le domaine de la nutrition ». Plus précisément, cet organisme apporte son « soutien financier à des projets de recherche originaux en nutrition, en relation directe ou indirecte avec les glucides » et organise des débats « pour ou contre » autour du sucre. Pour la petite

238

histoire, Benjamin Delessert était un industriel du XVIIIe siècle qui inventa une machine pour extraire le sucre des betteraves[33]. Autre organisme encore, l'Institut français pour la nutrition, créé en 1974 « pour favoriser la concertation entre les milieux scientifiques et les professionnels de la chaîne agroalimentaire à l'occasion des questions intéressant la nutrition et l'alimentation dans leurs différentes dimensions, et leur promotion », décerne aussi deux prix pour des travaux de recherche dans ce domaine alimentaire. Pas étonnant alors qu'on retrouve au conseil d'administration des représentants de Nestlé, Unilever, Danone, KraftFoods, Masterfoods, Coca-Cola ou du Cedus, ainsi que des chercheurs réputés de l'INRA, l'INSERM ou l'Hôtel-Dieu. À l'échelon européen, on retrouve les mêmes entreprises partenaires, et quelques autres, comme Ferrero, Heinz, McDonald's, Nestlé, PepsiCo, Procter & Gamble et Yakult, au Conseil européen de l'information pour l'alimentation (EUFIC), un organisme à but non lucratif « qui fournit aux médias, aux professionnels de la santé et de la nutrition, aux enseignants et aux leaders d'opinion des informations sur la sécurité sanitaire et la qualité des aliments ainsi que sur la santé et la nutrition » et possède un Conseil consultatif scientifique avec rigoureusement le même genre d'aréopage de spécialistes reconnus, mais cette fois en provenance de la galaxie européenne. Peut-on vraiment parler d'information indépendante avec une telle configuration ?

Les pouvoirs publics encouragent aussi cette convergence entre recherche et industrie privée. Constatant que « l'effort de recherche et développement des entreprises reste faible, à l'exception de quelques grands groupes », le ministère de la Recherche a initié au début du siècle un réseau à cet effet, le Réseau alimentation référence Europe

(RARE), avec « pour objectif premier la création de nou-veaux partenariats de recherche entre les organismes publics et les entreprises privées dans le secteur clé des industries agroalimentaires ».

Considérée comme prescriptrice, la profession des méde-cins généralistes est de son côté l'objet de beaucoup d'atten-tion de la part des marques alimentaires. Un grand salon sur la nutrition, « Nutria », se déroule régulièrement pour eux, auquel participent activement toutes les entreprises qui comptent dans l'agroalimentaire. C'est en effet, aux dires de ses organisateurs, « le seul espace qui soit entièrement dédié à la communication entre les médecins généralistes et le monde de l'alimentation et de la nutrition ». Le Centre d'in-formation des charcuteries-produits traiteurs diffuse aussi un mémento et une lettre trimestrielle réservée aux généra-listes « sur l'actualité de la recherche nutritionnelle et les données physiologiques et pathologiques », ainsi que des dossiers scientifiques « validés par des professeurs de méde-cine sur nutrition, santé et charcuteries[34] ». Également pour eux, Lesieur et Nestlé mettent sur pied conjointement, depuis l'année 2000, une série de colloques dans toute la France, « QSP : Question Santé Plaisir ». « Animées par un nutritionniste, un cardiologue et un grand chef de cuisine, ces réunions traitent de la prévention nutritionnelle des maladies cardiovasculaires, du surpoids et de l'obésité. » Ces deux marques cofinancent aussi, avec d'autres entreprises alimentaires comme Ferrero et le Cedus, le programme de « coaching santé », Épode, qui accompagne les habitants de dix villes de France souhaitant adopter de nouvelles habitu-des de consommation, meilleures pour leur santé. Cette opération commencée dans deux villes du Nord, Fleurbaix et Laventie, est orchestrée depuis sept ans par l'agence Pro-téines, « conseil en communication unique dans le domaine de l'accompagnement en stratégie santé et nutrition des entreprises », qui a aussi pour clients Kellogg's, Danone, Liebig ou McDonald's. Enfin, pour clore ce tableau parcellaire, une fondation, encore une, va voir le jour, non plus tant pour soutenir la recherche que pour devenir « acteur de la prévention », comme le revendique Jean-René Buisson, président de l'Association nationale des industries alimentaires. La fondation Alimentation et Vitalité, en cours d'élaboration, aura la « mission essentielle notamment de participer au développement et au financement de différents programmes de recherche, d'éducation et de prévention ». Cette initiative de lobbying prévoit de regrouper à parts égales industriels, scientifiques et pouvoirs publics pour pouvoir être reconnue d'utilité publique. Ou comment les géants de l'agroalimentaire sont devenus peu à peu des partenaires incontournables du secteur de la santé.

Une floraison de labels trop prometteurs

Le logo « Choix et Nutrition » cela vous dit-il quelque chose ? A priori ce logo accompagné de la mention « Respecte les recommandations internationales en nutrition » semble de toute confiance. Mais d'où vient-il ? « Profusion de l'offre, manque de clarté, manque de temps, choisir l'aliment le mieux adapté à son hygiène alimentaire n'est jamais une chose simple. C'est pourquoi, pour guider le consommateur dans son choix, Unilever a élaboré le logo "Choix & Nutrition" », peut-on lire sur le site de la marque. Quelle garantie peut-on en déduire ? Aucune, si ce n'est la parole de la marque qui annonce en même temps que ce logo « a été développé pour faciliter le choix des consommateurs en rayon et les aider à repérer rapidement

241

les produits dont la recette a été optimisée en termes de teneur en sucre, sodium (sel) et graisses (acides gras trans et saturés) ». Pour l'instant, aucune institution sanitaire indépendante ne s'en porte garante. C'est juste un logo inventé par Unilever depuis février 2007 pour les produits de toutes ses marques [35].

« Pouvoir, par la vertu d'un logo synthétisant une image de qualité, se démarquer des offres voisines est au cœur d'une démarche qui fleure trop souvent le pur marketing, souligne l'Institut national de la consommation qui a mené une large enquête sur le sujet. D'où une inflation de signes et de mentions qui provoquent une forte confusion dans l'esprit des consommateurs. » Dans des marchés de plus en plus concurrentiels et agressifs, tout signe distinctif va pouvoir attirer l'attention du consommateur perdu dans l'avalanche de nouveautés qui s'abat sur lui. Et dans l'esprit des marques, les signes et autres logos peuvent permettre d'une façon ou d'une autre de sortir du lot. Après avoir mené une enquête avec trois associations de consommateurs françaises et belges, l'INC en a recensé pas moins de 179 en dehors du secteur de l'alimentation, depuis les certifications officielles jusqu'aux logos à la définition plus élastique. Ainsi du logo « Voiture de l'année ». Est-ce la voiture la plus vendue, la plus sûre, la plus belle..., nul ne le sait. Et peut-être même pas les cinquante-huit journalistes chargés de le décerner parmi sept voitures finalistes. Quant à l'acheteur potentiel que la présence du logo peut influencer, il n'a aucune information sur les critères de choix du jury, ni aucune garantie d'absence d'influence de la part des fabricants.

« Testé dermatologiquement », « Testé cliniquement », « Testé en laboratoire », ça fait scientifique et sérieux, on imagine tout de suite un bataillon de testeurs patentés.

Mais ces mentions utilisées très souvent en cosmétique ne correspondent à aucun critère reconnu. « Une allégation purement commerciale, souligne l'INC, une promesse avancée par le producteur et fondée sur des engagements non vérifiables par le consommateur. »

Une attention toute spéciale doit être accordée à trois logos que l'on voit tout au long de l'année et sur les produits les plus divers : « Trophée de la maison », « Victoire de la beauté » et « Saveur de l'année », tous attribués par des jurys composés d'un nombre variable de consommateurs[36], choisis par la société détentrice des logos. Subtilité ultime, le logo n'est pas un prix, il peut donc y avoir une infinité de « Saveur », « Trophée » ou « Victoire de l'année ». Le logo mentionne bien « Reconnu "Saveur de l'année" ; goûtés et notés par des consommateurs », avec les petites nuances de singulier et de pluriel que personne ne note au passage. Comment ces logos sont-ils décernés ? Réponse de l'organisateur pour le logo « Saveur » : « Tests anonymes, laboratoires d'analyses sensorielles indépendants, comité technique, seuils gustatifs minimums : l'opération des "Saveurs de l'année" repose sur une méthodologie rigoureuse et puise sa force sur des milliers de tests réalisés par les premiers intéressés : les consommateurs. » Plus simplement, les marques voulant concourir font acte de candidature, moyennant un droit d'entrée de 5 000 euros, « garantie du travail bien fait » aux dires du propriétaire du logo, Willy Mansion. Puis des tests sont, dit-il, organisés à l'aveugle pour « savoir si le produit plaît ou pas au consommateur ».

À quels labels se vouer ?

Pour aider à s'y retrouver, la Direction générale de la concurrence, de la consommation et de la répression des fraudes (DGCCRF) publie sur le site du gouvernement[37] un récapitulatif de différents signes et labels dans le domaine alimentaire. Les « signes d'identification de l'origine et de la qualité », qui « garantissent aux consommateurs la mise à disposition de produits et de services répondant à des caractéristiques particulières régulièrement contrôlées ». On peut y distinguer l'« Appellation d'origine », l'« Appellation d'origine protégée », l'« Indication géographique protégée », la « Spécialité traditionnelle garantie » (STG). En matière de labels, le « Label rouge », propriété du ministère de l'Agriculture, se distingue de plus de 400 autres labels homologués par arrêté ministériel. Quant aux produits bio, ils sont reconnus par le logo « AB » ou un logo européen « Agriculture biologique ». On peut y trouver aussi répertoriés les « signes de valorisation » tels que « Produit alimentaire de montagne », « Label écologique », ou « NF environnement ». Ou encore la « Certification de conformité de produits » dont le cahier des charges est élaboré uniquement au niveau de groupement de professionnels et contrôlé par un organisme certificateur agréé par l'État.

L'INC publie aussi un répertoire très complet sous forme de fiches, *100 signes de qualité et mentions valorisantes*, recensés en dehors du secteur de l'alimentation, qu'il est possible de télécharger sur son site, conso.net. L'Institut souligne l'opacité qui règne souvent dans ce milieu. « Une grande partie des organismes qui délivrent des signes de qualité nous demandent de croire aveuglément dans le sérieux de leur démarche et nous cachent certains détails ; en particulier en ce qui concerne les vérifications qu'ils effectuent. Il existe un réel problème de communication souvent entretenu par les organismes qui délivrent les signes et mentions. Hormis pour les certifications, il y a un réel manque de vérifications régulières des engagements et, même lorsque les contrôles existent, nous avons parfois douté de la réelle indépendance de la vérification. »

Le domaine des signes et distinctions est un marché lucratif, et « Saveur » a été créé, dans la même veine qu'un autre logo plus ancien, « Produit de l'année ». Tous deux fonctionnent sur un mode identique et rivalisent depuis dix ans. Même nombre impressionnant de « candidats » : 400 produits sélectionnés en 2006 par un comité de professionnels du marketing parmi 600 pour les premiers, 650 pour les deuxièmes. Le mode d'intronisation varie un peu : MEM, société de « Produit », envoie un catalogue papier à 22 000 personnes, qui doivent désigner leurs produits préférés dans différentes catégories, sans avoir eu besoin de les tester. Monadia, détentrice de « Saveur », fait goûter et noter les produits à 120 personnes. Tout produit noté à partir de 7 sur 10 est « reconnu "Saveur de l'année" ». Une fois le « concours » passé, les marques remettent la main au portefeuille pour pouvoir apposer les logos sur leurs produits pendant un an : entre 10 000 et 15 000 euros, selon les logos. Ce que les marques n'hésitent pas à faire car, comme le confirme le détenteur du logo « Saveur », les produits porteurs de la mention ont vu leurs ventes croître de 15 à 30 % et cela leur permet d'entrer plus facilement dans les linéaires des grandes surfaces[38]. Dernier avantage pour les partenaires, ces logos sont à présent déclinés à l'étranger. Affaire de gros sous donc, qui permet à une entreprise comme Nestlé de mettre en avant dans sa communication : « Onze produits Nestlé récompensés,

cette année, élus "Saveur de l'année" », une « élection »
coûteuse pour les marques, mais « un excellent moyen,
ajoute-t-elle, pour choisir sans perdre de temps et en toute
confiance de bons produits dans les supermarchés et chez
les commerçants. » Tandis que de son côté Procter &
Gamble se réjouit que six de ses produits aient eu l'honneur insigne d'être élus « Produit de l'année », ajoutant sur
son site que « dans le passé, de nombreux produits de
P&G France avaient déjà été élus[39] ». Décidément la qualité des produits fait bien les choses. Alors, quel logo privilégier ? Nous voici, consommateurs, face à la difficile
tyrannie du choix !

Autre soi-disant label très productif : « Vu à la télé ».
Surtout depuis que les enseignes de la grande distribution
ont accès aux spots publicitaires télévisés et présentent sur
le petit écran leurs produits de marque distributeur. Souvent les moins chers, ces produits sont en même temps mis
en avant en tête de gondole, dès l'entrée dans les magasins,
surmontés de gros panneaux impossibles à rater. Avec
l'obligation de pratiquer en rayon durant plusieurs semaines les tarifs annoncés à la télévision. « Vu à la télé », la
mention semble féerique et draine de façon quasi automatique des flots d'acheteurs à l'affût des bonnes affaires.
Mais est-ce toujours le cas ? Dans cette nouvelle politique
de promotion télévisée des grandes surfaces, une toute
petite partie des produits mis en gondole sont en fait vantés à la télévision. Mais toutes les enseignes surfent sur le
mouvement d'attraction que produit cette formule magique pour en faire bénéficier d'autres gammes de produits.
Spéculant sur un étrange réflexe conditionné qui semble
devoir fonctionner : s'ils sont empilés en rangs serrés sous
le « Vu à la télé », c'est bien évidemment qu'ils sont attrac-

tifs. Peu importe qu'on ait vu la pub et le prix annoncé ou pas. Et peu importe que l'on ait pris le temps de comparer en rayon avec les produits concurrents. « Vu à la télé », ça fait vendre.

La pédagogie pour soutenir les marques

Comment apprendre aux parents à équilibrer les repas de leurs très jeunes enfants ? En leur concoctant de petits plats tout prêts. Excellente manière de prendre sans attendre le relais des petits pots pour bébés : comme l'explique la chef de groupe de Blédina, « aujourd'hui, les mamans donnent à leurs enfants des plats préparés non spécifiques et pas adaptés en termes de portion, et qui sont trop salés ou trop sucrés [40] ». Ce serait dommage d'inviter ces enfants à la table familiale pour partager le repas des grands, comme cela s'est fait pendant des générations ! Nouvel eldorado donc, après celui des bébés et leurs incontournables petits pots : les jeunes enfants de 18 mois à 3 ans, que Danone cible clairement avec les « Petits Grands ». Plus de soucis pour les parents, toute une gamme est prévue pour tous les moments de leur journée, petits déjeuners, plats, desserts et goûters. L'âge est précisément indiqué, comme sur les livres éducatifs. Afin de justifier la démarche commerciale, la marque explique que « le deuxième objectif est d'éduquer les mamans sur les besoins spécifiques des enfants ». Pour cela, elle a parrainé un programme court de télévision sur M6, relayé par un site internet afin de « montrer tous les paradoxes de cet âge ». Le message est simple : à cette période de leur vie, les enfants sont un peu difficiles, c'est « l'âge où ils commencent à dire non, à vouloir être autonomes, à être sélectifs » y compris en termes de goût. Donc, autant leur offrir des produits tout prêts conçus vraiment pour eux. Quant aux enfants, ils pourront retrouver sur chaque paquet « Lulu, une petite mascotte ludique », et des jeux ludo-éducatifs, pour les fidéliser aux produits. Le pédagogique, nouvel outil marketing des marques !

C'est sans doute aussi pour leur apprendre à manger équilibré le plus tôt possible qu'un supermarché alimentaire exclusivement réservé aux enfants vient d'ouvrir à New York. Plus prosaïquement, autant savoir que dans le domaine de l'alimentaire le marché du babyfood se place au deuxième rang en matière de marges. Une situation assez bénéfique pour inciter tout marketeur qui se respecte à démultiplier les gammes de produits selon les tranches d'âge, pour « accompagner » les enfants le plus longtemps possible, en nous expliquant que c'est bien meilleur pour leur éducation. Et on peut déjà imaginer le futur repas familial se transformer en pile de mini-boîtes et petits plats pour chaque membre de la tablée. C'est d'ailleurs une piste séduisante pour l'agroalimentaire, qui suit avec attention les recherches en nutrigénomique. Cette nouvelle discipline scientifique, née en 1999 pour étudier l'interaction entre nutriments et gènes, pourrait permettre d'élaborer des programmes de nutrition et, pourquoi pas ensuite, des produits alimentaires adaptés aux besoins de chaque personne [41].

Mais la pédagogie n'est pas réservée uniquement aux enfants et à leurs mamans. « La pédagogie et l'honnêteté ainsi que la transparence sont incontournables. Il faut désormais être simple, clair, transparent, déclare la directrice marketing des produits frais de Danone. Des produits comme Actimel, Senja, ou Essensis nécessitent de l'explication. Il y a derrière des réalités scientifiques que nous nous devons d'expliquer de façon pédagogique [42]. » Initiative pédagogique donc : une « déclaration universelle des droits de ma peau » distribuée lors du lancement d'Essensis, premier « yaourt cosmétique ». Ce nouveau produit de « dermonutrition » contient un « complexe ProNutris qui associe des oméga 6, issus de la bourrache, des antioxydants du thé vert, de la vitamine E et des probiotiques exclusifs ». On peut juste se demander pourquoi aller prélever ces nutriments pour les ajouter à un yaourt, alors qu'ils existent déjà naturellement dans d'autres aliments. Réponse par le marketing, qui prétend nous expliquer qu'on assiste à la création du premier produit alimentaire qui « nourrit la peau de l'intérieur ». Et à produit cosmétique révolutionnaire, emballage dérogeant à toutes les règles de l'alimentaire : des pots ronds et roses pour célébrer comme il se doit la « fusion entre cosmétique et alimentation », et lancement en grande pompe au rayon beauté du grand magasin du Printemps. En termes d'efficacité, la marque met en avant une étude maison sur 72 femmes consommatrices de ce produit durant six mois. C'est scientifique donc – pas moins de 500 chercheurs y ont collaboré ! –, mais est-ce utile pour autant ? Sur cette lancée d'aliments pour la peau se sont immiscés d'autres produits : Tropicana Essentiels aux antioxydants contenus dans son jus de raisin-cassis-cranberry qui « contribue à lutter contre le vieillissement cellulaire » et l'huile d'olive Lesieur qui fait valoir son « engagement antioxydants [...] grâce à une sélection rigoureuse parmi les crus d'huile d'olive les plus riches du bassin méditerranéen ». Quant à Coca-Cola et L'Oréal, ils se sont associés pour sortir en 2008 Lumaé, une boisson à base de thé vert, également bénéfique pour la peau. Jus de cassis, huile d'olive, thé vert, preuve est donc faite qu'on avait déjà à disposition – parmi beaucoup d'autres – des produits naturels anti-vieillissement.

Quand les marques entrent à l'école

Elles parlent de pédagogie, leurs opposants parlent de promotion... toujours est-il que les marques sont de plus en plus présentes dans les établissements scolaires. Elles interviennent avec un matériel très élaboré, mallettes pédagogiques ou cassettes vidéo, qu'elles offrent gracieusement aux enseignants. Désormais, elles sont nombreuses à avoir créé un département spécifique de « relation avec l'enseignement ».

Éduquer le jeune consommateur ?

Depuis plus de vingt ans, l'Institut national de la consommation étudie tous les documents pédagogiques ainsi mis à la disposition des enseignants pour l'« éducation du jeune consommateur » et un Comité paritaire d'évaluation en établit une analyse critique, que l'on peut consulter dans sa pédagothèque [43]. Dans la catégorie sensible de l'alimentation pour les 6-7 ans, neuf dossiers, conçus sur un mode ludique et pédagogique, sont mis à la disposition du corps enseignant. Sur ce nombre, sept émanent de marques ou de collectives de producteurs directement concernées par le sujet : Nestlé, Lesieur, Passion céréales (la collective des producteurs de céréales), le Centre d'information de la viande et Les Enfants du goût, une association créée par une agence de communication spécialisée qui a l'habitude de travailler pour des marques alimentaires [44]. Si l'on prend aussi en compte les moins de 5 ans s'y ajoutent Béghin-Say, producteur de sucre, et le CIDIL, collective des producteurs de produits laitiers. Tous visent le même but : « Éveiller et sensibiliser les

enfants à l'alimentation, aux goûts, à l'équilibre alimentaire et à l'origine des aliments » (Nestlé), leur « permettre
d'adopter une bonne hygiène de vie, [leur] expliquer clairement les grands principes de l'équilibre et de l'hygiène
alimentaire » (Les Enfants du goût) ou encore les « sensibiliser au bon équilibre alimentaire, les rendre autonomes et
responsables face à leurs habitudes alimentaires grâce à une
nutrition équilibrée » (Lesieur), « apprendre à manger de
façon équilibrée en composant soi-même les différents
menus selon ses besoins nutritionnels et ses goûts tout en
s'amusant » (CIV). Les formes sont variées, toujours ludiques, allant du livret de contes ou de l'imagier au grand
jeu ou à la BD, avec toujours, en complément, un livret
et des conseils pédagogiques pour l'enseignant. La démarche a un prix, puisque la plupart de ces marques font ces
offres gracieusement, en ne faisant parfois prendre en
charge que le port, et exceptionnellement en demandant
une petite participation qui ne couvre pas, loin s'en faut,
les coûts occasionnés. Alors pourquoi tant de sollicitude ?

Quand ces marques et collectives informent sur leurs
produits et leurs éventuels bienfaits, elles sont dans leur
rôle. Elles ont d'ailleurs des moyens publicitaires et promotionnels pour le faire. Mais sont-elles fondées à donner des
conseils en nutrition ? Comment un producteur de sucre,
une entreprise vendant du chocolat en poudre ou des
céréales croustillantes peuvent-ils informer en toute indépendance sur les besoins en sucre ? Comment pourraient-
ils inciter les enfants, très amateurs et déjà surconsomma-
teurs de produits sucrés, à diminuer leur consommation,
allant ainsi à l'encontre de leurs objectifs commerciaux [45] ?

Les entreprises sont aussi très présentes en milieu scolaire
dans le domaine de la santé. Sous la responsabilité de
l'Union française pour la santé bucco-dentaire sont diffusés

divers supports (livrets, jeux, ou même cassettes vidéo) mettant en scène le docteur Quenottes, un charmant lapin qui dispense aux enfants dès 6 ans de nombreux conseils pour « développer et mettre en place des habitudes d'une bonne hygiène bucco-dentaire ». Plus de 300 000 enfants de 6 à 10 ans y accèdent chaque année, depuis une dizaine d'années. Ce gentil lapin est depuis longtemps la mascotte de Colgate, la marque qui sponsorise ces documents très ostensiblement – trop, même, selon le Comité paritaire d'évaluation de l'INC, qui souligne que « la signature Colgate qui sponsorise les supports pourrait être moins présente ». D'autant que la marque utilise ce même Quenottes dans toutes ses communications à destination des enfants. On le retrouve ainsi sur son site sur toutes les pages d'un petit guide, *Plein de conseils pour prendre soin de tes dents*, accompagné d'un enfant un tube au sigle de la marque à la main.

Que penser aussi de cette marque de produits solaires qui s'adresse aux CM1 pour « éduquer les enfants sur le soleil et ses actions, tout en les informant sur les bons comportements à adopter lors d'une exposition au soleil » ? Objectif louable quand on sait qu'il faut engager la prévention solaire le plus tôt possible. La marque a pourtant été elle aussi épinglée par le Comité paritaire d'évaluation de l'INC, qui déplore une « présence du logo des Laboratoires Vichy trop marquée » et, plus grave, ajoute : « Les informations, bien que riches et variées, n'abordent pas les dangers du soleil (maladies, coups de soleil...). » Un oubli d'importance, qui pourrait laisser penser aux enfants qu'avec une crème protectrice – pourquoi pas celle de la marque précitée ? –, on ne risque plus rien.

Alimentation, hygiène dentaire, protection solaire... Dans tous ces cas, et bien d'autres relevant de l'hygiène ou de la santé, il existe des documents à destination des ensei-

252

gnants et des enfants créés par des organismes indépendants. Pourquoi ne pas se procurer les revues élaborées[46] dans le cadre du Programme national nutrition santé par l'Institut national pour la prévention et l'éducation pour la santé et consulter son site qui fourmille de conseils et de documents pédagogiques ? On est sûr que les informations y sont données sans parti pris. Dans le domaine des produits laitiers par exemple, l'INPES, reprenant le PNNS, indique clairement que pour un bon équilibre il suffit d'en consommer trois par jour, entre lait, yaourt, crème ou fromage. Pourtant, les groupes agroalimentaires comme Danone ou Nestlé, qui revendiquent un savoir-faire en matière de nutrition, recommandent d'en manger systématiquement à tous les repas, y compris au goûter ! De même, des marques de céréales ou de chocolat présentent des tableaux comparatifs des différentes sortes de petit déjeuner ou de goûter, qui font apparaître, on s'en serait douté, que leurs productions sont les plus équilibrées. Les nutritionnistes expliquent cependant que deux tartines de pain complet avec beurre et confiture sont plus recommandées et moins caloriques qu'un gros bol de céréales croustillantes ou qu'une barre de chocolat. Autant d'incitations insidieuses, sous couvert de recommandations nutritionnelles, que les enseignants, souvent démunis pour aborder la nutrition avec leurs élèves, auraient plutôt tendance à croire.

C'est durant les premières années de la vie que le goût des enfants se développe et que les habitudes alimentaires se prennent. Et un enfant sur six est en situation de surpoids en France, contre un sur vingt il y a vingt-cinq ans. « Jusqu'à 3 ans, on apprend à manger équilibré. Après, on mange autant pour faire plaisir à son entourage que pour se nourrir et les enfants deviennent des imitateurs, souligne Marie-Laure Frelut, une pédiatre spécialiste de la nutrition des enfants. Ils sont très vulnérables et sensibles à tous les messages, y compris la publicité[47]. » C'est bien parce que les marques le savent qu'elles tiennent autant à intervenir dans les écoles.

Une disposition d'esprit favorable

Un enfant reconnaît un logo à partir de 18 mois, et il se souvient d'une marque dès qu'il a 3 ans. Il est donc très facile d'entretenir chez lui la confusion entre la marque, le personnage éventuel qui l'incarne et les conseils dispensés dès le plus jeune âge. Et cette démarche installe durablement l'habitude d'associer un conseil, en particulier alimentaire ou sanitaire, à une marque. Pourquoi donc laisser des entreprises commerciales, par nature de parti pris, s'approprier l'information parascolaire dans les écoles et les collèges ?

De nombreuses marques font l'offensive auprès des écoles et des collèges dans des domaines qui peuvent sembler assez éloignés des centres d'intérêt scolaires. Coca-Cola et la découverte de l'entreprise, EDF et le nucléaire, Gaz de France et le transport de l'énergie, Brossard et l'univers de la voile, le CIC et l'apprentissage de la Bourse... Encore plus étonnant, en février 2007, le Comité français du parfum et l'agence Junium ont monté une opération de sensibilisation des collégiens avec un kit pédagogique et un DVD pour effectuer un « voyage initiatique au cœur du parfum[48] ». La Bourse ou le parfum étudiés au collège ? Depuis 2001 et le code de bonne conduite édicté par une circulaire du ministère de l'Éducation nationale, le principe de neutralité commerciale est largement battu en brèche. Les établissements scolaires ont dorénavant la liberté de conclure des partenariats, dont l'intérêt pédagogique est laissé à l'appréciation des enseignants. Et les entreprises ne s'en privent pas, faisant des offres directement aux enseignants ou aux établissements scolaires par mail ou par courrier. Aujourd'hui, six dossiers pédagogiques sur dix qui entrent dans les établissements scolaires proviennent de sociétés privées. Et les trois domaines de prédilection sont la santé, l'alimentation et les finances personnelles.

Les marques ne le savent que trop : à l'école, et en particulier en maternelle ou en primaire, les enfants sont dans une disposition d'esprit favorable à l'apprentissage, plus réceptifs à tout message, surtout s'il leur est délivré par leur maître. Elles cherchent donc à établir un rapport de familiarité avec eux, voire de connivence, et ainsi à développer des liens qui durent. Or plus les enfants adoptent une marque tôt, plus ils lui seront fidèles quand ils seront grands. Des agences de communication se sont spécialisées dans ce créneau prometteur, Nutrilys-Protéines, 6/12, ou Junium pour les plus connues. Junium, qui monte de nombreuses opérations à destination des écoles, explique à ses marques partenaires qu'à l'école « les jeunes sont en situation d'écoute, de réflexion et d'échange et accordent une forte crédibilité aux messages. Le potentiel de bouche à oreille y est important (enseignants, jeunes, familles) [49] ». Pour s'adresser au public jeune, l'agence promet que « [ses] clients deviennent les partenaires de la construction des jeunes » car « nous détenons les clés d'entrée de leurs territoires de vie pour les toucher efficacement ». Et elle leur propose d'être « générateurs de complicité afin de laisser une vraie trace et initier une relation durable ». Derrière ce jargon de communicant s'exprime une vraie promesse d'instaurer des relations de complicité durable entre les marques et les enfants ou les jeunes adolescents. Sans doute est-ce que cette agence appelle « communication pédagogique à l'école » : « La communication pédagogique a donc pour objectif d'accompagner les jeunes dans leur construction active en futur adulte et de favoriser l'évolution des comportements. Elle crée un lien complice avec votre marque ou institution. » Selon une telle définition, les interventions des marques en milieu scolaire semblent nettement pencher vers la communication plutôt que vers le pédagogique. Plus étonnant encore, Junium, qui revendique 5 millions d'élèves touchés par ses campagnes, est membre du Comité paritaire d'évaluation des dossiers pédagogiques de l'INC. Elle élabore donc des dossiers pour ses marques clientes, tout en participant à leur évaluation, au sein du Comité. Une étrange confusion qui souligne la limite de cet organisme paritaire, dont le rôle était déjà très affaibli par le caractère facultatif de ses évaluations, puisque les entreprises ne sont pas obligées de lui soumettre les dossiers qu'elles destinent aux écoles.

Des partenariats avec l'Éducation nationale

Depuis quelques années, l'Éducation nationale conclut des accords de partenariat pour défendre de grandes causes nationales ou internationales. Ainsi, une campagne nationale sponsorisée par la marque Morgan, intitulée « Le respect ça change l'école », a été lancée par le ministère en octobre 2001. À cette occasion, le ministère a diffusé sur son site une publicité pour la marque et un tee-shirt en vente dans son réseau de magasins. Le ministère mettait en avant un lien direct vers le site de la marque et incitait à aller acheter le tee-shirt, indiquant le prix et soulignant qu'une partie serait versée à l'association Stop la violence.

Autre partenariat, en 2005, pour avertir les élèves des dangers d'internet, l'Éducation nationale a fait distribuer aux élèves des classes de CM2 800 000 tapis de souris comportant des messages de prévention : « Sois prudent avec les inconnus rencontrés sur le net », « N'accepte aucun rendez-vous, jamais », « N'envoie ta photo qu'à ta famille ou à des amis sûrs ». Sans budget consacré à cette opération, l'Éducation nationale s'était tournée vers plusieurs entreprises, parmi lesquelles Publicis, Bouygues Telecom, M6, Neuf Télécom, France Telecom, Nestlé ou Cégétel, qui ont fait apposer leurs logos sur les tapis de souris. Un syndicat d'enseignants et une fédération de parents d'élèves s'en sont émus, jugeant « regrettable qu'une campagne informative au service d'une juste cause soit détournée au profit d'entreprises qui se font par ce biais une large publicité au sein de l'école », et rappelant le principe de neutralité commerciale en vigueur dans tous les établissements scolaires et l'interdiction de démarchage au sein des écoles [50].

Sur un mode plus souple mais sans doute plus efficace, des marques ou collectives montent des opérations nationales à destination des écoles, sans partenariat officialisé avec le ministère concerné. La campagne la plus connue est sans conteste « La semaine du goût » organisée par le CEDUS depuis dix-sept ans, avec l'aval du ministère de l'Agriculture et de la Pêche. Le CEDUS ? C'est le Centre d'études et de documentation du sucre, organisme interprofessionnel qui défend les intérêts des producteurs de cette denrée très critiquée lorsqu'elle est consommée en trop grande quantité. Cette opération, qui s'est adressée en 2006 à 6 000 classes de CM1 et CM2 – des enfants de 9-10 ans, donc –, fait aussi figurer en qualité de partenaires, à côté de marques d'eau, le Centre d'information des viandes, des marques de fromage (Entremont, Riches Monts),

257

de charcuterie (Madrange, Labeyrie, Aoste, Justin Bridou, Fleury Michon), de chocolat (Poulain, Cadbury), de café (Legal)... et de boissons alcoolisées (Kronenbourg, Piper-Heidsieck, Campari, ou Châteaux en Bordeaux) ! Autant de produits qui ne correspondent pas tout à fait à l'idéal de nutrition qu'on souhaite développer auprès des enfants, quand ils ne leur sont pas carrément interdits. Mais l'Aprifel, la collective des fruits et légumes, a un budget tellement faible qu'elle ne peut figurer dans toutes ces campagnes de promotion. D'ailleurs, quand on consulte sur le site de « La semaine du goût [51] » les pages présentant les quatre saveurs aux enfants, le goût acide est représenté par une pomme, le goût amer par du concombre, le sucré par des morceaux de sucre et le salé par du fromage et du jambon. Le tout accompagné de carrés de chocolat. Les partenaires seraient-ils passés par là ? Ce n'est sans doute pas la meilleure démarche pour faire apprécier les fruits et légumes aux enfants qui, comme le site le souligne aussi, arrivent au monde avec une appétence privilégiée pour le goût sucré.

Un code de bonne conduite assoupli

Régulièrement, les ministères de l'Éducation nationale successifs ont jugé bon de réaffirmer le principe de neutralité du service public de l'Éducation. En 1989, en 1995, puis en 1999 encore, il était stipulé : « Afin de garantir le principe de neutralité de l'école [...], il ne sera pas donné suite aux sollicitations émanant du secteur privé, dont les visées ont généralement un caractère publicitaire et commercial [52]. »
Mais en 2001, sans doute sous la pression de divers milieux économiques, un « code de bonne conduite des

interventions des entreprises en milieu scolaire » a nettement assoupli la donne. Certes, cette circulaire [53] réaffirme le principe de neutralité du service public de l'Éducation nationale : « Les établissements scolaires, qui sont des lieux spécifiques de diffusion du savoir, doivent respecter le principe de la neutralité commerciale du service public de l'Éducation et y soumettre leurs relations avec les entreprises. » Certes, le code souligne l'interdiction de tout démarchage publicitaire en milieu scolaire : « Les maîtres et les élèves ne peuvent, en aucun cas, servir directement ou indirectement à quelque publicité commerciale que ce soit. » Le code interdit également la diffusion de données personnelles sur les élèves : « Les élèves, notamment ceux de l'enseignement professionnel et des classes post-baccalauréat, ainsi que les personnels de l'établissement scolaire ne doivent en aucun cas être autorisés à apporter leur concours à une entreprise pour créer, à partir d'informations de l'établissement, un fichier clients. » Mais ce code donne aux établissements scolaires la « liberté d'accepter des offres de partenariat » : « Les actions de partenariat doivent soit s'inscrire dans le cadre des programmes scolaires, soit être liées à l'éducation (culture, civisme, santé...), soit favoriser un apport technique (notamment pour la réalisation de produits multimédias), soit enfin correspondre à une action spécifique (commémoration, action locale). Ces actions sont mises en œuvre sous la forme de soutien, de parrainage, d'actions de sensibilisation, de promotion, d'aides diverses ou de fourniture de kits pédagogiques. [...] Les professeurs doivent également veiller aux messages non apparents en première lecture susceptibles d'être contenus dans ces documents pédagogiques, qui représentent pour l'entreprise un vecteur publicitaire. Cette exigence doit être strictement respectée, notamment dans les établissements du premier degré. Pour autant, l'entreprise peut être autorisée à signaler son intervention comme partenaire dans les documents remis aux

259

élèves. Elle pourra ainsi faire apparaître discrètement sa marque sur ces documents. [...] Il est, en outre, fréquent que les entreprises produisent, même en dehors de tout partenariat, des documents éducatifs. Avant toute utilisation de ces documents, les chefs d'établissement comme les enseignants sont tenus de les évaluer. »

Quant aux concours, le code stipule que « des entreprises proposent d'organiser des concours qui s'adressent aux élèves. Ces concours doivent avoir une relation explicite avec les programmes d'enseignement et la formation des élèves ».

Enfin, en ce qui concerne les sites internet, « la réalisation par les services de l'Éducation nationale et les établissements scolaires est tenue au respect du principe de la neutralité commerciale ». Cependant, « le recours à la publicité est admis sous réserve de l'acceptation par l'entreprise des conditions suivantes : limitation du temps d'affichage des publicités, lien des messages publicitaires avec l'objet pédagogique du site, publicités ponctuelles en relation avec une activité culturelle ou un événement lié au monde éducatif ».

De la cour de récré aux livres scolaires

Aux États-Unis, il n'est pas rare que des manuels de lecture ou de calcul recourent à des personnages mascottes de marques pour rendre l'apprentissage plus attractif. Certains y adjoignent même des logos publicitaires. Nous n'en sommes pas là. Depuis plus de quinze ans, l'éducation à la consommation est préconisée dans les écoles, et le ministère de l'Éducation nationale a recommandé en 1990 de l'insérer dans les programmes scolaires[54]. Mais le thème reste peu abordé dans les manuels. Un travail de recherche effectué par Géraldine Noizat, une étudiante en DESS communication et jeunesse[55] en 2004 sur des livres s'adressant aux élèves de collège montre qu'une part infime y est consacrée : 3,95 % des livres de sciences de la vie et de la terre (sur le thème de l'alimentation et de la santé), 1,97 % des manuels d'éducation civique, 1,60 % des livres de technologie et 0,44 % de ceux d'histoire-géographie. C'est dans ce cadre que certains éditeurs ont choisi de faire figurer des marques – 139 dénombrées au total – pour illustrer les sujets abordés, en particulier pour parler d'alimentation, de mondialisation ou d'industrialisation. L'étude relève, à côté de marques d'automobiles, de nombreuses entreprises américaines comme McDonald's, Coca-Cola ou Disney. « Bien que celles-ci servent d'exemple au chapitre sur la mondialisation, on ne peut pas occulter le fait que ces entreprises vendent des produits directement adressés aux jeunes et ont tout de même pour objectif de conquérir et fidéliser cette cible, souligne-t-elle. Cela est d'autant plus critiquable que certains manuels leur consacrent des chapitres de trois ou quatre pages. L'exemple d'une multinationale peut pourtant être donné sans pour autant être illustré par une marque précise avec des logos. »

En outre, la faible part consacrée à l'éducation à la consommation dans ces manuels laisse le champ libre à toutes les marques qui le souhaitent pour faire des offres de dossiers pédagogiques, souvent très attractifs, et s'adresser par l'intermédiaire des enseignants directement au public des enfants et des adolescents qu'elles visent.

Autre mode d'entrée dans les établissements scolaires : l'affichage. Une société spécialisée passe des accords d'exclusivité avec des proviseurs pour installer des panneaux publicitaires dans la cour ou dans le réfectoire ou le gymnase du lycée. Les affichages sont consacrés aux sorties de films à gros budget ; en contrepartie, le lycée touche

150 euros par panneau et par an. Pourtant, ce type d'affichage est interdit ; mais les élèves du lycée Hélène-Boucher à Paris ont dû batailler ferme, en février 2002, pour que les panneaux implantés dans l'enceinte du lycée soient supprimés.

Va-t-on peu à peu suivre le chemin pris par les États-Unis, qui ont opté pour l'ouverture des écoles aux marques ? Les logos sont partout dans les collèges, sur les murs, les sols des gymnases, les rideaux des réfectoires, dans les autobus scolaires..., et les partenariats sont monnaie courante. La chaîne de télévision commerciale éducative Channel One va jusqu'à offrir aux écoles télévisions et magnétoscopes si leurs élèves regardent en classe leur journal télévisé et les publicités qui y sont associées. « Doit-on ou non condamner cette ouverture de l'école au marché ? C'est la question que pose Paul Ariès, initiateur du mouvement "Pour une rentrée sans marque". Tout dépend du rôle que la société veut attribuer au système scolaire. S'il s'agit de former des citoyens, les marques n'ont rien à faire dans la classe. Si on souhaite familiariser les enfants à la société de consommation, alors leur présence peut apparaître logique. C'est un véritable choix de société[56]. »

Ne nous faisons pas d'illusion, si les marques prennent ainsi le tournant de l'information, de la pédagogie et du divertissement, recherchent la caution des spécialistes, ce n'est sans doute pas pour prendre une part désintéressée à l'élaboration d'un savoir collectif. Dans la grande majorité des cas, quand elles revendiquent une démarche pédagogique, ce n'est pas avec le souci de nous informer de façon impartiale, pour nous aider à devenir autonomes en matière de consommation. Leur objectif est bien évidemment à l'opposé. Dans la grande spirale du « toujours plus » – toujours plus de ventes pour toujours plus de marge –, la seule solution pour elles est d'user de tous les moyens possibles pour nous amener à augmenter notre consommation. Même au mépris de la santé. Il suffit d'écouter Marc Danzon, directeur régional de l'Organisation mondiale de la santé pour l'Europe, soulignant sans illusion les freins de l'industrie agroalimentaire dans le domaine vital de la nourriture, pour en être persuadé. « En abordant un domaine comme celui de la nutrition, nous avons rencontré de vrais obstacles du fait des intérêts industriels. Les industriels luttent pied à pied [...]. Concernant les aliments, il est impensable que nous ne nous intéressions pas aux conditions de leur production, comme certains le souhaiteraient. Au début nous étions naïfs quant aux réactions possibles de la part des industriels. Entre l'argent et la santé, il y a une compétition, et ce n'est pas toujours la santé qui gagne[57]. »

7

Le politique, un produit comme un autre ?

Il n'y a pas de « communication » politique digne de ce nom. C'est du moins ce que pense l'ensemble des responsables des agences françaises de publicité, qui se sont associées pour lancer une opération de sauvetage. « Il y avait deux fléaux pour lesquels la communication était réglementée : l'alcool et le tabac. Il y en aurait un troisième : la politique », affirmaient-ils en novembre 2006 pour obtenir une libéralisation de la communication politique, interdite d'affichage et de spots publicitaires radio et télé[1]. Alors, « un candidat doit-il se vendre comme une savonnette ? ». C'est ainsi que s'interrogeaient les marketeurs américains dans les années 1960-1970 en lançant le marketing politique[2]. La question n'est pas aussi simple, on s'en doute. L'animal politique est un produit vivant, et si à l'usage on n'est pas content d'un élu, on ne peut le rapporter ou l'échanger, comme on le fait d'un produit défectueux. On est tenu de patienter jusqu'à la présentation de la nouvelle collection. Mais la fréquence de production des nouveautés politiques est loin d'atteindre celle des produits commerciaux, qui nous ont habitués à un renouvellement très rapide.

Pour y remédier, depuis les années 1980, les politiciens

s'entourent de conseils en communication et, s'ils n'ont pas atteint le niveau d'implication marketing et de dépense des Américains, ils sont tout aussi désireux de se vendre. Techniques de sondage, marketing viral ou méthodes d'influence : de nombreuses recettes inventées par le domaine commercial sont devenues pratique courante. Sur l'autre bord, les électeurs semblent prêts à se laisser séduire par la dernière opération de com politique, comme par les têtes de gondole des supermarchés.

Sondages : évaluer le produit ou ausculter les citoyens ?

La politique ne déroge pas à la règle : à l'instar des consommateurs, les électeurs sont de plus en plus considérés comme volatils et infidèles. Selon le Centre d'étude de la vie politique française, à la veille des dernières élections présidentielles, trois Français sur cinq disaient ne faire confiance ni à la droite ni à la gauche pour gouverner[3]. Conséquence de la cohabitation, sans doute, mais pas seulement. Partis et candidats ont eu tendance à semer la confusion dans le clivage droite-gauche, le candidat de l'UMP invoquant des personnages phares de l'histoire de la gauche comme Jean Jaurès ou Léon Blum, tandis que la candidate du Parti socialiste faisait siennes des valeurs comme l'ordre (juste) ou la sécurité, traditionnellement défendues par la droite. La personnalisation du débat a fait le reste, laissant peu de place à l'expression des programmes. Cette indécision a semble-t-il favorisé une inflation d'études et de sondages pour évaluer à longueur de semaines l'évolution de la cote des candidats, comme les entreprises suivent l'appréciation de leur marque, et pour tenter d'ausculter les électeurs-consommateurs.

268

Des sondages inflationnistes

Bien que politique et commerce soient des domaines rigoureusement différents, ce sont les mêmes instituts de sondage qui pratiquent les études de marché pour les entreprises et les sondages politiques. Et avec les mêmes méthodes. La plupart des questions sur les intentions de vote sont d'ailleurs traitées par les instituts en enquêtes « omnibus », ce qui signifie que la cote du candidat est soumise à l'évaluation du citoyen-consommateur entre une question sur des petits pois et une autre sur la gomme à mâcher. Cela permet de facturer la question politique autour de 1 000 euros, à moitié prix de la question commerciale : si ces sondages font la notoriété des instituts qui les pratiquent auprès du grand public, ils sont loin de représenter leur activité la plus lucrative...

En période électorale, le sondage d'opinion est comme un sport national, qui mobilise une bonne partie des 400 sociétés d'études marketing et d'opinion exerçant, à des niveaux différents, sur le territoire. TNS Sofres, Ipsos, BVA, IFOP... tous ces instituts ont accompagné durant de longs mois la vie quotidienne de tous les Français en réalisant plus de 300 sondages pour ces dernières présidentielles, contre 157 en 1995 et 193 en 2002. Pas un quotidien, pas une radio, pas une chaîne de télé qui n'ait le sien, en cheville avec son institut, et qui ne les commente, à longueur de colonnes, ou d'antenne.

À quoi nous servent tous ces sondages, dont le nombre a été multiplié par deux en vingt ans ? Comme tous les instituts le font valoir, ce ne sont que des photos à un instant T, et encore, des photos retouchées. Considérant en effet que les intentions de vote sont parfois sous-estimées, en particulier concernant le Front national, les instituts apportent aux chiffres bruts qu'ils recueillent des correctifs de « redressement » qui leur sont propres. Mais chacun garde le plus grand secret sur les formules utilisées. La Commission des sondages a d'ailleurs été amenée à remettre en cause la validité de deux d'entre eux en mars 2007, exprimant des « réserves sur le caractère significatif des intentions de vote ». Autre problème, la chute des taux de réponse, liée au fait qu'il faut en général appeler de huit à dix personnes pour en trouver une acceptant de répondre aux questions. Autant d'individus dont l'opinion n'est pas prise en compte dans ces sondages. Enfin, quand ils sont publiés dans les médias, la plupart du temps, le taux d'indécis n'est pas mis en exergue.

Compte tenu de ces limites, la question se pose : en quoi ces sondages sont-ils utiles pour les futurs électeurs ? À la différence des enquêtes commerciales, réservées aux entreprises qui les commandent et restant toutes strictement confidentielles, les sondages d'opinion sont pour la grande majorité diffusés aux principaux intéressés – les politiques –, mais aussi au grand public, objet de ces investigations. On en vient ainsi à discuter des hauts et des bas des sondages au lieu de parler des idées et du fond des programmes des candidats. Comme le souligne l'universitaire Alain Garrigou, auteur de *L'Ivresse des sondages*, critiquant la « sondomanie » ambiante : « Il y a un phénomène d'addiction : plus il y en a, moins on peut s'en passer. Et cela focalise l'attention sur le résultat de la compétition. À savoir que tout tourne non sur ce qui se fait, mais sur ce qui va arriver. Ce martèlement quotidien des sondages prend tout un chacun dans l'objectivité. [...] L'opinion est la nouvelle instance de légitimation[4]. » Il semble même que la succession des sondages en arrive à influer sur les décisions de vote de l'électeur : « Il peut faire évoluer l'ordre de ses préférences, entre le candidat qu'il souhaite et celui qu'il ne veut surtout pas avoir. »

Des outils de veille politique

À travers quantité d'études, tous les partis cherchent aussi, plus discrètement mais activement, à identifier les besoins et les désirs non satisfaits des citoyens. « Je voudrais regarder la France au fond des yeux, lui dire mon message et écouter le sien », déclarait le candidat Valéry Giscard d'Estaing en 1974, le premier à s'inspirer des méthodes américaines et à faire un usage régulier des études afin de s'adapter aux réactions des électeurs. Depuis, les hommes politiques sont très amateurs des fameuses études quali, si fréquentes dans le monde du marketing commercial pour cibler les consommateurs. Ils aimeraient ainsi cerner ces électeurs indécis qui peuvent basculer d'un côté ou de l'autre au gré de leurs interventions. Ou bien encore tester de nouvelles idées, auprès de la France dite « profonde ». Et surtout faire apprécier régulièrement leur image. À raison de 5 000 euros à 15 000 euros le test quali, tous les politiques ne peuvent pas se le permettre. Une méthode très appréciée de certains leaders consiste à évaluer à chaud leurs prestations télévisées. Méthode radicale, résultat immédiat : plusieurs personnes réunies devant l'écran inclinent une manette en négatif ou en positif selon leurs réactions au discours de l'intéressé. De l'épidermique, sans vue d'ensemble ni temps de réflexion. Comme on réagit devant un produit sur l'étal d'un commerce.

À gauche comme à droite, chaque parti possède une

équipe plus ou moins fournie qui épluche les nombreuses études et enquêtes menées à longueur de temps pour mieux cerner les citoyens consommateurs. Pour la campagne de la candidate socialiste, Nathalie Rastoin, directrice de l'agence de publicité Ogilvy, et Gérard Le Gall, déjà responsable des sondages pour la campagne de Lionel Jospin, décryptaient enquêtes et tendances, tandis que Sophie Bouchet-Petersen se chargeait des travaux de recherche des sociologues et autres universitaires. Ensuite, ils « restituaient » à Ségolène Royal, selon l'expression consacrée. Du côté de l'UMP, une direction des études composée d'une dizaine de personnes et de plusieurs stagiaires, menée par Emmanuelle Mignon, a organisé des « conventions de la France d'après » avec de nombreux experts et rédigé un bilan économique, culturel et institutionnel de la France pour nourrir le projet politique de Nicolas Sarkozy.

Les conseils des hommes politiques ont également la tentation de chercher des informations sur leur public potentiel dans le datamining, une technologie très prisée du commercial qui permet de faire une étude assez fine des bases de données clients et qui progresse chaque année avec des logiciels toujours plus sophistiqués. Quel politique ne rêverait pas de disposer d'un outil qui permette de suivre à la trace adhérents et sympathisants, comme un vendeur de voitures ou d'électroménager pourrait repérer parmi ses clients ceux susceptibles de changer de modèle ? Les États-Unis ont franchi ce pas. Le Parti républicain a mis sur pied une base de données contenant des milliers d'informations sur ses électeurs potentiels. Coût de l'opération : 60 millions de dollars (48 millions d'euros)[5]. Au cours des trois derniers jours précédant une élection, des milliers de bénévoles sont incités à y recourir pour contacter avec des arguments sur mesure les personnes qu'ils considèrent comme essentielles pour faire basculer un vote. Cette technique, appelée « *72 hours project* » (projet 72 heures), a été déjà éprouvée à trois reprises, depuis les élections de 2002.

Un contrôle qualité en direct ?
Deux sites au rendez-vous

« Que restera-t-il des mots, des promesses dans quelques jours, quelques mois, quelques années, sans doute un vague souvenir ? [...] En toute neutralité, sans aucun parti pris, sans interprétation, ni jugement, Claméo sera votre mémoire. » Constatant que par leur massive participation aux dernières élections présidentielles, les Français « ont clamé haut et fort leur volonté de participer aux débats publics », deux sociétés, spécialistes du recueil de données et du service web, se sont associées pour ouvrir clameo.fr.

Depuis le 16 mai 2007, jour de l'entrée en fonction du nouveau président de la République, le site mesure en continu le « chemin parcouru de la promesse à la réalisation ». Sur les quatre-vingt-trois promesses formulées durant la campagne, Clameo avait recensé au 10 juillet quatre engagements tenus, deux autres tenus partiellement et un dernier non tenu. Les autres étant « à suivre ». En contrepoint, le site a prévu de faire réagir tous ceux qui le souhaitent.

De son côté, le site rue89.fr, créé par d'anciens journalistes de *Libération*, a ouvert le 16 mai un « Sarkoscope » pour « suivre la mise en application des engagements et promesses faits par le nouveau président ». Là aussi, « les passants de la rue 89 sont invités à contribuer à cet observatoire ». Le site reprend une à une, in extenso, toutes les promesses faites durant la campagne, le calendrier prévu et le suivi de leur avancement[6].

Pour mieux cerner les électeurs potentiels, une autre piste d'étude séduit les politiques s'ils en ont le budget : les analyses prédictives, qui s'intéressent au contenu des courriers ou des interventions sur les blogs ou les sites communautaires. Cette démarche permet, par exemple grâce au suivi de mots clés, de sélectionner des internautes qui semblent en phase avec telle ou telle tendance politique et de s'adresser à eux en priorité.

Les méthodes du marketing politique

Dès 2004, le responsable de l'agence de marketing d'influence Heaven, François Collet, annonçait : « Le prochain marché du marketing d'influence, ce sera les campagnes électorales. » Cette agence disait avoir été contactée par l'UMP pour toucher ses adhérents dans le cadre d'une compétition interne[7]. Le marketing politique lorgne en effet de plus en plus sur le modèle du marketing commercial. People, viral, blogs ou mobiles, les méthodes se ressemblent de plus en plus. « Les partis politiques assument pleinement et sans complexe la professionnalisation de leurs stratégies marketing et communication en s'entourant de cabinets de consulting », se réjouit le responsable d'un institut d'études[8]. Tous les partis n'avancent cependant pas à la même vitesse, et l'UMP a pris plus d'une coudée d'avance. Pour élaborer son programme de campagne, ce parti a ainsi décidé de s'inspirer des savoir-faire du monde de l'entreprise en faisant appel, durant l'été 2006, au cabinet international Boston Consulting Group (BCG). Spécialiste de la stratégie commerciale, ce consultant renommé s'est fixé une mission simple : « Aider les grandes entreprises à créer un avantage concurrentiel durable[9]. »

Pour lui, cet avantage se joue sur trois fronts, comme il l'explique sur son site : « La guerre de l'affiliation (se rapprocher des intérêts du client, consommateur, distributeur ou fabricant), la guerre de l'audience (atteindre un univers de navigation de taille critique) et la guerre pour la richesse (personnaliser l'information offerte). » L'équipe de Nicolas Sarkozy a su en tirer le meilleur parti pour sa « guerre » électorale.

Le soutien prescripteur des people

Comme pour les marques, les people sont devenus incontournables en matière de soutien politique. Seule différence, de taille : ils ne se font pas rémunérer pour leurs prestations et prêtent main-forte à leur candidat de prédilection par amitié et conviction. Heureusement pour les hommes politiques, qui ne pourraient s'offrir certaines des stars très cotées au box-office.

Les personnalités du sport, du show-biz ou du cinéma sont considérées par les marques comme de réels prescripteurs auprès des publics qui les estiment. Et les agences de com préconisent de plus en plus d'y recourir. Mais la mécanique fonctionne-t-elle aussi dans le domaine politique ? Les candidats aux élections présidentielles ont toujours aimé bénéficier de la caution d'artistes ou d'intellectuels reconnus. Aujourd'hui, la recherche de soutien est toujours aussi vive, mais ceux qui sont sollicités ne sont plus tout à fait les mêmes. Le people a tendance à remplacer l'intello. Prescripteur, le people ? « Quand on ne sait plus comment parler de sa marque, on prend une personnalité pour habiller le vide. Si le produit est innovant, pas besoin de people », affirme Catherine Michaud, présidente

275

de la délégation Marketing Services de l'Association des agences conseils en communication [10]... Nicolas Sarkozy a pris l'habitude, depuis de nombreuses années, de recevoir à sa table tout ce qui compte dans le monde du spectacle. À l'occasion des débats sur les droits d'auteur et le téléchargement, il a ainsi fait venir de nombreux chanteurs place Beauvau. Même si les droits d'auteur dépendent moins du ministère de l'Intérieur que de celui de la Culture ! Et Doc Gynéco ou Johnny Hallyday sont venus le soutenir à l'Université d'été du parti à l'été 2006. Mais il bénéficie aussi des appuis d'un monde plus érudit, comme ceux d'André Glucksmann ou de Max Gallo, autrefois partisans de l'autre bord. Systématisant la démarche, le candidat de l'UMP a même un « agent recruteur » en la personne de Pierre Charon, chargé de prendre contact avec les stars, comme Jack Lang l'avait fait pour François Mitterrand et le refit pour Ségolène Royal. C'est d'ailleurs la gauche qui a initié ce recours aux personnalités engagées. À commencer par la « Fête de l'Huma » du Parti communiste français ou celle de Lutte ouvrière, et les multiples concerts de soutien aux différents candidats PS ou PC. Ségolène Royal a eu aussi son grand rassemblement au stade Charléty, mêlant discours politiques et prises de parole d'acteurs ou de chanteurs. Bénabar, Cali, Renaud, Yannick Noah, Emmanuelle Béart, Philippe Torreton ou Djamel Debbouze d'un côté, Christian Clavier, Jean Reno, Didier Barbelivien, Jean-Marie Bigard ou Véronique Genest de l'autre... Les stars et les paillettes feraient-elles monter le score électoral ? Au-delà de l'engagement personnel qu'elles expriment, elles permettent en tout cas de présenter de belles brochettes dans les shows politiques et d'agrémenter les pages people de tous les magazines. Est-ce un signe de dévalorisation de la parole politique qui ne saurait plus se suffire pour attirer les électeurs ? De même que nous sommes sensibles – les jeunes tout particulièrement – au mécanisme d'identification cultivé par le people marketing pour renforcer une marque, le rôle de prescription des stars peut influer sur nos choix politiques. Dans ce monde de l'image et du spectacle, un candidat se fait apprécier, comme une marque, parce qu'il est vanté par une star – « parce qu'il le vaut bien », diraient les vedettes de L'Oréal.

L'internet entre en campagne

Pour la première fois avec les dernières élections présidentielles, les partis politiques ont su exploiter les nouvelles technologies à des fins promotionnelles. Tous les sites de campagne ont été très travaillés, avec toutefois des moyens et des options assez différents. L'UMP, qui s'était clairement fixé pour objectif la conquête de nouveaux adhérents et de nouveaux électeurs par le biais de l'internet, n'a pas dérogé aux règles du marketing commercial. Simplement, on ne parlait pas de recrutement de clients mais de recrutement d'adhérents. « Si on ne communique pas de la même manière pour une lessive et pour Nicolas Sarkozy, la technique reste la même. C'est le message qui diffère », soulignait Arnaud Dassier, de l'agence L'Enchanteur des nouveaux médias, partie prenante du développement du site de l'UMP. « L'idée de départ, que nous avons vendue, était de passer du canal internet comme média à internet comme outil de marketing relationnel. Pour cela, nous avons pensé le site comme un QG virtuel où chacun peut prendre part à la campagne [11]. » L'équipe a donc constitué une base e-mail de 250 000 contacts à solliciter en priorité. Convaincu de l'efficacité de l'e-mailing comme moyen privilégié de recrutement, l'UMP a d'ailleurs inauguré la première campagne politique du genre dès l'automne 2005, en envoyant à plus de 2 millions d'internautes divers e-mails : « Nicolas Sarkozy a un message pour vous », « M. X, participez au débat pour 2007 », « Faites un don pour aider l'UMP à préparer 2007 ». Cette campagne aurait eu deux fois plus de remontées qu'une campagne commerciale.

Pour communiquer régulièrement avec les militants, la base e-mail du parti a été « catégorisée » en fonction des sensibilités des différentes personnes, comme l'expliquait Thierry Solère, coresponsable de la stratégie internet de l'UMP : « Nous utilisons internet pour communiquer, écouter et mobiliser. Par exemple, pour communiquer, nous avons récupéré 150 000 e-mails de sympathisants de l'action de Nicolas Sarkozy qui se sont exprimés sur le site de l'UMP à l'occasion de la crise des banlieues. Et, quand le président de l'UMP fait une proposition sur la responsabilité pénale des mineurs, nous la relayons par mail à ces sympathisants [12]. »

Il reste ensuite à retenir l'attention de chaque visiteur du site sarkozy.fr pour le transformer en adhérent – ou au moins en futur électeur, comme Arnaud Dassier l'expliquait à l'époque : « Après l'e-marketing de conquête, l'e-fidélisation, il nous faut travailler sur l'e-transformation et apprendre à mieux traquer et mieux gérer l'internaute. » Sur le site, l'équipe avait mis sur pied un arsenal très diversifié. On pouvait consulter le projet du candidat, télécharger des tracts, affiches, ou bannières, participer à un chat régulier. Un espace plus spécifique était dédié aux « Supporters de Sarkozy ». Plusieurs autres sites ont été ouverts, comme lelivredenicolassarkozy.com à l'occasion de la sortie du livre du candidat, *Ensemble*, debat-sarkozy.fr pour susciter des débats et agora-elle.com, site décliné en rose, pour les femmes bien sûr. Quant aux discours, ils ont été envoyés sous forme de petits livrets à 25 000 destinataires et par e-mail à 200 000 autres.

À côté de cette machinerie marketing très efficace, les sites des autres candidats étaient nettement plus modestes. Le site du challenger centriste, bayrou.fr, lancé en janvier 2007, proposait aussi à ses adhérents de télécharger tracts, bannières, discours ou « webkit » de promotion, ainsi qu'une web-TV, le tout relayé par un grand nombre de blogs d'élus et de militants. « Internet est un univers de vérité, s'enthousiasmait le leader centriste, converti depuis longtemps au web. Tout ce qui est fabriqué finit par se voir et être rejeté. On ne peut pas enrégimenter le web, ni mentir sur la toile [13]. » Quant au site desirsdavenir.org, créé en février 2006, il offrait de consulter tous les discours de la candidate socialiste et des vidéos de ses interventions. Mais le réseau de plus d'un millier de sites créés autour d'elle visait surtout à entretenir l'enthousiasme de ses militants et à favoriser leurs échanges, avec le recours au web 2.0 et au réseau de blogueurs. Le PS avait misé sur une grosse équipe de 12 000 militants pour diffuser en priorité les argumentaires de la candidate et les informations susceptibles de contrer ses adversaires. Ces militants ont été répartis en trois groupes, aux noms de tribus marketing : les « mondains », chargés de trouver de nouveaux contacts, les « tchatcheurs » pour répandre partout les paroles de la candidate, et les « traceurs » pour surveiller tout ce qui se disait sur le net, en particulier les positions de ses adversaires.

Les différences de style d'utilisation de l'internet durant cette campagne ont été soulignées par David Mercer, conseiller en communication d'Hillary Clinton, venu faire le tour des sites des candidats en campagne : celui de Sarkozy ? « Une grosse machine bien rodée. Pour un peu je me serais cru dans une multinationale. » Bayrou ? « Une start-up en pleine effervescence. » Et celui de Ségolène Royal ? « Un peu plus brouillon, mais plus de place pour la réflexion, avec une équipe plus soudée, plus réactive[14]. »

Des vidéos très virales

Une des originalités des e-campagnes politiques de ces présidentielles 2007 réside dans l'utilisation de la vidéo. Dans un contexte légal qui n'autorise aucune publicité à la télévision, tous les candidats se sont particulièrement attachés à y consacrer une place sur leur site internet. Pas tant pour y diffuser des clips de pub que pour l'alimenter de petits films, extraits de discours des candidats ou créés de toutes pièces, tous spéculant sur le phénomène viral pour les faire circuler à toute vitesse sur le web. La stratégie a impressionné les conseillers des hommes politiques américains, habitués aux grosses campagnes publicitaires télévisées.

Le fleuron de l'arsenal marketing du candidat de l'UMP, ce fut donc la NSTV, la télévision de Nicolas Sarkozy, mise sur pied par le publicitaire François de La Brosse et constituée à 70 % de vidéos créées quotidiennement. La riposte y figurait en bonne place, avec deux rubriques spéciales, « Décryptage » et « Devoir de réponse », qui démontaient systématiquement les interventions des principaux concurrents. Une façon attractive et immédiate de fournir des contre-argumentations à tous les militants. D'après le siège de campagne du candidat, cette mini-chaîne de télévision consultable sur le site avait reçu plus de 1 million de visiteurs six mois après son lancement.

280

Les vidéos diffusées sur NSTV passaient ensuite dans le réseau militant par des canaux protégés.

La politique est-elle virtuelle ?

Sur Second Life, les permanences de Ségolène Royal et de Nicolas Sarkozy étaient deux des lieux les plus fréquentés par les visiteurs francophones en avril 2007. Des cyber-militants ont en effet investi ce lieu de vie parallèle et huit des douze candidats aux dernières élections présidentielles y avaient élu domicile virtuel. La mise de fonds de départ était assez modeste : 200 dollars – somme payée par les partisans de François Bayrou pour lui offrir un espace – et pour le reste – la création du bureau de campagne et son animation –, c'était du travail de bénévoles. Une quinzaine se relayaient pour celui de Nicolas Sarkozy, une dizaine pour celui de François Bayrou.

Dans ce lieu parallèle mais pas du tout hors du temps, les sites reflétaient la vraie vie. Pour Bayrou, jardin avec tracteur et chevaux, salle de réunion et tee-shirts « Sexy centristes ». « Arche de Bové » très bucolique pour José Bové ou construction en bois pour Ségolène Royal afin d'« illustrer son intérêt pour la protection de l'environnement[15] ». L'agora en forme de kiosque de Dominique Voynet mettait en avant son engagement : « Que ce soit sur SL ou dans la RL (*real life* ou vraie vie), il y a toutes les raisons de mettre l'écologie dans nos vies. » Et, sur l'île sarkozienne, on débattait des sujets envoyés par le vrai QG de la vraie vie. Mais ce reflet du réel était parfois aussi plus mouvementé et moins policé. À côté des débats, manifestations et réunions virtuels entre militants qui ont dû être peu à peu organisés, la campagne politique a donné lieu à des batailles rangées armées entre partisans et opposants autour du quartier général du FN.

281

Curieusement, le sursaut d'intérêt qu'on a connu pour les dernières élections présidentielles s'est fait ressentir jusque sur Second Life, où les incursions soudain plus nombreuses ont permis à la France de devenir numéro deux mondial en nombre de visiteurs durant cette période. Importance toute relative cependant, quand on sait que ce lieu déjà mythique était fréquenté en avril par quelque 104 000 résidents français actifs. Pourquoi tous les partis se sont-ils ainsi précipités sur ce lieu parallèle ? Par effet de mode ? Réponse unanime : pour se donner de la « visibilité » et pour tirer parti des retombées médiatiques qui abondaient sur le sujet. À l'instar des marques qui ont déjà pris leurs quartiers dans cette « deuxième vie », les cyber-partisans des politiques sont persuadés que leur présence dans ce lieu parallèle incitera les « vrais gens » à y venir. L'avenir de la com politique serait donc virtuel [16]...

Tout aussi partie prenante de la course à la vidéo politique virale, mais sur un autre mode, l'équipe de Ségolène Royal a fait le choix de diffuser plus de 500 vidéos sur les sites de partage Dailymotion, GoogleVidéo et Kewego, misant sur la reprise qui en est faite ensuite par les visiteurs sur leur propre blog. « Quand une vidéo est vue une fois sur notre site, elle est consultée quatre à cinq fois sur des plateformes grand public », expliquait Benoît Thieulin, concepteur du site de la candidate [17]. Chaque jour, l'équipe de campagne mettait un thème d'actualité en avant et une liste de sites à visiter en priorité [18]. L'UDF avait aussi choisi de jouer sur la viralité des sites de partage vidéo en y diffusant très rapidement toutes les interventions de François Bayrou et sur une équipe d'internautes militants prêts à investir des lieux pour propager leurs messages.

Deux chercheurs, Rémi Douine et André Gunthert, ont

mesuré l'audience des vidéos politiques de la campagne, grâce à un outil d'analyse de leur composition, le Vidéo- mètre de eCampagne [19]. Ils ont pris en compte tout ce qui circulait en matière politique sur Dailymotion et You- Tube, « des vidéos de communication officielle postées par les partis, des clips de soutien ou de mise en cause postés par des partisans ou des opposants à un candidat, des extraits d'émissions de télévision... ». Un nombre en fait très important : rien que dans l'entre-deux-tours, 1 500 nou- velles vidéos ont été postées. Ils ont établi un « vidéomètre du jour » et un autre pour la semaine présentant les vingt- cinq vidéos les plus sollicitées, ainsi qu'un vidéomètre par posteur (c'est-à-dire par la personne ou le groupe ayant publié la vidéo sur le site de partage). Selon leurs évalua- tions, les vidéos du PS ont été les plus consultées sur les deux sites de partage étudiés. Sans doute est-ce pour cette raison qu'à partir du 28 avril, l'équipe du candidat de l'UMP, plus réservé sur la méthode jusque-là, incita ses militants à intervenir aussi sur Dailymotion. Consé- quence : à partir de cette date, selon les chercheurs, « les e-militants des deux camps sont mobilisés à un niveau que nous n'avons pas eu l'occasion d'observer au cours des trois derniers mois. Leur champ de bataille, la vidéo ». La vidéo championne, diffusée par le PS à la fin de la compétition, a cumulé 93 000 vues dans une seule journée et a été reprise sur au moins 98 blogs [20].

Leurs conclusions au lendemain des élections consacrent l'impact de la diffusion des vidéos politiques sur internet : « Si la coordination du noyau de primo-spectateurs à l'aide de mailing lists et si la création d'un maillage de diffusion capillaire à l'aide de blogs sont deux conditions nécessaires afin d'initier une diffusion virale, le contenu intrinsèque de la vidéo est la seule caractéristique différenciante en termes de superformance de la viralité. »

Publicité et liens sponsorisés

Comment amener systématiquement les internautes en balade sur le web vers son site de campagne ? Il y a bien sûr la méthode classique de placement de bannières publicitaires, que l'UMP a beaucoup développée en achetant des espaces sur différents sites, mais aussi en incitant tous ses sympathisants à les disposer en bonne place sur les pages de leurs sites ou de leurs blogs : d'un clic, les visiteurs se retrouvaient sur un des sites du candidat. L'UMP a aussi innové en recourant au référencement, c'est-à-dire à toutes les techniques mises sur pied par les professionnels de l'e-marketing pour « optimiser la visibilité d'un site dans les différents outils de recherche disponibles sur internet ». Il a pratiqué en particulier l'achat de mots clés sur les moteurs de recherche. Durant les semaines de violences urbaines fin 2005, il a acheté toute une série de mots sur Google, tels qu'« émeute », « insécurité », « police », « violence » ou « banlieue » ; une recherche sur ces termes faisait apparaître en première ligne le site de l'UMP. Grâce à cette méthode, le site u-m-p.org passa très vite de 120 000 à 281 000 visiteurs uniques[21]. Pour la campagne présidentielle proprement dite, l'UMP a consacré à cette technique un budget mensuel de 10 000 euros, en achetant de nombreux termes proches de ses principaux adversaires.

Avec ces nouveaux moyens promotionnels, la limite des bons usages est parfois dépassée. Michel Charzat, élu PS du XXᵉ arrondissement de Paris, qui se représentait aux dernières élections législatives sans le soutien de son parti, a ainsi été condamné en référé par le tribunal de grande instance de Paris pour avoir détourné le nom du site internet de sa concurrente PS, George Pau-Langevin : quand un internaute tapait sur Google le nom de la candidate, il était redirigé vers le site de campagne du candidat dissident et de sa suppléante. Il avait aussi été déposé un site au nom de sa rivale. Des agissements qui, pour le TGI, « avaient pour objet ou ont pu avoir pour effet de peser sur les choix électoraux des citoyens ».

Sms et prix cassés pour adhérer

Deux partis politiques, le PS et l'UDF, ont eu recours à une nouvelle pratique en proposant à leurs sympathisants de devenir adhérents en bénéficiant d'une réduction sur la cotisation de la première année. C'est la méthode classique du prix cassé pour faciliter la « mise en mains », comme les magazines lancent des offres d'abonnement avec des remises importantes pour acquérir de nouveaux abonnés. Cette pratique postule qu'une fois entré, on est séduit par le « produit » et qu'on est prêt à payer le prix fort pour renouveler l'adhésion, l'année suivante. La campagne d'adhésion en ligne montée par le PS en mars 2006, avec une cotisation ramenée à 20 euros, a permis d'engranger 84 239 nouveaux militants en deux mois. Et l'audience de son site a grimpé des deux tiers pour atteindre 184 000 visiteurs uniques.

L'UMP a, quant à elle, lancé fin 2005 une campagne de recrutement par sms pilotée par l'agence Phonevalley, spécialisée en marketing mobile. Le système des sms surtaxés qui permettent de télécharger sonneries ou jeux sur portable a été repris. Grâce à un « service de déclaration d'intention », les personnes désirant adhérer n'ont qu'à envoyer un sms avec le terme « UMP » à un numéro dédié. Elles reçoivent automatiquement un message de bienvenue et sont ensuite contactées pour validation définitive. Le marketing mobile est ainsi entré dans les mœurs de l'UMP. En janvier 2006, Nicolas Sarkozy a aussi fait envoyer 70 000 sms au tiers de ses adhérents pour leur souhaiter une « très bonne année 2006 »... et lancer le scrutin des modifications des statuts dont le vote s'effectua par internet. Les adhérents reçoivent aussi régulièrement des alertes sms pour annoncer une prestation télévisée du candidat. « Pour mobiliser, nous envoyons des sms à tous nos adhérents afin de les prévenir lorsque Nicolas Sarkozy fait une apparition dans un média important, comme au vingt heures de TF1 », explique Thierry Solère, coresponsable internet de l'UMP[22].

Le rôle très influent des blogs

La principale originalité de la campagne de Ségolène Royal a résidé dans le recours aux réseaux des blogs et du web 2.0, avec la création de son site desirsdavenir.org et de toute une série d'autres adresses en lien constant. Jusqu'à « 1 500 sites et 200 000 visiteurs uniques par jour », selon Benoît Thieulin, le concepteur et animateur du montage[23]. La candidate a souligné l'intérêt qu'elle attachait à cette « désintermédiation politique » permettant d'être en rapport direct avec ses sympathisants et de mettre en place une nouvelle forme de démocratie participative. Sur ce réseau, baptisé « Segoland », la candidate a fait appel aux

« citoyens experts » pour qu'ils donnent leur avis, formulent leurs suggestions et leurs critiques – jusqu'à 3 000 par jour –, discutent et échangent entre eux et avec l'équipe de campagne.

Ce web 2.0 si réactif constitue-t-il pour autant un contre-pouvoir médiatique ou une zone d'influence à son service ? Parole citoyenne, parole libérée, expression spontanée, avancent les partisans de cette nouvelle forme de contribution au débat politique. Illusion de participation, dénoncent les opposants. « Elle invente la politique 2.0 », résume Benoît Héry, vice-président de l'agence de publicité Grrrey ![24], en référence au marketing 2.0, qui incite les marques à solliciter la richesse créatrice de tous ceux qui fréquentent ce réseau[25]. Certaines agences envisagent même que, d'ici cinq ou six ans, « chacun fasse la pub de sa marque[26] ! » Cette ambition de participation, cette tentative d'échange avec des citoyens ne serait-elle qu'une récupération, comme lorsque certaines marques qualifient leurs clients de consommateurs « cocréateurs » ? Le philosophe Bernard Stiegler[27] y voit un signe de transformation des citoyens en consommateurs. Cette nouvelle pratique participative, à laquelle la candidate a également eu recours dans ses diverses rencontres aux quatre coins de l'Hexagone, n'a certes pas permis d'écrire le livre-programme qu'elle avait promis d'élaborer collectivement au lancement de son site. Mais elle a introduit un nouveau type de relation dont le besoin semblait criant. « Il s'agit plus là d'écoute sélective de la part d'une dirigeante politique qui noue un dialogue direct avec les citoyens en passant au-dessus des partis. Cela va davantage dans le sens de la démocratie d'opinion », explique le sociologue Yves Sintomer[28]. Ce spécialiste, qui a étudié diverses expériences de démocratie participative dans plusieurs pays occidentaux, cite un exemple plus abouti selon lui de démocratie participative, initié par la candidate dans la région Poitou-Charentes qu'elle préside : les budgets collaboratifs des lycées élaborés conjointement par enseignants, personnels et élèves.

Les autres partis ont aussi cherché à être présents sur ce réseau des blogs. L'UMP a fourni à ceux qui le souhaitaient un outil gratuit de création de blog et une formation, afin de « donner libre cours à leur engagement politique personnel » et d'« augmenter la présence et la visibilité de l'UMP sur internet [29] ». Les 225 000 militants détenteurs d'une adresse mail ont reçu par ce biais une vidéo leur expliquant l'intérêt de créer leur propre blog politique [30]. En novembre 2006, 700 militants s'y étaient déjà mis. Tous ces blogs, gardant leur propre nom, sans référence directe avec le parti, étaient invités à « participer à la grande conversation politique sur internet » et à s'exprimer partout. Enfin, très attentif à tout ce qui se dit sur les blogs, Nicolas Sarkozy recevait chaque semaine une synthèse des opinions exprimées, effectuée par Thierry Solère, l'un des responsables internet de l'UMP.

Parallèlement aux initiatives des partis politiques, le web 2.0 a fonctionné à pleine vitesse, pour et contre tous les candidats et avec tous les moyens possibles. Les blogs se sont multipliés, satiriques ou plus sérieux, et on a vite vu des vidéos « volées », des films montages gags, des caricatures féroces, des argumentaires passionnés ou venimeux et les pires des rumeurs faire le tour du web. Prises de position partisanes, ou très critiques, anecdotes off de journalistes et petits potins : tout a circulé. Mimant les faux blogs de marques, les fplogs, ou faux blogs politiques de faux militants, ont aussi sévi, mêlant fausses opinions spontanées et opérations organisées de contre-propagande. Parmi ce foisonnement, les risques de dérive ou de manipulation sont bien réels. Vérités et contre-vérités rivalisent sur le net. Ainsi, lors du débat entre les deux candidats aux présidentielles, un accrochage au sujet du futur réacteur nucléaire EPR a donné lieu à une succession de modifications sur le site de l'encyclopédie collaborative Wikipédia, pour donner raison, malgré son erreur, à l'un des candidats.

Certes, en termes d'audience, le grand réseau des blogs politiques n'a pas le même impact qu'une émission de télévision – loin s'en faut –, mais il joue dorénavant un rôle important de promotion politique et d'influence. Et tous les petits et grands événements politiques débusqués par le web sont toujours relayés par les médias traditionnels. « La blogosphère joue le rôle d'une caisse de résonance qui par rebond accélère la communication de l'information, explique Florent Wolff, l'un des observateurs du web politique. Une telle accélération, quand elle prend une dimension nationale, peut créer l'événement et influencer l'agenda politique[31]. » L'avantage énorme est que ce média, peu onéreux, est sans commune mesure avec n'importe quelle campagne d'affichage ou de spots télévisés. Reste que tout et n'importe quoi peut être colporté à toute vitesse par ce biais et, même dénoncés avec la plus grande vigueur, les critiques tendancieuses, les propos malhonnêtes laissent des traces indélébiles.

Du tract au gadget promotionnel

Pour l'UMP, les derniers adhérents sont ses premiers VRP. Au siège parisien du parti, rue La Boétie, depuis novembre 2004 et l'élection de Nicolas Sarkozy à la

289

présidence du parti, le chiffre des nouvelles adhésions s'inscrit en continu, sur un écran lumineux, comme celui des campagnes télévisées pour le Téléthon. Depuis lors, l'objectif du mouvement est « de gagner des électeurs, de gagner des adhérents, d'être la première force populaire du pays[32] ». Comme le marketing repère les early adopters pour lancer une nouvelle tendance, le parti cherche à identifier de nouvelles recrues dynamiques, qui pourront devenir des « têtes de réseau ». Pour recruter de nouveaux adhérents, le parti organise des opérations portes ouvertes de quarante-huit heures. Il monte aussi une fois par an des caravanes estivales, qui écument toutes les plages du littoral, à l'instar des tournées d'été des grandes marques de boissons alcoolisées. Chaque année a son slogan : 2005, « C'est l'été, devenez populaire » ; 2006, « Imaginons la France d'après ».

Le gadget promotionnel a pris aussi une place de choix dans le monde politique. Cette pratique sévit depuis une trentaine d'années et les tee-shirts « Giscard à la barre » qu'arboraient tous les jeunes militants du groupe des Républicains indépendants de 1974. Leurs successeurs de l'UDF ont repris le flambeau avec le fameux tee-shirt orange qui s'est vite fait remarquer dans tous les rassemblements de François Bayrou, et vendu sur le site tenu par les jeunes du parti, osezbayrou.fr. Le PS proposait des tee-shirts à l'effigie de la candidate, d'autres siglés « Désirs d'avenir » et un matériel enjolivé de la rose symbole : mugs, blocs-notes ou sacs-cartables. L'UMP est particulièrement riche en gadgets variés, surtout l'été, où une belle panoplie rivalise avec les produits des magazines estivaux. La vedette est sans conteste une paire de tongs promotionnelles qui marquent les plages des trois lettres du sigle du parti. Suivent clés USB, souris, ballons, repose-tête, tabliers de cuisine, mugs, stylos lumi-

neux, briquets ou nounours mascottes. Pour la présidentielle, la boutique des « amis de Nicolas Sarkozy » bénéficiait
d'un matériel spécifique siglé du slogan de campagne « Tout
devient possible », accompagné ou non de la photo du candidat : tee-shirt ou sweat (15 euros et 29 euros), sac shop-
ping ou besace bandoulière (39 euros), trousse (18 euros),
habillage de téléphone ou d'ordinateur (10 et 20 euros).

Quant aux tracts, matériel de base de tout bon militant,
ils restent plus que jamais d'actualité. Entrée en matière
dans les discussions sur les marchés du week-end, ils sont
aussi distribués dans les boîtes aux lettres, en paquets grou-
pés publicitaires, entre une plaquette promotionnelle
d'électroménager et les dernières réclames des supermarchés. Cette bonne vieille pratique de street marketing ou
marketing de rue, qui existait avant même que le terme
n'existe, commence à s'accompagner de méthodes plus
subtiles. Comme celle mise en pratique par l'UMP, qui
envoya de temps à autre des stagiaires dans les cafés, à
l'écoute des réactions à chaud lors d'une intervention télévisée du candidat.

Pub, com ou info ?

« La communication doit précéder l'action et parfois
même s'y substituer », c'est le credo de Nicolas Sarkozy[33].
Sans forcément s'exprimer aussi directement, tous les hommes et femmes politiques d'aujourd'hui sont conseillés par
des agences de communication pour créer leurs slogans,
leurs affiches ou leurs tracts, mais aussi lorsqu'ils interviennent en public. Avec l'effet que produit la com, de privilégier les signes par rapport aux idées. « Les gens ont besoin
qu'on les fasse rêver, fût-ce avec des mensonges », affirme,

péremptoire, Stéphane Rozès, de l'institut CSA[34]. Les publicitaires, eux, rêvent de « réenchanter la politique ».

Petites phrases et images chocs

L'UBM, ça vous dit quelque chose ? C'est la nouvelle unité de mesure qui a cours dans le milieu médiatique : l'unité de bruit médiatique, mesuré par le baromètre TNS Media Intelligence qui évalue le nombre de fois où un candidat a été cité dans les médias, quotidiens, journaux télévisés et informations radio, en tenant compte de l'audience de chaque média. Faire du bruit, faire des images est devenu le souci constant des candidats, du moins de ceux qui ont un rapport de force suffisant avec les médias pour y avoir accès régulièrement. Car cet UBM démontre une inégalité flagrante de traitement entre les différents candidats. Situés aux deux pôles du prisme médiatique, Gérard Schivardi et Nicolas Sarkozy présentent une évaluation de 1 à 25 pour la télévision et de 1 à 47 pour la radio[35].

Dans notre société dite « de communication », il faut donc occuper la scène. Pour la radio les phrases chocs, pour la télé les images à reprendre en boucle. « La radio, c'est le média le plus réactif et donc celui où les snipers de la petite phrase sont le plus à l'aise », explique le journaliste de RTL Jean-Michel Apathie[36]. Quant aux sujets télévisés, qui ne dépassent jamais une minute trente, pas le temps d'entrer dans les débats de fond. Tout juste s'arrête-t-on à l'écume des sujets, la formule qui fait mouche, les images qui peuvent frapper, émouvoir ou amuser. Peu importe si elles ont été fabriquées pour l'occasion, par des conseillers en com et porte-plumes de talent. En période de guerre froide avec Jacques Chirac, Nicolas Sarkozy apportait la plus grande attention à envoyer, disait-il, une « carte postale de vacances » quotidienne, relayée par tous les médias. La méthode n'a pas changé depuis. Elle a même inspiré certains de ses concurrents aux présidentielles. Tout le travail de l'équipe consiste à produire l'image du jour qui sera diffusée aux heures de grande écoute et fera parler de lui. Comme pour une pub, on ne tire des interventions que les formules slogans, on ne recherche qu'une ou deux images fortes. Ce bruit médiatique prend tellement d'importance qu'il est aussi mesuré par des universitaires, comme Jean Véronis, qui publie régulièrement sur son site le palmarès des personnes politiques les plus citées par la presse, leur score et un « chronologue », traduction graphique de l'évolution chronologique de leur performance [37]. Pour le dernier jour médiatisé avant le premier tour des présidentielles, les équipes des candidats ont dû particulièrement se creuser la tête. Quelle dernière image laisser dans l'esprit des futurs électeurs ? François Bayrou a choisi le champ de croix du cimetière de la Grande Guerre à Douaumont, Nicolas Sarkozy la Camargue à cheval, Ségolène Royal a opté pour une image représentative de sa démarche participative, une rencontre villageoise.

Un nouveau style de journalisme

Les médias n'ont jamais été aussi présents que pendant ces présidentielles, mais leur rôle a évolué. À la télévision, les grandes émissions politiques, dédaignées par la publicité, ont laissé la place à des rencontres entre candidats et panels de citoyens, où le journaliste était cantonné dans un rôle d'animateur. Porté par les questions concrètes des participants, ce type d'émission faisait largement le tour des préoccupations de la vie quotidienne. En revanche, elle ne prenait jamais le temps de les resituer dans un contexte politique plus global grâce à l'expertise de spécialistes, ni de mettre les candidats devant certaines contradictions de leurs propos. Et pour les journaux télévisés, qui sont la seule source d'information pour la grande majorité des citoyens-électeurs, l'analyse, la critique, la mise en perspective des options des candidats étaient réduites à la portion congrue. Les variations des sondages, omniprésents, devenaient l'information du jour et prenaient le pas sur l'enquête ou l'analyse.

Quant aux journalistes politiques, ils étaient « *embedded* » (embarqués) à la suite des candidats, selon la formule du journaliste du *Monde*, Philippe Ridet, attaché depuis une dizaine d'années aux pas de Nicolas Sarkozy. « *Embedded* », comme ces journalistes embarqués aux côtés de l'armée américaine durant la guerre d'Irak, sans aucune liberté de mouvement. Car le filtre des journalistes agace les politiques. Tous ont eu à se plaindre à un moment ou à un autre de reportages ou d'interviews dans lesquels ils ne se retrouvaient pas. Certains respectent l'indépendance de la presse, même si elle s'exprime à leurs dépens. D'autres jouent sur la connivence avec les journalistes qui les accompagnent pour mieux déjouer leurs éventuelles critiques. L'image emblématique est celle produite par Nicolas Sarkozy le dernier jour de la campagne du premier tour des élections présidentielles. En pleine lumière, le candidat de l'UMP, tout sourire, caracolant sur son cheval blanc – l'image diffusée par tous les journaux télévisés ; hors champ, une grappe serrée de photographes agglutinés sur une charrette, sans aucune marge de manœuvre, tous convoqués pour immortaliser l'instant. Une image créée de toutes pièces par la machine communicante du candidat, une image vide, sans signification, aux

294

dires mêmes du candidat répondant aux interrogations des journalistes : « Le symbole, c'est qu'il n'y a pas de symbole. » Pas de sens, mais une image reprise par tous les médias de l'Hexagone. Pourquoi l'ont-ils fait, comme durant toute la campagne ? Parce que la stratégie de communication du candidat était efficace, expliquait un quotidien comme *Le Monde*, dès septembre 2006 : « Les communicants du président de l'UMP n'ont que l'embarras du choix : ils reçoivent, chaque semaine, quinze demandes d'interviews. Les médias sont choisis selon le message que souhaite adresser le candidat et le positionnement politique du titre et de son lectorat. » Et le journal d'ajouter, en réponse aux critiques formulées par François Bayrou, qui se plaignait de sa sous-exposition dans les médias : « En fait de complot, le leader centriste pourrait s'interroger sur sa stratégie de communication et sur celle de ses rivaux. À cet égard, la "rentrée" de Nicolas Sarkozy peut s'analyser comme un modèle de communication politique sur le mode du "pot-au-feu" : si le plat est copieux, on peut en accommoder les restes les jours suivants [38]. » Suit la liste des « événements » organisés par l'équipe du candidat pour faire parler de lui, lors de l'Université d'été de l'UMP : interview par *Le Figaro Magazine*, venue du rappeur Doc Gynéco, discours du candidat en présence de Johnny Hallyday. Autant de moments méritant plutôt de figurer dans la rubrique people des médias. Morale journalistique de l'histoire : si les journaux ne parlent pas de François Bayrou, c'est que sa com est mauvaise. Et voilà le journaliste politique transformé en commis de communication. L'interprétation du métier est sensiblement différente de l'« information critique » que définissait Camus au moment de la fondation de *Combat*, regrettant à l'époque qu'« on cherche à plaire plutôt qu'à éclairer [39] ».

Détournement de pub

Comme à chaque élection importante, des marques profitent de l'occasion pour surfer sur l'événement. De façon directe, la marque Mir a proposé en avril 2007 d'« e-mirliter » et d'élire son candidat parmi sept produits différents. La mutuelle d'assurances MAAF a mis en avant Marcel, son candidat virtuel et son site jelaurai.com, pour lequel on peut se procurer un kit de campagne et des bulletins d'adhésion. Ikea a lancé une grande campagne d'affichage, « Dites oui au changement, votez Ikea », associée à un site, oui-au-changement. com. Le camembert Président, se sentant légitimé par son patronyme, a lancé un nouveau produit en le révélant peu à peu dans un spot comme pour le véritable résultat des présidentielles. Danone a sollicité les votes de ses clients internautes pour élire leur Danette préférée. Résultat : plus de 1 million de suffrages exprimés. Quant à Thomson, misant sur le viral, elle a joué la carte de la parodie avec un clip impertinent sur la course à l'Élysée : un homme et une femme, sosies des candidats en tête des sondages, se retrouvent en grand secret pour un rendez-vous galant, grâce à leurs GPS. Placé sur le réseau de partage vidéo Dailymotion en novembre, le clip avait été vu plus de 520 000 fois à la mi-avril.

Les annonceurs sont unanimes : quelle que soit la forme de publicité adoptée, les élections sont une opportunité de communiquer de façon décalée qui ne se présente pas tous les jours. Mais aucune marque n'est intervenue directement dans le débat politique comme l'a fait aux États-Unis la marque de glaces Ben & Jerry's, rachetée récemment par le groupe Unilever. À l'occasion du lancement d'une nouvelle glace, l'American Pie, elle a initié une campagne (*Federal Budget Priorities Campaign*) incitant les consommateurs à envoyer un message à leurs dirigeants politiques pour leur demander de réduire les coûts de l'armement américain [40].

296

La com avant l'info :
distiller sa propre vision des événements

Créer l'événement ne veut pas dire avoir la maîtrise de son image ni de sa diffusion. Pour éviter cette lacune, le candidat de l'UMP a repris à son compte la pratique qui a cours aux États-Unis. Plus besoin de passer par l'intermédiaire des journalistes, il suffit de confier cette mission à une équipe intégrée dont les films peuvent être fournis aux chaînes pour diffusion. Depuis l'automne 2005 et durant toute sa campagne, le parti a ainsi rétribué une société extérieure, la société de production Études, techniques et communication (ETC), pour filmer en permanence, avec un matériel sophistiqué, et diffuser sur écrans géants tous ses meetings. À elle les plans rapprochés durant les réunions publiques, les meilleurs angles, les scènes plus intimes entre people et personnalités ; à elle les plans plus larges du public filmé de haut et certaines séquences exclusives, comme l'entrée en scène du candidat ; aux équipes des chaînes, publiques et privées, les zones plus reculées et encombrées où tous les journalistes se bousculaient, les condamnant à des prises de vue sans relief. Dans ces conditions, comment diffuser des images originales, avec ce zeste de sensation – la larme furtive, la bise amicale, le geste de soutien – que recherchent les responsables des journaux télévisés ? Toutes les chaînes du petit écran ont eu recours à un moment ou à un autre à celles tournées (et offertes gracieusement) par l'équipe d'ETC. Autrefois, on appelait ça de la propagande ; aujourd'hui, on parle de com – en tout cas il ne s'agit plus d'information.

Candidat : une marque à vendre comme une autre ?

« *You are the message* » : c'est le credo de l'un des papes américains du marketing politique, Roger Ailes, à l'origine du succès des présidents Ronald Reagan et George Bush père. Un credo que le publicitaire Jean-Michel Goudard a rappelé inlassablement d'abord à Jacques Chirac puis à Nicolas Sarkozy : le candidat est le message. « Ce dont Nicolas doit être sûr, c'est qu'il est le message. En réalité, il gagnera seul, sur ce qu'il est, tout autant que sur ce qu'il fait passer [41]. » Le reste coule de source. Le « vrai » candidat doit apparaître le plus possible à la télévision car « le réel, c'est ce que montre la télé ». Il doit se montrer sous un jour attachant : le « type touchant, à l'inverse de ce qu'on dit de lui, parce que profondément humain, tendre même ». Se montrer, côté pile, professionnel et, côté face, privé et familial. Tous les candidats médiatisés ont agi de même et fréquenté toutes les émissions, y compris celles qui n'ont pas une forte audience mais permettent de montrer une facette plus personnelle. Ainsi, le *Grand Journal* de Canal + [42], dont le record d'audience atteint le quart de l'émission *J'ai une question à vous poser* de TF1, a permis à Ségolène Royal de se montrer plus décontractée, dansant avec Djamel Debbouze.

L'heure est à la mise en avant des personnalités, au détriment des programmes. Les candidats, devenus partie prenante de la société du spectacle, font la une des magazines people en cas de vacances estivales ou de problème conjugal. Exhibitionnisme ou communication ? Proximité, répondent les politiques. Comme les marques, Sarkozy, Royal ou Bayrou se revendiquent proches des gens. « Ils ont la présomption d'incarner la "proximité", critique le philosophe Marcel Gauchet. [...] Les électeurs ont l'impression d'avoir affaire à des gens de leur temps, à des personnages plus familiers, qui leur donnent le sentiment d'être comme eux[43]. » Même si les modes d'intervention diffèrent, l'une veut susciter du désir, comme le mentionne son site desirsdavenir.org, l'autre créer une envie, comme le promet son slogan « Tout devient possible ». Pour les professionnels de la com, la proximité s'exprime quand Ségolène Royal se fait photographier avec ses enfants et montre qu'elle est une femme comme les autres, assumant à la fois son rôle de mère de famille et l'exercice de son métier. Quand François Bayrou parle de sa virilité ou se laisse filmer sur son tracteur ou avec ses chevaux, pour exprimer sa ruralité. C'est aussi quand Nicolas Sarkozy, évoquant à la télévision ses problèmes personnels, dévoile une vulnérabilité qui le rend plus proche. Ou bien quand il présente l'image d'un homme, issu d'une famille émigrée d'un pays de l'Est, qui s'est fait tout seul, grâce à une volonté de fer, alors qu'il est né en France, a été élevé par un grand-père médecin et une mère avocate, et a fait lui-même des études d'avocat.

Émotion, quand tu nous tiens

En politique, comme dans la pratique de marketing de terrain, la tendance est au retour en force de la théâtralisation. Certains partis, comme le Front national ou l'UMP, attachent beaucoup d'importance aux grandes rencontres publiques, qu'ils construisent plus comme un spectacle que comme une réunion politique. Usant des ressorts du marketing sensoriel, la musique, le son et les lumières y sont particulièrement travaillés. Sans doute est-ce, comme en

299

magasin, pour « faire vivre des expériences » et créer un lien émotionnel privilégié avec l'adhérent potentiel. À quand l'olfactif, pour se sentir encore mieux dans les réunions politiques ? Depuis le 12 mai 2005, plusieurs « Sarko-shows » ont été ainsi mis en scène à Paris, du palais des Sports à Bercy. Les agences événementielles chargées de la scénographie ont apporté la plus grande attention à l'entrée en scène de chaque « acteur », veillé à l'alternance des prises de parole entre les politiques et les people, sur scène et aux quatre coins de la salle, et minutieusement établi une montée en puissance pour accueillir l'émoi du candidat, jouant sur toutes les cordes de la sensibilité des spectateurs et téléspectateurs : « J'ai changé parce que les épreuves de la vie m'ont changé [...] j'ai changé parce que le pouvoir m'a changé [...] j'ai changé parce qu'on change forcément quand on est confronté à l'angoisse de l'ouvrier qui a peur que son usine ferme [...]. »

À l'affût de compassionnel, les médias ne privilégient pas tant ce qui va convaincre que ce qui va toucher, pas tant les débats d'idées et les enjeux de société que les moments d'émotion. Quand Nicolas Sarkozy est élu par l'UMP candidat à la présidence de la République, on met en avant les accents de sincérité avec lesquels il affiche des « sentiments qui se ressentent tellement qu'on n'a pas besoin de les nommer », plutôt que les éléments de son programme. Quand une personne handicapée, au bord des larmes, interpelle Ségolène Royal durant une émission télévisée, on retient plus le geste de la candidate à son égard que le fond de la question posée. Lionel Jospin, lui-même si retenu, se prend à se livrer tout entier, parlant, la voix cassée, de l'« épreuve soudaine, inattendue et cruelle » de son échec du 21 avril 2002. François Bayrou révèle sur son site des souvenirs de jeunesse et des anecdotes familiales très personnelles. De même, Nicolas Sarkozy, dans son livre *Témoignage*, sorti en juillet 2006, évoque des épreuves qui l'ont bouleversé : « Peut-être cela m'a-t-il obligé à sortir de moi cette part d'humanité qui sans doute me faisait défaut. » Même discours, axé sur le rapport affectif, pour son autre livre, *Ensemble* ; on l'attendrait programmatique, mais le candidat de l'UMP y « exprime le fond de son cœur » comme il est mis en exergue sur son site : « Je n'ai pas voulu décrire un programme de gouvernement, mais dessiner une grande ambition collective. Cette ambition, je voudrais la partager avec vous. [...] Forts de ce lien qui nous unit tous, Français de toutes origines, de tous milieux, de tous âges, nous pouvons retrouver la capacité de vivre ensemble, d'agir ensemble, d'espérer ensemble. »

Comme le constatait Jean-Paul Gourevitch, spécialiste de l'image politique, il y a près de dix ans, nous voici passés « du marketing de l'offre (voilà qui je suis) au marketing de la demande (c'est moi qui peux le mieux répondre à vos attentes). Autrement dit, le candidat ne va pas être élu sur un programme qu'il va appliquer par la suite. Il se construit une image de marque qui lui garantit son élection et c'est ensuite qu'il va tenter d'appliquer son programme[44] ». Les accroches des affiches officielles, reflet de la même tendance, font plus appel à un lien affectif qu'à une argumentation politique : « Ensemble tout devient possible » ou « La France présidente » mettent en avant un rapport direct entre une collectivité et un(e) candidat(e) et ne font pas allusion aux idées qu'ils sont censés défendre ni au parti qu'ils sont supposés représenter. Pour les publicitaires, qui réclament qu'on « débride » la communication politique, cette tendance doit même être renforcée, afin que les candidats puissent « exposer leurs idées avec une charge symbolique et émotionnelle qui renforce leur degré

301

de mémorisation[45] ». Selon eux, comme en marketing commercial, le recours à l'émotion permettrait de vendre davantage.

En va-t-il vraiment ainsi en politique ? Sous la pression inconsciente de notre fonctionnement consumériste, en viendrait-on à choisir un candidat politique comme on choisit un produit, moins sur des critères d'usage que sur des critères affectifs ? Ainsi que l'explique Nicolas Riou, consultant marketing et enseignant à HEC, « nous choisissons de plus en plus les marques ou les produits pour le bénéfice psychique qu'ils nous apportent. Et celui-ci est souvent inconscient[46] ». En vient-on à considérer la politique comme un produit à consommer comme un autre ? Que n'a-t-on entendu les hésitations sincères de nos proches, tanguant en toute bonne foi entre des propositions pourtant opposées, passant sans malice d'un bord à l'autre de l'échiquier politique, après telle ou telle intervention, telle ou telle promesse ? Que ne s'est-on dit soi-même : « Je ne la(le) sens pas », « Aucun candidat ne me convient » ?... Et pour ajouter à la confusion, comme dans les slogans publicitaires, certains termes politiques autrefois connotés deviendraient interchangeables !

Sommes-nous tellement habitués à faire notre marché que pour des élections nous serions encore tentés de réagir en consommateurs ? Si seulement le « produit » remplissait toutes les conditions ! On aimerait picorer un peu des paroles de l'un, un peu des promesses d'un autre, ne raisonnant plus en citoyens, mais en clients de supermarché... qui aura envie, si le produit ne le séduit pas totalement, de ne plus l'acheter et d'en changer aussitôt. Sans doute est-ce pour cette raison que, deux mois avant les élections, 79 % des Français disaient que rien n'était joué et que beaucoup de choses pouvaient encore se passer[47].

Apparence ou packaging

Bien qu'aucun homme, aucune femme politique ne puisse être entièrement fait par le marketing, l'apparence joue un rôle déterminant. Le moindre détail est pesé avant chaque apparition télévisée des candidats. Par exemple, si on met des lunettes à la télévision, disent les professionnels, on gagne des « points de compétence », et si on enlève lunettes et cravate, on gagne des « points de sympathie ». Dilemme ! Quel téléspectateur ne se surprend pas à réagir sur la veste immaculée, le sourire permanent ou le brushing de l'une, la montre grand luxe, le maquillage étudié ou les tenues siglées Nike de l'autre ? Tous ont appris à poser leur voix, contrôler leur débit, varier leur look. La longueur des phrases elle-même est travaillée. Nicolas Sarkozy a pris le pli de phrases courtes, plus faciles à écouter : vingt-six mots en moyenne, selon l'étude de l'universitaire Damon Mayaffre, contre trente-six pour Ségolène Royal. « Des phrases plus proches des slogans » et une différence, note-t-il, qui avait déjà pu être repérée entre George W. Bush et son concurrent Kerry, lors des élections présidentielles de 2004.

Une politique de marque

Comme les footballeurs David Beckham ou Zinedine Zidane ont fait de leur nom leur fonds de commerce et le déclinent en marque déposée à l'Institut national de la propriété industrielle, les candidats politiques, poussant à l'extrême la logique marketing, deviendraient-ils eux-mêmes des marques ? « La preuve que Ségolène Royal est

devenue une marque, c'est qu'on l'appelle Ségo », argumente Frank Tapiro, de l'agence Hémisphère droit, l'un
des conseillers marketing de Nicolas Sarkozy. « La marque
Besancenot remplace la marque Laguiller. Il y a aussi des
concepts de marques filiales. Comme la Renault 5 a été
dépassée par la Super 5, Jean-Marie Le Pen céderait le pas
à Marine Le Pen[48]. » Dans cette optique de candidats-
marques, plusieurs instituts d'études ont voulu inaugurer
un nouvel exercice et appliquer les critères habituels d'évaluation des marques commerciales au personnel politique.
Peu avant l'élection, Landor Associates et Research International se sont attachés à associer les quatre candidats en
tête des sondages à des marques de grande consommation.
Selon elles, cette démarche « révèle comment chaque candidat est perçu parmi les groupes clés d'électeurs et permet
d'imaginer des stratégies de marque susceptibles d'aider
ceux-ci à se renforcer[49] ». À travers cette enquête au nom
prometteur, ImagePower Présidentielles 2007, les quatre
prétendants présentent – on pouvait s'en douter – des portraits fort différents. Nicolas Sarkozy « a tout le profil
d'une griffe leader », associé à des marques gages de puissance, de crédibilité, de dynamisme, comme TF1 ou Coca-
Cola. Pour Ségolène Royal, « on s'éloigne de la marque PS,
pour aller vers une griffe premium, avec une dimension
féminine mais aussi classique[50] ». À l'image d'Évian, Chanel ou Monoprix. François Bayrou quant à lui apparaît
comme une marque challenger. « Dans le monde de la
consommation, les griffes de ce genre sont synonymes de
simplicité, de proximité et disposent d'un vrai capital de
sympathie », comme Le Petit Marseillais, les Gîtes de
France. Enfin, Jean-Marie Le Pen est « une marque ambi-
valente, avec des images doubles », qui recrute des profils
très différents et la rendent difficile à gérer. L'intérêt d'une

304

telle démarche pour leurs initiateurs ? Montrer aux politiques les avantages des différents critères d'analyse de marque comme la différenciation, la pertinence, l'estime ou la connaissance, qui permettent dans le domaine commercial de cerner les avis des consommateurs et pourraient donc, selon eux, orienter un choix vers un candidat plutôt qu'un autre. Pour eux, le fait que des électeurs se livrent à cet exercice d'association de marques, entre politique et commercial, est le signe de « démystification de la chose politique ». Doit-on vraiment s'en réjouir ?

Presque un an auparavant, l'agence Millward-Brown a voulu mesurer le capital de marque de vingt-trois politiques, en combinant différents critères d'attachement, de notoriété, de visibilité ou de préférence. « La culture des marques travaille forcément la culture politique », justifie le politologue Dominique Reynié, qui a participé à l'enquête[51]. Résultat : Sarkozy, Royal et Le Pen tiennent la tête en matière de potentiel d'attachement. Quant aux Verts, ils sont à la traîne par manque de visibilité et d'attraction. Tous ces critères associés, c'est Nicolas Sarkozy qui arrive gagnant avec un indice de 7,4. Dernière tentative : appliquer aux deux candidats en tête des sondages la méthode *emotional monitoring*, qui mesure le lien émotionnel entre des consommateurs et une marque, afin de définir un « imaginaire de marque » propre à chaque candidat. « Ce qui s'opère entre une marque et ses consommateurs pourrait s'opérer entre un candidat et les électeurs », considère François Abiven, président de l'institut Repères aux commandes de l'expérience lancée en décembre 2006[52].

Candidats-marques, donc. Alors pourquoi ne pas leur faire bénéficier d'une technique publicitaire qui se développe dans le domaine commercial : l'advergame ou jeu publicitaire ? Un producteur de jeux new-yorkais propose ainsi de réaliser des jeux avec un politique pour héros. « Les candidats sont des marques et la puissance des jeux vidéo permet, comme avec une mascotte, de créer une relation émotionnelle avec la marque », fait-il valoir[53]. On peut déjà imaginer un combat d'enfer Ségo-Sarko, dans la jungle ou la stratosphère. Bien mieux que Second Life, quand on y songe.

Consommateurs ou citoyens ? Nous voici face à deux logiques qui s'opposent mais qu'il va bien nous falloir faire coexister. « Les argumentaires de vente qui visent à déculpabiliser les acheteurs dans une société de surabondance ont fini par s'insinuer dans notre manière d'envisager la citoyenneté », prévient Robert Rochefort dans son ouvrage *Le Bon Consommateur et le mauvais citoyen*[54]. Quant aux politiques qui se prendraient pour des marques, ils peuvent courir un risque, à trop jouer la séduction et l'omniprésence. Car les professionnels le répètent, il ne suffit pas d'être une marque très présente auprès du consommateur pour avoir de la valeur à ses yeux. Et si les citoyens en tenaient compte ?

Conclusion

« Il faut interpréter la passion consommative de nos jours comme une manière plus ou moins réussie de combattre, d'exorciser la fossilisation de notre vie quotidienne. L'hyperconsommateur [...] c'est celui qui veut sans cesse rajeunir son vécu, qui refuse les temps morts de la vie, qui refuse le vieillissement du vécu et qui veut toujours connaître de nouvelles émotions au travers des nouveautés marchandes. L'hyperconsommateur est celui qui rêve de ressembler à un phénix émotionnel qui renaît de ses cendres. »

Gilles Lipovetsky, philosophe-sociologue[1]

« Là où il est arrivé, le bien-être matériel n'a pas nécessairement apporté le bien-être mental, ce dont témoignent les consommations effrénées de drogues, anxiolytiques, antidépresseurs, somnifères. Le développement économique n'a pas apporté le développement moral. [...] La réduction des intoxications de civilisation – dont l'intoxication publicitaire, qui prétend offrir séduction et jouissance dans et par des produits superflus –, du gaspillage des objets jetables, des modes accélérées qui rendent obsolètes les produits en un an, tout cela doit nous conduire à renverser la course au plus au profit d'une marche vers le mieux. »

Edgar Morin, sociologue[2]

Bien sûr, le panorama exposé dans ces pages est loin d'être exhaustif. Le propre du marketing est d'être en perpétuel mouvement, même si de l'intérieur certains professionnels trouvent que la machine n'évolue pas assez rapidement. Le monde va de plus en plus vite et le marketing, nerf de la guerre commerciale, réagit, rebondit, observe ses cibles en permanence. Foisonnant d'idées, il invente sans cesse de nouveaux moyens, toujours plus subtils, mais de plus en plus difficiles à saisir pour ceux qui se trouvent en face de cette créature multiforme et tentaculaire, qui n'hésite pas à avancer masquée. Les marques, qui savent ne plus pouvoir compter sur une croissance organique des marchés occidentaux pour se développer, font assaut d'invention pour concocter des produits dont l'utilité laisse rêveur. Elles cherchent surtout à « induire de nouveaux usages et de nouveaux comportements », comme l'explique Benoît Heilbrunn, professeur de marketing et consultant, qui parle de « marketing de recatégorisation » pour cerner cette nouvelle orientation[3]. Arrivées à un stade de saturation dans de nombreux domaines – on ne va sans doute pas utiliser trois portables par personne –, les marques ont trouvé leur nouvel eldorado en lançant des produits qu'elles disent « porteurs de sens » et qui permettent d'établir un rapport de connivence avec leurs utilisateurs. « Le marketing a réinventé le magico-religieux, n'hésite pas à dire l'anthropologue Dominique Desjeux, qui a participé aux études à domicile de Findus. Le marketing, c'est de la production de sens. Au-delà de sa fonction de vendre, d'aider à vendre, la fonction sociale du marketing, c'est de faire du sens. C'est fondamentalement une fonction religieuse d'enchantement de la réalité[4]. » Si les églises se vident, si les idéaux politiques s'émoussent, les marques sont là pour prendre le relais !

Certes, nous pouvons nous laisser porter par cette sollicitude toute marketing, qui inspire peu à peu tous les pans de la société. Des ONG achètent leurs nouveaux donateurs en rémunérant des étudiants pour recruter dans la rue. Des coachs se spécialisent dans le marketing de l'ego, pour une meilleure réussite professionnelle, d'autres dans le marketing du couple qui, « comme l'amour, est l'art de l'ajustement du produit au client[5] ». Les États eux-mêmes y viendraient, avec l'invention d'un nouvel indice pour définir la valeur de marque d'une nation. À l'aune de cet indice, fondé sur ce que paierait un État s'il devait acheter sa marque en licence, la France, placée au cinquième rang, vaudrait six fois moins que les États-Unis et moitié moins que le Japon[6]. Le marché de l'humain, lui aussi, semble en pleine croissance. La valeur humaine se vend en enchère inversée sur l'internet – plus il y a de candidats à un poste, plus leur valeur baisse –, tandis qu'au Turkménistan, tout étranger désireux d'épouser une femme est tenu d'acquitter la somme de 50 000 dollars[7]. Des médecins new-yorkais réclament la légalisation de la vente d'organes pour compenser une grave pénurie de reins[8]. Quant aux gènes humains, la course à la brevetabilité ne fait que commencer. Reste l'âme, qu'un étudiant athée s'est mis en tête de vendre sur eBay[9]. Même la visite – payante – du paradis est promise par un prédicateur américain, paraît-il, via internet.

Pris dans ce climat de concurrence exacerbée, nous en arrivons à limiter notre horizon à une seule question, comme le constate amèrement le sociologue Zygmunt Bauman : « Alors que les philosophes, les poètes et les moralistes du passé se demandaient si l'on travaille pour vivre ou si l'on vit pour travailler, le dilemme qui préoccupe nos contemporains se formule le plus souvent ainsi : doit-on consommer pour vivre ou vivre pour consommer[10] ? » Souhaitons-nous vraiment cantonner nos aspirations à la course aux dernières nouveautés, yaourt cosmétique, portable 4G ou sac Dior customisé ? Pouvons-nous nous contenter de ce rôle de consommateurs compulsifs, désireux d'avoir tout et tout de suite, nous transformant en perpétuels insatisfaits, accros au toujours plus et toujours plus vite ? La question est posée du choix entre le « cosmos hyperconsommatif » que décrit Gilles Lipovetsky et la « réduction des intoxications de civilisation » que prône le sociologue Edgar Morin. Si, en tant que consommateurs, nous devenons, aux dires des marques, de plus en plus critiques, c'est bien en tant que citoyens que nous serons appelés à trancher.

Notes

Introduction

1. Frank et Walther Oettgen, marketeurs, *Les Mutations du consommateur français*, éd. EMS, 2004.

2. Publicités dans le métro parisien pour la centrale d'achats Serap, en novembre 2005.

3. Le 23 avril aurait été choisi en souvenir du 23 avril 1985, quand Coca-Cola lança le New Coke avec une grosse campagne médiatique et, en raison d'un bide énorme, dut arrêter quatre mois après.

4. Sylvie Gassmann, directrice de l'agence Kids Partners, au Forum de la marque de Bordeaux, octobre 2005.

5. Étude *Kids' attitude 2005*, Ipsos, 29 juin 2005.

6. Centre européen des produits de l'enfant de l'université de Poitiers.

7. Marie-Claude Sicard, experte en stratégie de marques, *Stratégies*, 16 septembre 2004.

8. Une progression en nombre de produits deux fois plus rapide que la montée des surfaces de vente, durant les vingt dernières années. Étude Ipsos, *La Société de l'hyperchoix, quels enjeux pour les marques ?*, 21 octobre 2005.

9. Selon le terme de Robert Rochefort, directeur du Credoc.

10. Au cours du colloque « Défiance et réinventions », du 1er juin 2006, organisé par le Club des annonceurs, l'Association des agences conseils en communication et TF1 publicité.

11. *Libération*, 31 décembre 2004.

12. Sophie Fay, *Le Monde*, 2 décembre 2004.

13. Bureau de tendances Nelly Rodi.

1. *Auscultés de pied en cap*

1. Alan Lafley, interviewé par Kira Mitrofanoff, *Challenges*, 6 juillet 2006.

2. *Stratégies*, 10 novembre 2005.

3. Méthode Interdéco Expert.

4. Yves Bardon, Ipsos, http://www.ipsos.fr/CanalIpsos/articles/1767.asp?rubId=15.

5. Krisis, outil de simulation de conflits d'Ipsos, créé en 2004. Cité par *Les Échos*, 19 septembre 2006.

6. Étude Credoc, novembre 2006.

7. Olivier Marchese, directeur des opérations d'Ipsos, cité le 2 février 2007 par businessmobile.fr.

8. Web Trends.

9. *Libération*, 25 avril 2005.

10. Chiffre d'affaires de 2005. Étude Esomar, présentée par *Marketing Magazine*, septembre 2006.

11. Étude du Credoc, septembre 2005.

12. Étude de Jean Kellerhals, Éric Widmer et René Lévy, *Mesure et démesure du couple*, Payot, 2004.

13. Typologie Asterop, décembre 2006.

14. Étude TNS World Panel, janvier 2006.

15. Sondage Yahoo pour *Men's Health*, février 2005.

16. Enquête TNS Worldpanel 2006 qui étudie 12 000 ménages, pour *LSA*, 8 mars 2007.

17. Interview de Clotilde Briard, *Les Échos*, 29 octobre 2004.

18. Formule de l'agence Consumer Insight sur son site.

19. Matthieu Lambeaux, vice-président marketing et innovation de Findus Europe, *Les Échos*, 12 janvier 2005.

20. Steven Liberman, interviewé par *Le Parisien*, 22 septembre 2006.

21. Par l'agence DRC, citée par *Les Échos*, 20 septembre 2006.

22. *Le Monde*, 23 mars 2006.

23. Tribune de Philippe Nogrix, commissaire de la Commission nationale de l'informatique et des libertés, 14 avril 2007, http://www.cnil.fr.

24. internetretailer.com, avril 2007.

25. *Le Monde*, 13 avril 2007.

26. En 2006, selon l'Association française des opérateurs de mobiles, mars 2007.

27. Le NaviLink 5.0, puce d'environ 25 millimètres carrés, ce qui en

fait le composant GPS le plus compact du marché. Il doit délivrer un *time to first fix* (positionnement au démarrage de l'appareil) très rapide (http://www.ZDnet.fr, 11 avril 2007).

28. Pour suivre la démonstration, aller à l'adresse http://www.cnil.fr/index.php?id=116.

29. Selon le site www.definitions-marketing.com.

30. Google Maps, Google Earth, Google Recherche de livres, Google Talk, Google Images, Google Vidéo, Google Docs, ou Google Actualités.

31. *Courrier international*, 19 octobre 2006.

32. Peter Fleischer, responsable protection des données personnelles de Google Europe, tribune dans *Le Monde*, 6 avril 2007.

33. L'Institut national de recherche en informatique et en automatique, *Le Monde*, 18 avril 2007.

34. http://mail.google.com/mail/help/intl/fr/about.html.

35. Google a racheté DoubleClick pour 3,1 milliards de dollars, soit le prix de onze Airbus A380, selon 01net.com.

36. Paul Horn, directeur de la recherche d'IBM, interview dans *La Tribune*, 10 février 2005.

37. *Le Monde*, 5 novembre 2006.

38. Mike Liebhold, *Les Échos*, 24 avril 2006.

39. Lors d'une conférence de presse sur le sujet, le 15 mars 2007.

40. Invention des scientifiques de Rosum, à Mountain View, citée par Michel Ktitareff, *Les Échos*, 24 avril 2006.

41. Michel Alberganti, *Sous l'œil des puces, La RFID et la démocratie*, Actes Sud, 2007.

42. *Le Monde*, 11 avril 2006, et internetactu.net, 18 mars 2007.

43. À consulter à l'adresse : http://www.fredcavazza.net/index.php?2006/10/22/1310-quest-ce-que-lindente-numerique (22 octobre 2006).

44. Exactement 35 413 personnes ont répondu sur un total de 399 793 contactées. Les annonceurs sont Kiabi, France Loisirs, Boulanger, Extrafilm, Nocibé, Norauto, Conforama, Banque Accord (Carte Auchan), Devianne et Sofinco. Sources : emarketing.fr du 10 avril 2007, relationclientsmag.fr du 26 mars 2007, et le blog d'un des membres de l'agence ETO, http://mdm.typepad.com/marketing_direct_multican/2007/03/index.html.

45. Ford, General Motors, Procter & Gamble, Home Depot, selon *La Tribune*, 19 janvier 2006.

46. Olivier Oullier, maître de conférences à l'université de Provence, à l'occasion des Journées annuelles de bioéthique, *Libération*, 30 novembre 2005.

47. Tribune « Le neuromarketing est-il l'avenir de la publicité ? », *Le Monde*, 24 octobre 2003.

48. www.en-tete.fr.

49. www.comao.com.

50. Christophe Brossard, directeur de PHP, *Libération*, 30 mars 2007.

51. Michel Tubiana, président de la Ligue des droits de l'homme, Meryem Marzouki, de l'association IRIS (Imaginons un réseau internet solidaire), Daniel Naulleau et Pierre Suesser, de l'association Delis (Droits et liberté face à l'informatisation de la société), *Le Monde*, 14 avril 2004.

2. Les ados en première ligne

1. Sondage CSA juillet 2006 pour LCL et chiffres recueillis par l'Institut national de la consommation, *INC Hebdo*, 3 juillet 2006. Les 11-13 ans disposent de 16 euros. Et, curieusement, les garçons reçoivent plus d'argent de poche que les filles : 28 euros contre 16 euros pour la moyenne des 7-15 ans.

2. Selon *Stratégies*, conférence « La semaine du marketing des jeunes », décembre 2005.

3. François Dufresne, directeur délégué marketing de NRJ Group, *Les Échos*, 15 mai 2006.

4. Frank Tapiro, responsable d'une agence de marketing, Hémisphère droit.

5. Auteur du rapport *Les Enfants, acteurs courtisés de l'économie marchande*, CNRS 2002.

6. Campagne pour le 4X4 Qashqai de Nissan, avec un mini-site viral, qashqaicargames.com.

7. Selon Florence Hermelin, responsable marketing de Youthology, une enquête prospective sur les jeunes du groupe NRJ.

8. Claude Suquet, PDG du groupe CSA, dans *Marketing Magazine*, 1er mars 2004.

9. Voir plus loin le développement des nouvelles méthodes marketing au chapitre 3 : « Contourner pour mieux toucher ».

10. NRJ Lab qui présente Youthology, un « carnet de tendances » des 11-25 ans, en mai 2006, et Junium qui développe un outil générationnel, l'Œil jeune[R], sur les 0-25 ans.

11. *Marketing Magazine*, mars 2007.

12. *Le Monde*, 10 mars 2005.

13. Céline Gallen, maître de conférences en gestion à l'université de Nantes, dans *Science et Vie* hors série « Manger », mars 2007.

14. Monique Wahlen, agence Grrrey ! Marketing Services, *Marketing direct*, 1er juin 2004.

15. Émeutier ou casseur.

16. Étude Ipsos, *Comment une marque via la publicité peut-elle créer de l'empathie avec les jeunes ?*, 20 septembre 2001.

17. www.eastpak.com.

18. http://www.drinkcocaine.com. L'Agence française de sécurité sanitaire des aliments a renouvelé son interdiction en janvier 2006, en raison d'« effets neuro-comportementaux indésirables ».

19. Étude de l'Observatoire Youth par le cabinet eXperts de Brice Auckenthaler pour le Centre français d'éducation pour la santé, octobre 2001.

20. Analyse des spots diffusés entre juin 2004 et juin 2005.

21. Isabelle Milgrom, directrice du département quali d'Ipsos, *Le Monde*, 9 avril 2005.

22. Thierry Joly, directeur des marques et de stratégie chez Zénith Optimedia, *Le Figaro*, 14 septembre 2005.

23. Le sucre « direct » en poudre, morceaux ou cristal représentait 50 % de la consommation en 1975, mais plus que 19 % aujourd'hui. Mais les produits sucrés transformés connaissent un fort développement. Source : Centre d'études et de documentation du sucre, www.lesucre.com.

24. *LSA*, 12 janvier 2006 et 15 février 2007.

25. Étude pour le Salon international de l'alimentation d'octobre 2006. Les produits minceur représentent 12,7 %, les produits santé 22 %, les produits nature 10 %, les produits « médicaux » 11 %.

26. *LSA*, 15 février 2007.

27. Brand Finance 250, janvier 2007, http://www.brandfinance.com.

28. Budgets publicitaires en France de Nestlé : 303 millions d'euros et Danone : 440 millions d'euros en 2005. 56 % sur TF1, 29 % sur M6, 8 % sur France 2 et 3 % sur France 3, selon *La Lettre de l'Expansion*, 10 avril 2006.

29. www.aprifel.com.

30. www.beedies.net.

31. Institut national de prévention et d'éducation pour la santé, dans *Tabac Actualités 72*, décembre 2006.

32. *Ibid.*

33. La consommation adulte (plus de 15 ans) d'alcool a baissé de 18 %

317

entre 1990 et 2005. De 26 litres d'alcool pur par habitant en 1960, celle-ci est passée à 15,4 litres en 1990 et à 12,7 litres en 2005 (selon l'OMS, l'OFDT et l'INSEE, http://www.ofdt.fr/BDD_len/seristat/00014.xhtml).

34. Desperados Mas (à la tequila lime), Oko (au thé vert), Isla Verde (au citron vert).

35. Pour les filles par exemple, la bouteille de Fixion (arôme vodka et fruits rouges) est rose et le Gloss de Suze brillant, alors que Kryo comporte un sleeve (film transparent coloré) gris ou noir.

36. Anna Luc, responsable marketing de La Martiniquaise qui vend la vodka Poliakov.

37. ONG Hope, *Le Figaro Économie*, 7 juin 2006.

38. Consojunior 2006, TNS Media Intelligence.

39. Enquête Ipsos/Marques Avenue, février 2007.

40. Enquête réalisée fin 2004 pour l'Union des familles en Europe.

41. *L'Express*, 29 août 2005.

42. Catherine Balet, *Identity*, éd. Steidl, 2006. Interview *Libération*, 8 septembre 2006.

43. Selon Patrick Van Den Bosch, directeur général de la filiale française, *Les Échos*, 10 mars 2005.

44. Voir le chapitre : « Contourner pour mieux toucher ».

45. *Le Monde*, 16 août 2005.

46. *Capital*, juillet 2006.

47. Évaluation par Clean Clothes Campaign, ONG intervenant pour améliorer les conditions de travail dans l'industrie vestimentaire, http://www.cleanclothes.org/campaign/shoe.htm.

48. Cité par Martin Monestier, *Les Poils*, Le Cherche Midi, 2002.

49. Cité par Marilou Bruchon-Schwetzer et Jean Maisonneuve dans *Le Corps et la Beauté*, PUF, 1999.

50. Benjamin Hofnung, chef de groupe chez Biotherm France, *Le Figaro*, 27 janvier 2006.

51. Jean-Pierre Cantorné, consultant pour Beiersdorf, *Le Figaro*, 27 janvier 2006.

52. Florence Hermelin, directrice du NRJ Lab, *Les Échos*, 15 mai 2006.

53. À l'occasion de l'ouverture du salon professionnel Intersélection, *LSA*, 19 avril 2007.

54. *LSA*, 5 avril 2007.

55. Converse avec John Varvatos, Vans avec Marc Jacobs, Puma avec Alexander McQueen, en 2006.

56. Voir plus loin le chapitre 4 : « Entre influence et émotion ».

57. Éric Vandendriessche, directeur général de Pimkie, *Les Échos*, 30 janvier 2007.

58. Enquête de l'Association française des opérateurs mobiles, août 2006.

59. Dernières innovations présentées au salon 3GSM 2007 de Barcelone, en février 2007.

60. Selon l'Association française des opérateurs mobiles, en mars 2007.

61. Étude du Credoc, novembre 2006.

62. *60 millions de consommateurs*, mars 2007.

63. Numéro commençant par : 4 = 0,05 euro ; 5 = 0,10 ou 0,20 euro ; 6 = 0,35 euro ; 7 = 0,50 euro ; 8 = de 1 euro à 3 euros.

64. Par exemple le club Jamba, dans le numéro de *Girls* d'avril 2007, ou le club Zed, dans le numéro de mai de *Jeune et Jolie*.

65. Des programmes pour portable de la société TJM-MediaPlazza, créée par TF1 et Jet Multimedia.

66. Chiffre d'affaires de 2005, *Le Nouvel Observateur*, 19 janvier 2006.

67. Prix moyen pratiqué pour retransmettre le concert de Michel Polnareff à Bercy le 14 mars 2007.

68. L'opérateur Verizon offre le service V Cast avec une sélection de YouTube, ZD Net, 28 novembre 2006.

69. Programme Mini Friday qui fonctionnait en janvier 2007 sur certains appareils Nokia.

70. *Business Week*, 9 avril 2007.

3. Contourner pour mieux toucher

1. Interview de Kira Mitrofanoff, dans *Challenges*, 6 juillet 2006.

2. Chiffre d'affaires de Procter & Gamble en milliards d'euros : 2001, 31,3 ; 2005, 45,2 ; marge opérationnelle : 2001, 12,1 % ; 2005, 19,3 % (source : P & G, citée par *Challenges*).

3. Campagne sur le site www.subservientchiken.com, de Burger King.

4. *Le Parisien Économie*, 10 octobre 2005.

5. Georges Lewi, directeur du BEC Institute, *Les Échos*, 23 janvier 2007.

6. Didier Poulmaire, avocat de Laure Manaudou, *Les Échos*, 20 avril 2007.

7. Gilles Portelle, directeur général de Havas Sports, *Le Parisien*, 10 avril 2007.

8. *Baromètre sur la notoriété, l'image des sportifs et leurs sponsors en France*, établi par les cabinets Athlane Consult et Sport Market.

9. www.icimarques.com.

10. Malcolm Gladwell, *The Tipping Point, How little things can make a big difference*, 2000, *Le Point de bascule*, trad. française, éd. Transcontinentales, 2003. Élu par le magazine *Forbes* l'un des vingt livres business les plus influents des vingt dernières années, vendu à plus de 1 million d'exemplaires.

11. L'agence Tribeca propose « Street, Buzz & Guerilla marketing, et interaction One2one », www. marketing-alternatif.com.

12. Cette catégorie est définie depuis l'édition 2004 de l'étude bisannuelle Consojunior.

13. Durant une dizaine de jours en mai 2005, une promesse de faire Paris-New York en huit heures par le train s'est très vite répandue partout.

14. *Le Journal du net*, 28 novembre 2005.

15. Agence Spoutnik, *Le Journal du net*, 7 mars 2006.

16. *Le Figaro Économie*, 29 mars 2007.

17. *Le Journal du net*, 3 mai 2007.

18. http://www.dailymotion.com/haikubao.

19. Source : Marketing Sherpa, 17 octobre 2006.

20. Selon l'étude de Marketing Sherpa, un organisme américain spécialisé sur l'amélioration du marketing par mail, www.marketingsherpa.com, 29 septembre 2006.

21. Pages d'« atterrissage » sur le site, qui ne sont pas forcément les pages d'accueil. Les Américains parlent de *landing pages*.

22. www.viralchart.com.

23. Yves Eudes, *Le Monde*, 1er février 2005.

24. *Le Journal du net*, 10 mai 2005.

25. www.petitetpuissant.fr/blog/blog.php.

26. www.leclandessilver.com.

27. Jean-Marc Buret, directeur de l'agence interactive Xeres, conseil marketing de Coca-Cola France.

28. Marc-Henry Magdelenat, directeur associé de Screen Tonic, *Le Journal du net*, 27 septembre 2006. La société a été rachetée par Microsoft en mai 2007.

29. Benoît Desveaux, directeur général de l'agence Public Système, *Marketing Magazine*, juin 2005.

30. Jérémy Dahan, président de Globe Diffusion, *Stratégies*, 15 février 2007.

31. Marketing Client Multicanal, intervention à propos du Baromètre de l'intrusion, le 9 mars 2007.

4. Influencer ou manipuler ?

1. Denis Failly, consultant marketing, *Le Journal du management*, 27 juillet 2005.
2. Patrick Hetzel, *Planète Conso*, éd. d'Organisation, 2002. L'auteur est professeur à l'université Panthéon-Assas-Paris-II et conseiller d'entreprises.
3. Communiqué de presse du 5 décembre 2006.
4. Seth Godin, *Tous les marketeurs sont des menteurs, tant mieux car les consommateurs adorent qu'on leur raconte des histoires*, Laurent Du Mesnil éd., 2006.
5. Seth Godin, *Permission marketing : la bible de l'internet marketing*, traduction française, Laurent Du Mesnil éd., 2001, *Les Secrets du marketing viral, le bouche à oreille à la puissance 10*, traduction française, Laurent Du Mesnil éd., septembre 2001.
6. Gabriel Weimann, *The Influentials, people who influence people*, State University of New York Press, 1994, et E. Keller et J. Berry, *The Influentials*, Free Press, 2003.
7. Malcolm Gladwell, *The Tipping Point, op. cit.*
8. Navi Radjou, vice-président de Forrester Research, une société d'études américaine, *Le Monde*, 30 août 2006.
9. Conférence de *Stratégies*, 27 mars 2007.
10. L'agence Human to Human pour Bouygues et l'agence Concileo pour les autres, *Challenges*, février 2005.
11. Kevin Singer, directeur général de Millward Brown MFR, *Stratégies*, 10 novembre 2005.
12. *Marie-Claire*, juin 2005.
13. www.culturebuzz.com, 16 décembre 2005.
14. Bertrand Chauvet, directeur du développement de Paris Venise Design, *Stratégies*, 3 juin 2004.
15. *Le Journal du net*, 16 janvier 2007.
16. Sur http://reveilletontalent.coca-cola.fr.
17. Cedric Peinudo, coordinateur internet d'Orangina Schweppes, *Le Journal du net*, 24 janvier 2007.
18. www.meresetfilles.com.

19. Mathieu de Lesseux et Christine Santarelli, coprésidents de l'agence interactive Duke, chat sur *Le Journal du net*, 25 janvier 2007.

20. Henkel regroupe en particulier les marques Le Chat, Mir, Bref, Teraxyl, Diadermine, Fa, Super Glue, ou Robson.

21. *Stratégies*, 19 octobre 2006.

22. Selon Pascaline Petit d'Aegis Media, *Marketing Magazine*, mars 2007.

23. Kristine de Valck, professeur de marketing au Groupe HEC Paris. Auteur de la thèse *Virtual Communities of consumption*, ERIM, Rotterdam, 2005.

24. Rodolphe Roux, responsable de l'agence Regenere, spécialiste des moins de 30 ans, *Le Journal du net*, 24 mai 2005, http://www.journaldunet.com/0505/050524regenere.shtml.

25. Agence du groupe Procter & Gamble. http://www.tremor.com/login/about_us. Aspx.

26. Promesse du site de l'agence Buzz Paradise, qui appartient au groupe luxembourgeois Vanksen, comme l'agence de marketing viral Culture buzz.

27. Emmanuel Vivier, directeur de Buzz Paradise, au moment de la création de l'agence, *Le Journal du net*, 27 février 20006.

28. Le modèle de smart phone 7710 de Nokia.

29. Blogs www.20sur20.net,//cdelasteyrie.typepad.com et Mössieur Resse (Hervé Resse). http/sidiese/2007/03/je_suis_avec_to.html.

30. www.bernard-o.blogspot.com.

31. Minute marketing de Babette Leforestier, TNS Media Intelligence, 19 février 2007.

32. Joël Brée, professeur à l'École supérieure de commerce de Rouen, *Le Journal du net*, 20 février 2007.

33. Robert-Vincent Joule, Jean-Léon Beauvois, *Petit traité de manipulation à l'usage des honnêtes gens*, Presses universitaires de Grenoble, 2002 ; Nicolas Guéguen, *Cent petites expériences en psychologie du consommateur*, Dunod, 2005.

34. Aurélie Duclos, Mood Media, Forum international de la marque de Bordeaux, 20 octobre 2005.

35. Sophie Reunier (sous la dir. de), *Le Marketing sensoriel du point de vente*, Dunod, 2002.

36. *Op. cit.*

37. Bruno Daucé, dans *Le Marketing sensoriel du point de vente, op. cit.*

38. *Les Échos*, 24 mai 2006.

39. Olivier Guillemin, président du Comité français de la couleur, *Le Journal du net*, 30 mars 2007.

40. Olivier Genevois, directeur marketing de l'agence Quintesens, *Le Journal du management*, février 2005.

41. Cécile Marchand-Cassagne, directrice marketing du Drugstore Publicis, *Le Journal du management*, 14 juin 2006.

42. Nicolas Bouché, user experience design manager de Décathlon, Forum international de la marque de Bordeaux, 20 octobre 2005.

43. Alberto Giraldo, concepteur de ce projet de Leclerc et la société italienne Conad, *LSA*, 19 janvier 2006.

44. Catherine Champeyrol du cabinet de tendances Carlin, *Les Échos*, 24 mai 2006.

5. Cette pub qui ne dit pas son nom

1. *Les Échos*, 3 avril 2006.

2. Brice Auckenthaler, *Le Marketing*, Le Cavalier bleu, 2004.

3. Pascal Grégoire, cofondateur, avec Éric Tong Cuong, de La Chose, *Le Journal du net*, 12 avril 2006.

4. Rapport annuel d'activités 2005 du BVP, www.bvp.org.

5. Étude Ipsos, *La Société de l'hyperchoix, quels enjeux pour les marques ?*, 21 octobre 2005.

6. Guy Leflaive, cité dans la newsletter de Tarif Media du 17 octobre 2006.

7. http://www.proteines.fr/glossaire.html.

8. Rémy Rieffel, *Évolution de la pratique journalistique*, actes du colloque de Rennes, 20 octobre 2004.

9. *La Mal info*, éd. de l'Aube, 2006. Observatoire du débat public : oddp.org.

10. *Libération*, 21 janvier 2006.

11. Zinedine Zidane a conclu un accord de sponsoring avec Canal + en 1999 et est devenu le porte-parole de Canal Satellite.

12. Nomination d'Édouard Boccon-Gibod, directeur de la communication, *Le Figaro Économie*, 15 novembre 2006.

13. Dans le supplément *Business Week* du *Point*, 30 septembre 2004.

14. *L'Expansion*, mars 2006.

15. Rapport d'activités du Bureau de vérification de la publicité de 2005, www.bvp.org.

16. Jean-Marie Dru, *La Publicité autrement*, Gallimard, 2007.

17. Voir chapitre 6 : « Les marques, de nouveaux médias ? ».

18. Diana Derval, *Wait marketing*, Éd. d'Organisation, 2006. http://waitmarketing.blogspirit.com.

19. Le modèle proposé s'appelle MobileAd Technology, Redherring, 31 janvier 2007.

20. Carlogo, Vistamotion ou Libertydrive.

21. Mesure par *Addex Review* de TNS Media Intelligence pour l'Association des médias tactiques.

22. *Marketing alternatif*, 23 mai 2005.

23. Société Libertydrive.

24. *L'Entreprise*, 2 juin 2004.

25. Marques et Films, Média Consultant, Mediafilm, Star Product ou Casablanca.

26. Étude de Corinne Berneman et Nicolas Rubbo sur quarante films américains entre 1985 et 2001, *Placement de produits, opinion des managers et pratiques dans le cinéma américain*, présentée aux Neuvièmes journées de recherche en marketing de Bourgogne, 4 novembre 2004.

27. L'enquête a pris en compte les 25 premiers films de chaque année, soit 250 films. OMS, Journée mondiale sans tabac, *Cinéma sans tabac, mode sans tabac. Action !*, 31 mai 2003.

28. *01men*, 23 juin 2006.

29. S.A. Glantz, « Smoking in teenagers and watching films showing smoking », et J.D. Sargent, « Effect of seeing tobacco use in films on trying smoking among adolescents », *British Medical Journal*, 2001.

30. J. D. Sargent, M. A. Dalton, « Effect of viewing in movies on adolescent smoking initiation : a cohort study », *The Lancet*, 10 juin 2003.

31. http://smokefreemovies. ucsf. edu.

32. *Times*, 5 décembre 2006.

33. Jean-Marc Lehu, « Le placement de marques au cinéma, Proposition de la localisation du placement à l'écran comme nouveau facteur d'efficacité potentielle », *Décisions marketing*, janvier 2005.

34. Jean-Marie Dru, *La Publicité autrement, op. cit.*

35. Nicholas Longano, président de Massive, *International Herald Tribune*, 10 avril 2006.

36. *Les Échos*, 10 mai 2005.

37. www.pqmedia.com, 14 mars 2007.

38. *Lire*, novembre 2001.

39. *Livres Hebdo*, 21 septembre 2006, *Les Échos*, 8 septembre 2006.

40. www.carolematthews.com, rubrique FAQ.

41. www.fauxcoffre.ca.

42. *Le Journal du net*, 11 septembre 2006.

43. Hyper Tracker par exemple propose ce genre de service pour 240 dollars par an.

44. Exactement sur le browser de l'ordinateur, ce logiciel qui interprète les adresses des pages web et permet de se déplacer de page en page par un clic sur un lien. (Comme un surfeur avance de vague en vague, d'où l'expression « surfer sur le net ».)

45. Michel Campan, directeur marketing interactif, *Le Journal du net*, 19 avril 2007.

46. Millward Brown, CTV-1, *Le Journal du net*, 22 mai 2007.

47. Publiée par The Center for Digital Democracy and American University, *Business Week*, 17 mai 2007.

48. Kraft est leader en France sur le marché du chocolat avec les marques Suchard, Toblerone, Milka, Tassimo, Côte d'Or.

49. lefigaro.fr, 19 avril 2007. www.who-loves-men.com.

50. *Le Figaro Économie*, 5 janvier 2005.

51. www.damdam.typepad.com, www. ra7or.com.

52. habbo.fr ou Habbohotel.com.

53. Agence Xero aux États-Unis.

54. *The Guardian*, 26 mars 2007.

55. Conférence Ad Tech, « La publicité sur mobile : un eldorado semé d'embûches », 7 mars 2007.

56. Philip Kotler, *Les Clés du marketing*, Le Village mondial, 2003.

57. Frédéric Winckler, patron de l'agence JWT-Paris, *L'Expansion*, mars 2006.

6. Les marques, de nouveaux médias ?

1. Voir les méthodes développées dans le chapitre 3 : « Contourner pour mieux toucher ».

2. Jean-Marie Dru, président de TBWA, l'un des premiers réseaux mondiaux de publicité, *La Publicité autrement, op. cit.*

3. Communiqué de presse du 5 décembre 2006.

4. *Le Monde*, 25 juin 2005.

5. Vincent Ballusseau de l'agence marketing Première Heure, *Marketing direct*, avril 2007.

6. *Business Week*, 23 mai 2007.

7. *Le Journal du net*, 30 mai 2007.

8. Propositions sur www.concoursmania.com.

9. www.worldofcocacola.com.

10. Communiqué du 5 décembre 2006, diffusé au moment de la diffusion du film publicitaire, *Happiness Factory*.

11. Le 30 mai 2007 pour être précis.

12. Chiffres de 2004, *Le Journal du management*, 8 septembre 2005.

13. *Marketing direct*, mai 2001.

14. *Id.*

15. *Caractères*, avril 2007.

16. Georges Lewi, directeur du BEC Institute, *Les Échos*, 10 mai 2007.

17. Selon Jean-Marc Frantz, PDG de la chaîne.

18. Federico Lezama, assistant communication internet de la branche « Colles et étanchéité » chez Henkel France, *Le Journal du net*, 4 juillet 2007.

19. *Marketing Magazine*, septembre 2006.

20. www.nutrition-sante.com.

21. *Le Monde*, 16 décembre 2006 et *Marketing Magazine*, mars 2007.

22. Institut national de prévention et d'éducation pour la santé, Fiches Atout Prix. Prix pratiqués en grandes surfaces de la région parisienne, prix moyens entre le prix distributeur et le deuxième prix le plus bas.

23. *Novethic*, 8 août 2005.

24. Les produits Pro Activ avec la MAAF et Danacol avec les AGF, en avril 2006.

25. *Les Échos*, 2 février 2007, et Olivier Mignot, chef du département « Qualité et sécurité » de Nestlé, table ronde *Pour une politique de l'alimentation*, à l'Assemblée nationale, 14 avril 2004.

26. *Les Échos*, 6 avril 2007.

27. Professeur Henri Joyeux, cancérologue à l'hôpital universitaire de Montpellier, *Le Parisien*, 13 mars 2007.

28. *60 millions de consommateurs*, mai 2007.

29. *Produits cosmétiques : le contenu des étiquettes et les exigences des consommateurs*, étude sur l'année 2003, menée par l'INC et trois instituts italien, espagnol et grec, publiée en 2005 pour la Commission européenne de la santé et diffusée par l'INC.

30. *Les Échos*, 16 décembre 2005.

31. http ://miammiam.mabulle.com.

32. Tribune dans *Libération*, 3 mars 2005.

33. www.institudanone.org, www.institut-benjamin-delessert.net.

34. www.infocharcuteries.fr.

35. Dans le domaine alimentaire, Unilever commercialise les marques Knorr, Alsa, Boursin, Carte d'Or, Lipton, Fruit d'Or, Cornetto, Maille, Miko, Slim Fast, Maïzena, Magnum, Planta, et Ben & Jerry's, rachetée récemment.

36. 20 consommateurs pour le premier, 60 pour le deuxième et 120 pour le troisième, selon l'organisateur.

37. www.finances.gouv.fr/DGCCRF, rubrique « Fiches pratiques de la consommation ».

38. Émission *Service public*, France Inter, 5 mars 2007.

39. http://fr.pg.com.

40. *LSA*, 12 octobre 2006.

41. *Marketing Book*, 2006, et *Inserm Actualités*, n° 198, avril 2006.

42. *Marketing Magazine*, mars 2007.

43. http://www.conso.net. La pédagothèque a été créée en 1986, et recense 830 dossiers. Son Comité paritaire d'évaluation est composé de représentants des professionnels avec actuellement Automobiles Peugeot, Générale des eaux-Veolia, Altavia Junium, des représentants des organisations de consommateurs avec Familles de France, Familles rurales, Association Léo-Lagrange de défense des consommateurs (ALLDC), Organisation générale des consommateurs (ORGECO), de la DGCCRF, de l'INC et, depuis 1996, d'un représentant du ministère de l'Éducation nationale.

44. L'agence Nutrilys, spécialisée dans la diététique et la nutrition, a créé en 1999 un salon, « Les Enfants du goût », pour « inciter les jeunes enfants à mieux comprendre ce qu'ils mangent et à créer un rapport nouveau à l'alimentation ». Des collectives alimentaires (Cidil, Univers Céréales, Prolea, etc.) et des marques (Nestlé, Lu, Danone, Chiquita, Cofranlait) y ont participé. En 2002, Nutrilys a été rachetée par une autre agence, Protéines.

45. Voir chapitre 2 : « Les ados en première ligne ».

46. *La santé vient en mangeant, le guide alimentaire pour tous* ; *La santé vient en bougeant, le guide nutrition pour tous* ; *La santé vient en mangeant et en bougeant, le guide de nutrition des enfants et des ados pour tous les parents*. Sur le site : www.inpes.sante.fr, ou sur www.mangerbouger.fr.

47. Marie-Laure Frelut, pédiatre à l'hôpital Saint-Vincent-de-Paul, spécialiste de l'évolution des comportements alimentaires des enfants, interview dans *Les Échos*, 26 avril 2007.

48. *Stratégies*, newsletter du 12 février 2007.

49. www.junium.com/fr.

50. Le Syndicat des enseignants (SE-Unsa) et la FCPE, Fédération

des conseils de parents d'élèves de l'école publique, communiqué du 27 mai 2005.

51. http://www.legout.com, rubrique « Le goût en 4 saveurs ».

52. Circulaire° 99-118 du 9 août 1999, publiée au *Bulletin officiel du ministère de l'Éducation nationale (BOEN)*, n° 30 du 2 septembre 1999.

53. Circulaire n° 2001-053 du 28 mars 2001, publiée au *BOEN*, n° 14 du 5 avril 2001.

54. Circulaire n° 90-342 du 17 décembre 1990.

55. Géraldine Noizat, *L'Éducation à la consommation dans les manuels scolaires*, étude menée entre décembre 2003 et avril 2004, dont des extraits ont été publiés dans *INC hebdo*, n° 1319, 8 novembre 2004.

56. *Le Parisien Économie*, 4 septembre 2006.

57. *Le Monde*, 2 janvier 2006.

7. Le politique, un produit comme un autre ?

1. Tribune parue dans *Le Figaro*, 15 novembre 2006, signée de tous les grands noms de la publicité française.

2. Cité par D. Lindon, *Marketing politique*, Dalloz, 1986.

3. Baromètre du Centre de recherches politiques de Sciences-Po, 16 avril 2007.

4. lemonde.fr, 12 avril 2007.

5. *Le Monde*, 9 novembre 2006.

6. Les sociétés Le Terrain et Icatis ont ouvert le site www.clameo.fr ; et www.rue89.com, rubrique « Sarkoscope ».

7. *Le Monde*, 1er février 2005.

8. Marc Papanicola, managing director de Research International France, *LSA*, 13 avril 2007.

9. Définition sur son site, www.bcg.fr.

10. AACC, Association des agences conseils en communication, *Newzy*, octobre 2006.

11. *Marketing direct*, 1er mars 2007.

12. *Le Journal du net*, 30 novembre 2006.

13. *Le Nouvel Observateur*, 4 janvier 2007.

14. *Le Point*, 19 avril 2007.

15. Selon le responsable internet de sa campagne, Benoît Thieulin, palpitt.free.fr, 28 mars 2007.

16. Sources : *Le Nouvel Observateur*, 5 avril 2007, *Washington Post*,

30 mars 2007, et les blogs, pointblog.com, 30 mars 2007, palpitt.free.fr, 28 mars et 14 avril 2007.

17. ZDnet.fr, 4 mai 2007.

18. *Le Monde*, 22 mars 2007.

19. www.videolab.lhivic.org.

20. Il s'agit d'une vidéo qui montre le psychanalyste Gérard Miller décryptant des interventions de Nicolas Sarkozy.

21. Cette utilisation de mots sponsorisés a été repérée par le site //rezo. net et repris par le linguiste Jean Veronis (//aixtal. blogspot. com), *Le Journal du net*, 29 juin 2006.

22. *Le Journal du net*, 30 novembre 2006.

23. ZDnet.fr, 4 mai 2007.

24. *Newzy*, octobre 2006.

25. Voir le chapitre 4 : « Influencer ou manipuler ? ».

26. Benjamin Kerevel, directeur clientèle de Stella Publicis, *Newzy*, 22 mars 2007.

27. Bernard Stiegler, *La Télécratie contre la démocratie*, Flammarion, 2006.

28. *Les Échos*, 16 novembre 2006.

29. liberation.fr, 21 août 2006.

30. *Le Journal du net*, 30 novembre 2006.

31. www.politiquecafe.com, 23 janvier 2007.

32. Conférence de presse du président de l'UMP, 25 juillet 2005.

33. Cité par William Emmanuel dans *Nicolas Sarkozy, la fringale du pouvoir*, Flammarion, 2007, et rappelé par Patrice Lestrohan, *Médias*, avril 2007.

34. *Capital*, avril 2007.

35. *Le Monde*, 11 avril 2007.

36. *Le Figaro*, 28 mars 2007.

37. http://www.up.univ-mrs.fr/veronis/Presse2007/#.

38. Pascal Galinier et Philippe Ridet, « Ségo-Sarko, complot médiatique », *Le Monde*, 10 septembre 2006.

39. *Combat*, 31 août 1944.

40. promomagazine.com.

41. *Le Figaro*, 1er mars 2007.

42. Le record du *Grand Journal* est de 2,24 millions de téléspectateurs avec Nicolas Sarkozy ; TF1 a cumulé 8,9 millions de personnes pour l'émission politique *J'ai une question à vous poser* avec Ségolène Royal.

43. *L'Express*, 19 avril 2007.

44. Jean-Paul Gourevitch, *La Publicité politique*, Les Rencontres de Lure, 1998.

45. « Il faut débrider la communication politique », tribune signée par les principaux responsables des grandes agences françaises de publicité, *Le Figaro*, 15 novembre 2006.

46. Nicolas Riou, auteur de *Peur sur la pub*, Eyrolles, 2005 ; *Libération*, 31 octobre 2005.

47. Sondage IFOP publié dans *Le Journal du dimanche*, 16 février 2007.

48. *Newzy*, octobre 2006.

49. Luc Speisser, directeur de la stratégie et de l'innovation de Landor, *LSA*, 13 avril 2007.

50. Anne-Cécile Galloy, directrice du développement de Landor, *Les Échos*, 11 avril 2007.

51. Enquête Millward-Brown et LightSpeed Research, réalisée par internet en mai 2006, *Libération*, 29 juin 2006.

52. *Marketing Magazine*, mars 2007.

53. Scott Randall, président de la société Brandgames, webpronews. com, 19 mars 2007.

54. Robert Rochefort, *Le Bon Consommateur et le mauvais citoyen*, Odile Jacob, 2007.

Conclusion

1. Intervention en conclusion du colloque « Défiance et réinventions », organisé par le Club des annonceurs, l'AACC et TF1, 1er juin 2006. Gilles Lipovetsky, *Le Bonheur paradoxal*, Gallimard, 2006.

2. Edgar Morin, « Si j'avais été candidat », *Le Monde*, 25 avril 2007.

3. Benoît Heilbrunn, professeur assistant à l'ESCP-EAP de Paris, *Les Échos*, 23 novembre 2006.

4. Dominique Desjeux, professeur d'anthropologie sociale à la Sorbonne, auteur de *La Consommation*, PUF, 2006 ; *Marketing Magazine*, septembre 2006.

5. Catherine Pelé-Bonnard, *Newzy*, mai 2005.

6. Nation Brand Index Anholt-GMI, *Les Échos*, 22 février 2006.

7. *Courrier international*, 2 juin 2005.

8. *Le Figaro*, 14 mars 2006.

9. *Wall Street Journal/Libération*, 12 mars 2006.

10. Cité par Jean-Michel Dumay, chronique dans *Le Monde*, 7 janvier 2007.

Table

Ados, comment on vous manipule,
Albin Michel, 2004.

Le Guide des quadras boomers,
avec Hélène Delebecque, Le Seuil, 2001.

Composition Nord Compo
Impression : Imprimerie Floch, septembre 2007
Éditions Albin Michel
22, rue Huyghens, 75014 Paris
www.albin-michel.fr
ISBN 978-2-226-17940-1
N° d'édition : 25370 – N° d'impression : 69074
Dépôt légal : octobre 2007
Imprimé en France.